우애의 정신으로 동아시아와
인류평화를 위해서

友愛の精神で東アジアと人類平和の為に

2024年 10月 25日

鳩山友紀夫

일본 제93대 총리 세계최초 인터뷰 평전

위대한 싱어송라이터
하토야마의 우애

Prologue

비둘기

1.
도쿄의 아침, 일찍 눈을 떴다. 나가야할 것 같아 호텔 부근 커피숍엘 갔다. 비가 오고 있었으나 우산 없는 촉촉함이 좋았다. 비둘기 두 마리가 빠르게 인도를 돌아다녔다. 스마트폰으로 그 중 한 마리를 촬영했다. 비둘기는 내 앞을 지나 차도 쪽으로 갔다. 8초짜리 짧은 동영상, 빗속의 비둘기를 간직했다.

2.
일본 제93대 총리 하토야마 유키오의 할아버지 하토야마 이치로(鳩山 一郞, 1883-1959)는 문부대신을 거쳐 1954년부터 1956년까지 일본 제52대, 53대, 54대 총리였다. 당시 정치 1번지이자 그가 거처하던 저택은 서양식 잘 익은 모과빛 3층 건물. 현재는 하토야마 회관으로 전 세계에 우애의 빛을 발신하는 우애 등대. 자민당을 만든 할아버지 때부터 전 세계 인류공동체의 절박한 염원, 평화시대를 위한 우애기념관.

하토야마 홀에는 스테인드글라스 창문에 자유롭게 나는 비둘기가 있다. 마태복음 3장 16절 "예수께서 세례를 받으시고 곧 물에서 올라오실 새 하늘이 열리고 하나님의 성령이 비둘기 같이 내려 자기 위에 임하심을 보시더니"의 비둘기는 오랜 우주 평화의 상징.

3.
1969년 미국 우드스톡 페스티벌은 크리에이터 마이클 랭(Michale Lang, 1944-2022)이 주도했다. 산타나, C.C.R, 존 바에즈, 크로스비 스틸즈 앤 내쉬, 조 카커, 멜라니 사프카, 리치 해븐스, 팀 하딘, 더 후, 더 밴드, 지미 헨드릭스, 재니스 조플린 등 30여팀(명)이 참여한 전설의 우드스탁 페스티벌 'The Woodstock Music and Art Fair 1969'가 개최됐다.

마이클 랭은 회고록 '우드스톡으로 가는 길'에서 "우리가 마음을 다해 일을 제대로 하면 사람들이 높은 자아를 드러내고 놀라운 무언가를 만들어낼 것이라고 믿었다"고 당시를 회상했다.

8월 15일부터 17일까지 3박4일간 뉴욕주 베델의 한 농장에서 진행된 열광과 도취의 이 음악여정에 40만명 관람객이 미국 전역에서 모여들었다. 우드스톡 페스티벌 슬로건은 '3일간의 음악과 평화'(3 Days Of Music & Peace)였다. 저 유명한 빨간 바탕 포스터에는 파란색 기타 플랫 위에 다소곳 날아와 앉아, 종곳 음악에 귀 기울이는 빨간 부리, 하얀 비둘기 그림이 산뜻했다.

우드스톡 페스티벌은 음악이 평화를 위해 끝없이 전진해야한다는 최초의 분명한 독립선언이었다. 그때부터 지금까지 그리고 미래의 많은 음악문화예술이 우드스탁 페스티벌에서 비롯된 그 평화 음악 에너지에 마음든든, 가슴 푸근 전설의 축제 열기에 넉넉히 기대어, 불굴의 사랑으로 나아갈 것이다.

4.
창세기 6장 13절 "하나님이 노아에게 이르시되 모든 혈육 있는 자의 강포(强暴)가 땅에 가득하므로 그 끝 날이 내 앞에 이르렀으니 내가 그들을 땅과 함께 멸하리라"는 말씀이 나타난다. 이후 노아가 600세 되던 해 2월 17일부터 40일간 주야로 비를 내리고 땅의 깊은 샘이 터져 높은 산이 물에 덮인다. 땅 위에 움직이는 생물을 쓸어버린다.

이후 153일간 물이 땅 위에 가득 차올랐다. 노아가 방주에 태운 동물들 외에는 지구상 모든 코로 숨 쉬는 생명이 멸절된다. 비가 그치고 물이 빠지기 시작하자 노아는 까마귀를 날려 보냈으나 앉을 곳을 찾지 못했다. 이번엔 비둘기 역시 돌아왔다. 7일 후 다시 비둘기를 날려 보내자, 올리브 나뭇가지를 입에 물고 돌아왔다. 다시 7일 후 노아는 비둘기를 또 날려 보낸다. 이번엔 돌아오지 않았다. 비로소 노아의 가족들, 새와 동물들이 아라랏산 정상의 방주에서 밖으로 나왔다. 홍수가 시작 된지 일 년여가 지난 뒤였다. 홍수로 사라진 세상에 다시 생명이 차올랐다.

5.

　BTS는 세상의 편견과 시대의 억압을 젊은이들의 꿈을 죽이는 총알이라고 여겼다. "우리가 노래로 퍼포먼스로, 방탄조끼가 되어 그 총알 막아줄게. 너의 꿈을 지킬게."하고 스스로 방탄소년단을 자처했다. 그러자 팬들이 "오, 좋아. 방탄소년단. 우리도 너희들을 지켜줄게. BTS 군대가 될게."하고 음악을 통한 선한 영향력의 지구촌 우애의 가족, 팬덤 아미(Army)가 탄생했다. (BTS 유튜브 오피셜 채널은 2024년 9월 21일 현재 구독자수 7,570만명이다.)

　BTS는 '자유 평화 사랑 행복'의 메시지와 세계최고 칼 군무, 월드 투어와 다수의 빌보드 1위 등의 음악역사로 숨 가쁘게 팬들을 지켰다. '너 자신을 사랑하라'는 메시지로 젊은 가슴에 이상주의의 불을 지폈다. 21세기를 사랑의 시대로 선포했다. BTS와 Army는 늘 서로를 지키고 사랑을 표현하는, 우애의 비둘기.

6.

　2022년 11월 15일 UN 인구부는 세계인구 80억명 돌파를 발표한다. 지구촌 어딘가에서 적어도 누군가 한사람은 나를 포함한 그들 80억명 모두에게 평화의 편지쓰기 이벤트가 필요하다고 생각했다. Letter 80 신서연 대표에게 음악문화 평화운동에 꼭 필요한 로고를 부탁했다. 그 결과 초록색 비둘기가 탄생했다. 평화의 편지쓰기를 위한 우표가 생긴 셈이다. 그로부터 1년 후, 나는 하토야마 전 일본 총리의 우애운동이라는 비둘기 여행에 운명처럼 합류했다. 이 책은 하토야마의 우애의 그 여정을 기록한 여행일지다. 비둘기들의 야간비행기록이다.

7.

도쿄의 2024년 2월 22일 이른 아침 스이도바시(水道橋駅) 전철역 부근 Doutor 커피숍 앞에서 촬영한 비둘기 영상을 이튿날 신부호 목사(동아시아공동체연구소 한반도평화전략담당 본부장 겸 세계우애재단 집행위원장)에게 보냈다. 곧장 답이 왔다. "하토(鳩, 비둘기), 그야말로 도심 속에서 평화로운 비둘기의 모습이군요."

하토야마 유키오 일본 전 총리의 성씨인 하토야마는 구산(鳩山)이라 쓴다. 일본어 하토가 한자로는 비둘기 구(鳩) 자인 것이다.

8.

우애사상을 품고 살아온 하토야마 그는 극도의 이상주의자, 담대한 자유주의자, 위대한 세계주의자. 나는 그가 평생 추구해 온 우애사상의 그 빛을 등불 삼아 그 역사와 경건한 소망, 역동적 희망을 이 책에 담았다. 그러는 동안 우애를 닮아갔지 싶다. 나는 이 책이 지구촌에 거처하며, 동아시아는 물론 인류의 보편적 가치가 완벽히 실현되기 까지의 그날을 위해 기도하는 세계인 80억명 모두가, 80억 마리 비둘기처럼 머리를 맞대고, 쿠쿠루쿠쿠 삶의 길 찾기에 꼭 필요한 길 양식이 되길 바란다.

9.

80억명 세계인들의 집, 지구를 위한 마땅한 이름이 없었다. 물론 뉴욕 브루클린에서 태어나 미국 항공우주국(NASA)에서 바이킹호 등 행성탐사 계획에 참여했고, 캘리포니아 패서디나에서 전파교신장치로 우주 생명체와 교신을 시도한, 천문학자이자 '사이먼 앤 가펑클'의 노래를 좋아한 칼 세이건(Carl Edward Sagan, 1934-1996)이 표현한 '창백한 푸른 점 하나'가 있어왔으나, 새롭게 하나 더 우리 모두의 지구 이름을 "우애의 별"이라고 부르길 제안한다.

'우애의 별' 세계시민이 되어 밥 먹듯, 앉으나 서나 늘 그 본질은 누구나 '나는 우애의 별을 사랑하는 우애인입니다.'로 자신을 소개하며 함께할 수 있길 바란다.

10.
역사상 우애와 우애인들은 차별에 상처 받고, 독재권력에 고문 받거나, 전쟁에 폭격 당하고 학살당해온 사실이 너무 많았다. 오늘날에도 우크라이나 전쟁, 가자지구 전쟁 등의 비극으로 인해 우애의 갈 길은, "여전히 멀고도 험하구나."란 생각에, 비틀즈의 '멀고도 험한 길'(The long and winding road)과 이를 극복하기 위한 사이먼 앤 가펑클의 '험한 세상에 다리가 되어'(Brifge over troubled water)가 문득 떠오른다. 불타는 혀로 칼을 녹이는 밥 딜런의 '바람만이 아는 대답'(Blowin' in the wind)도 떠오른다.

개인과 개인 사이의 위로가 신의 가호라는 생각을 갖게 하는 캐롤 킹의 You've got a friend와 먹을 것이 없어 죽어가는 아프리카 빈민 아이들을 위해 마이클 잭슨, 케니 로저스, 레이 찰스, 다이애나 로스, 브루스 스프링스틴, 빌리 조엘, 라이오넬 리치, 폴 사이먼, 스티비 원더,

티나 터너, 디안 워윅, 윌리 넬슨, 레이 찰스, 신디 로퍼, 케니 로긴스, 휴이 루이스, 홀 앤 오츠, 스티브 페리 등 많은 팝 스타들이 참여한 We are the world 또한 떠 올리게 된다.

뉴욕 타임즈는 "We Are The World는 대중음악의 가장 성공적인 엘리트들 사이에서 일어난 전례 없는 공동 협력 이상의 의미를 갖는다. 그것은 공식적인 화합을 초월하는 예술적 승리로 여겨진다."고 찬사했다.

11.
이처럼 '우애'는 탱크, 미사일, 총칼, 포탄의 폭력 앞에서 순정한 노래로 이를 대적한다. 핵폭탄을 벌거벗은 맨 가슴으로 껴안는다. 총칼을 심장으로, 총을 쏜 원수를 사랑한다. 날아오는 총알을, 그 총의 방아쇠를 당긴 사람의 죄는 미워하되 그 사람의 존재자체는 미워하지 않고 사랑으로, 용서로 기꺼이 봄날 햇살 같은 마음으로 마중 나간다. "너 이렇게 살면 안 돼, 너 누군가에게 명령받아 군인 되고 방아쇠 당기는데, 너도 명령권자도 너희들 모두 이러면 정말 안 돼."하는 그러한 회개와 회심을 권한다.

예수, 부처, 공자, 노자, 소크라테스, 마하트마 간디, 만델라, 밥 딜런, 빌리 브란트, 달라이 라마, 마더 테레사, 하토먀마 유키오 등이 걸어간 그리고 영원히 걸어갈 비폭력 우애의 길이다.

왜덕산

1.

진도군 고군면 내동리에는 150미터 높이의 왜덕산이 있다. 왜덕산(倭德山)은 '일본 수군에게 덕을 베풀었다'는 뜻.

1597년 10월 26일 명량대첩 당시 이순신 장군에게 패한 일본 수군 시체 100여구가 내동리 마을 앞까지 떠내려 왔다. 당시 그곳 주민들은 그 시신들을 일일이 거두어 왜덕산에 묻어주었다. 묘지는 이후 400여 년이 지나는 동안 일부 유실됐으나 현재 50여 기가 남아 있다. 2006년 8월 15일에는 왜덕산에 묻힌 일본 수군 후손들 20여 명이 왜덕산을 참배하며, 내동리 주민들에게 고마움을 전했다.

2.

2022년 9월 24일 하토야마는 왜덕산 위령제에 참석해 추모사를 통해 "죄 지은 사람은 그 죄로 인해 고통 받은 이들에게 계속 사죄해야 된다." "우리의 죄로 인해 고통 받은 사람들이 더는 사죄하지 않아도 된다고 할 때까지 계속 사죄해야 한다."고 말했다.

이어 "425년 전 명량해전에서 목숨을 잃은 일본 수군들을 진도 주민들이 묻어줬다"면서 "생명 앞에서는 적도 아군도 없이 맞아준 사실을 일본인 한 사람 한 사람이 잊어서는 안 된다. (일본이) 역사적 사실을 제대로 충분히 배우지 않은 것은 문제가 있다"고 말했다.

당시 방미 중인 박진 외교부 장관도 하토야마 전 총리의 사죄의 발언에 대해 "비록 적국임에도 시신을 수습해 명복을 빌었던 왜덕산은 세계 역사상 유례없는 인류애가 담긴 곳이다. 일본 교토에는 정유재란이 남긴 또 다른 무덤인 (조선인) 귀 무덤이 있고 뜻 있는 일본인들이 해마다 위령제를 지내고 있다"는 요지의 입장문을 냈다.

3.
하토야마는 전쟁 없는 평화세상을 꿈꾼다. 그는 묵묵히 우애의 십자가를 등에 지고 걸어 나간다. 우애라는 사랑의 열쇠로 모든 인류의 평화를 위해, 전쟁으로 인해 굳게 닫힌 문들을 열어나간다. 자신의 모국 일본을 진정으로 사랑하기 위해 일본을 훌쩍 벗어나 더 큰 시야로, 동아시아의 평화지도자, 세계의 우애사상가로 우애의 별 지구를 자신의 가슴으로 품었다.

4.
이 책이 나오기까지 여러분들께 감사를 드림에 있어서 가장 먼저 이 책의 출간을 승낙 해 주신 하토야마 유키오 전 일본 93대 총리님과 하토야마 유키오 여사님께 감사를 드립니다.

일본의 하시모토 다이지로, 모기 겐이치로, 한국의 이종찬, 정대철, 이낙연, 권노갑, 황우여, 김영진, 황희, 노재헌 님의 인터뷰에 감사합니다.

도쿄의 동아시아공동체연구소 하가 다이스케 사무국장님, 서울의 동아시아공동체연구소 신부호 특임고문님, 통역을 도와주신 도쿄의 하토야마 유키오 사무소 문병길 고문님, 서울의 함채원님 감사합니다. 이밖에도 많은 분들의 도움에 감사를 또 전하고 잊지 않겠습니다.

1920년부터 유럽은 전쟁 대신 우애의 연합체가 되어야 한다며 독일의 히틀러와 이탈리아의 무솔리니에게 평화의 편지를 보냈고 영국의 처칠 수상과 연대해, 마침내 그 원대한 꿈이 수많은 돕는 손길들과의 협업으로, 마침내 1994년 EU(유럽연합)를 탄생케 한 우애사상의 선구자 오스트리아의 쿠텐호프 칼레르기 백작님께 우애를 전해 드립니다.

지금 이 순간 이 책을 스마트폰 내려놓은 채 읽고 계신, 지구촌 어딘가의 '위대한 우애인' 당신에게 무한 감사를 드립니다. FOREVER 우애, 우애 만세, 세계의 모든 우애인 만만세.

2024. 가을
지은이 **구자형**

우애는 사람과 사람이
서로를
존중하는 것이다

– 하토야마 유키오 전 일본 총리

차례

Prologue

비둘기　6
왜덕산　13

Chapter 1

인터뷰〉 하토야마 유키오　24
인터뷰〉 하토야마 미유키　49
인터뷰〉 하토폿포의 친구들　63
－ 하시모토 다이지로　63
－ 모기 겐이치로　68
－ 하가 다이스케　72

Chapter 2

하토야마 목소리　78
Poem 우애　83
하토야마 눈빛　86

도쿄에도 눈이 왔을까   91
두 갈래 길   93
2015 무릎사죄   102
유라시아 평화열차   109
인터뷰〉 정대철 헌정회장   117
화룡점정   125
인터뷰〉 이낙연 전 총리   129
우리들의 이야기   140
위험한 동거   148

Chapter 3

꿈은 이루어진다   152
인터뷰〉 황희 국회의원, 전 문화체육관광부장관   163
젓가락   171
늘 신선한 존중   179
인터뷰〉 권노갑 김대중 평화재단 이사장   192
아, 행복한 동아시아   202
동아시아 빅3   206
다윗의 돌멩이 같은 우애사상   208

테일러 스위프트, 전쟁은 언제 끝나나요? 214
인터뷰〉 노재헌 동아시아문화센터 이사장 225
Amazing Grace 235
굿모닝 아마존 Rainforest 242
세계의 우애인들이여 246
BTS DNA 251

Chapter 4

새벽 비 256
인터뷰〉 황우여 전 부총리 겸 교육부 장관 260
3.1 독립선언서 266
인터뷰〉 김영진 3.1운동 UN유네스코 세계기록유산
　　　　등재기념재단 이사장, 전 농림부장관 273
I Want To Hold Your Hand 281
우당 특별상 290
인터뷰〉 이종찬 광복회장 302
한·일간 5월의 우애 312
인터뷰〉 하토야마 유키오, 하토야마 미유키 322
겨울나무 아침햇살 329
센트럴 파크 스타일 332

Chapter 5

어록   344
빛의 언어   350
비 오는 날의 데이트   358
AI Poem   363

Epilogue   366

Chronicle   372

Chapter 1

세상을 구할 거야

– 세르게이 브린
(Sergey Brin, 구글 공동창립자)

하토야마 유키오(鳩山由紀夫)

서울 인터뷰

2023년 12월 20일 성북동 가구박물관에서 하토야마 유키오 전 일본 93대 총리의 우애의 평전 제작발표회가 있었다. 하토야마 유키오, 하토야마 미유키 부부가 참석했고 이날 우애재단 이사장 겸 동아시아공동체연구소 이사장 하토야마는 "우애는 사람과 사람 사이에 서로 존중이 오가는 것을 뜻한다."고 말했다. 이종찬 광복회장, 이낙연 전 총리, 김영진 전 농림부장관, 황희 의원(전 문광부 장관), 이참 전 한국관광공사 사장 등의 축사가 있었다.

나 또한 간략히 이 책을 쓰게 된 취지를 발표했다. 이튿날 다시 뵙게 된 하토야마 전 일본총리의 일정이 1박 2일이어서, 아주 짧게 몇 가지 질문만을 드렸고 답을 들을 수 있었다. 하토야마 전 일본 총리는 내가 예상했던 것보다 훨씬 더, 미안할 정도로 성의 있게 인터뷰에 응해 주셨다. (나는 인터뷰 때 그에 대한 호칭을 전직으로 호칭하는 한국식으로 총리님이라 했다.)

Q: 인터뷰 시간을 내 주셔서 매우 감사합니다. 총리님께서 우애라는 말을 생애 최초로, 처음 들으셨거나 접하셨을 때 어떤 순간이었고, 느낌은 어떠셨나요?

A: (하토야마는 한동안 옛 기억을 꺼내기 위해 깊은 생각에 잠겼다. 이윽고 답했다.) 10살 때였습니다. 학교에서 돌아왔는데 할아버지께서 베란다에서 한자로 우애(友愛)라는 두 글자를 붓글씨로 쓰고 계셨습니다. 그 이전에도 그런 모습을 뵌 적이 있었지만 무심코 지나치다가, 그날따라 제 가슴 속으로 우애의 빛이 들어왔습니다.

하지만 '우애가 세상을 구한다'든가 '사람과 사람 사이에 가장 필요한 것들 중에 하나'라는 생각 등 그 정확한 뜻은 아직 어렸었기에 알지 못했습니다. 다만 '굉장히 고귀한 그 무엇이다'라는 것은 느낄 수 있었습니다. 우애와의 첫 만남이었습니다.

Q: 동아시아공동체의 평화번영을 위한 21세기의 진정한 리더이신 총리님께서는 혹시 그에 대한 시간투자가 많으셔서, 하토야마 미유키 여사님과의 오붓한 데이트 시간이 적어져, 그동안에 아쉽다는 생각이 들 때도 있으셨는지 여쭙고 싶습니다.

A: 그런 아쉬움을 가졌던 적은 없었습니다. 정치를 할 때도 아내는 늘 내게 용기와 희망을 주었습니다. 우애사회가 되길 누구보다도 간절히 바랐던 사람입니다. 대부분의 정치가 아내들이 남편의 정치인생을 반대하지만 그녀는 나를 신뢰했습니다. 선거운동 할 때도 굽이 낮은 구두를 신고 나 보다 더 열심히 뛰어다녔습니다. 선거구민들

과 웃으며 소통했습니다.

늘 그런 점을 한없이 고맙게 생각합니다. 휴가 때 함께 자전거도 타고 키우던 개 두 마리와 함께 숲 속을 산책하고, 함께 여름 숲을 바라보고 또 함께 걷고, TV도 보고 가능한 한 마주보고, 대화하는 시간을 가지려 노력했습니다. 지금까지 단 한 번도 외롭다 그런 생각을 한 적은 없었습니다.

Q: 총리님께서 하토야마 미유키 여사님께 프러포즈하던 순간을 많은 '우애인'들이 궁금해 할 것 같습니다. 제가 대신 그 질문을 드립니다.

A: 딱히 프러포즈를 하던 순간은 없었습니다. 내가 스탠포드 대학으로 공부하기 위해 떠날 무렵 어머님이 소개해 주신 여성이 있었습니다. 그 여성분은 내게 전화번호를 하나 적어주었습니다. 샌프란시스코에서 살고 있는 미유키란 여자가 있는데, 낯선 곳에서 도움이 필요할 때 연락하면 도움이 될 거라고 했습니다.

그런데 희한하게도 샌프란시스코 공항에 도착해서 가방을 찾는데 거기서 누군가 '하토야마상!"하고 나를 불렀습니다. 미유키님이었고 인연이었던 것 같습니다. 그 후에는 바빴기에 연락을 못했는데 어느 날 또 샌프란시스코 시내에서 길을 걸어가는데 누군가 나를 불렀습니다. 역시 "하토야마상."하고 미유키님이 차에서 나를 향해 손을 흔들고 있었습니다. 아주 자연스럽게 만나게 됐습니다.

미유키님은 그때 결혼한 상황이었고 이후 어느 정도 시간이 흐르자, 언제부터인가 남편과 함께 운영하던 레스토랑엘 안 나가는 것 같았습니다. 하루는 내게 정색을 하고 "하토야마군은 나와 결혼하게 될 거야."라고 예언을 했고 그로부터 48년간을 함께했습니다. 결혼은 스탠포드 대학 내 메모리얼 처치에서 했습니다.

토쿄 인터뷰

하토야마 총리와의 2차 인터뷰는 예정은 돼있었으나 날짜는 갑작스레 확정이 됐다. 그는 2024년 3월과 4월에 해외 초청 강연 등으로 시간이 빠듯했다. 2월 중 인터뷰하기 좋은 날이 21일, 22일이라고 그가 이사장으로 있는 일본의 동아시아공동체연구소 하가 다이스케 사무국장과 한국의 신부호 목사를 통해서 연락이 왔다. 설레었고 기뻤다. 본격적인 인터뷰 시간을 갖게 된 것이다.

2월 20일 아침 9시 비행기로 출발했다. 집에서 인천국제공항까지 2시간이 걸렸다. 만석의 아시아나 여객기 안에서 아침도 먹고 주스도, 커피도 마셨다. 11시 7분 나리타공항에 도착했다. 반가웠다. 오랜만에 일본에 온 것이다. 길게 줄지어서 붐비는 여행자 입국심사대를 거쳐 오후 12시 40분쯤 함께 간 신부호 목사와 공항 출구로 나갔다. 하토야마 유키오 사무소 문병길 고문이 마중을 나와 있었고 그의 차로 호텔로 이동했다. 가는 길가에 영상 22도 날씨 속에서 활짝 핀, 때 이른 벚꽃을 볼 수 있었다.

이튿날 오전 11시 인터뷰 장소인 동아시아공동체연구소 하토야마 사무실을 향했다. 보슬비가 내리고 시원스럽게 바람이 불었다. 주차장에서 우산 쓰고 걸어가며 생각했다. 우애라는 빗방울이 누군가에게는 희망이 된다. 누군가에게는 다정한 목소리가 된다. 누군가에게는 용기가 된다. 누군가에게는 마이동풍이나 우이독경이 된다.

프랑스 삼색국기의 상징 자유, 평등, 박애(우애) 중에서 특별히 우애라는, 인류의 보편적 가치를 따로 골라내 오스트리아의 쿠텐호프 칼레르기 백작이 유럽연합을 꿈꾸며, 인류의 평화공동체 사상으로 발전시켰다. 마침내 유럽연합이 1994년 세상에 그 빛을 드러냈다. '우애'는 하토야마 총리의 일생의 좌우명이 됐다.

그 '우애사상'을 동아시아에서 살아 숨 쉬게 하고 21세기를 '우애 시대'로 만들기 위해, 그는 도시를 방문한다. 사람들을 만나는 가운데 강연, 간담회, 미디어 인터뷰 등을 통해 이를 전한다. 도쿄의 공익재단법인 우애에서 지금은 격월간 기관지 '우애'를 1953년 2월부터 71년간 600호 이상을 발행해 나간다.

하토야마의 이러한 삶이 마치 동아시아의 하늘에 '우애라는 편지'를 써 왔고 세계의 하늘에 지금도 앞으로도 영원히 늘, 써 나갈 음유시인 우애 '하토야마의 여정'이지 싶다.

우리를 맞아 준 사람은 동아시아공동체연구소 이사장 하토야마의 비서실장이자 연구소 사무국장 '하가 다이스케'였다. 그의 안내로 하토야마 총리 접견실을 찾았다. 따뜻한 우애의 차를 대접 받으며 인터뷰가 시작됐다.

Q: 총리님, 2024년 새해 건강과 하나님 축복이 늘 함께하시길 기원합니다. 도쿄에서의 인터뷰를 승낙해주셔서 감사드립니다. 첫 번째 질문을 드리겠습니다.

앞으로 동아시아공동체의 바람직한 미래, 우애가 늘 오가는 정다운 풍경을 만들기 위해서, 동아시아가 어떤 방향으로 그리고 구체적으로 어떤 일을 해 나가야하는지 등에 대한 말씀을 들려주시면 감사하겠습니다.

A: 동아시아의 각 나라들은 저마다 정치, 경제, 종교, 문화, 교육 시스템 등이 다 다릅니다. 하지만 그런 차이점들을 극복해 나가야합니다. 각자의 이해관계가 존재하지만 이를 뛰어넘어 동아시아의 평화를 위해, 우애의 정신으로 만나고 대화하고 교류해야합니다.

지금보다도 훨씬 더 적극적으로 우애의 동아시아 시대를 열기위해, 모두의 마음과 작은 힘들이 많이 모일 때 동아시아의 평화, 우애의 시대를 우리 모두가 살아갈 수 있고 즐길 수 있습니다.

각국의 다양성이 장벽이 아닌 저마다의 매력으로 다가오고 또 다가갈 수 있도록, 각국 정부의 외교부 등에서 그런 우애시대를 위한 일들을 끝없이 해 나가야 합니다. 동아시아뿐만이 아니라 더 많은 세계의 국가들이, 우애의 시대를 꿈꾸고 이를 생활화함에 있어서 인종차별, 경제적 빈부차이 같은 장벽을 없애야합니다. 인간애를 바탕으로, 우애의 봄꽃을 온 세상이 피워낼 수 있도록 저마다 편견과 억압을 버리고, 사랑과 평화로 상대를 대하고 우애시대를 만들어 나가야합니다.

누군가로부터 주어지는 자유가 아니라 스스로 독립적 자유임을 선언하고 더 크고 풍성한 자유를 나누려는 자세가 필요합니다. 이렇게 되면 제가 꿈꾸는 우애시대가 지구촌 80억명에 의해 좀 더 빠르게 실현 될 것입니다. 이것이 함께 행복하게 살아가는, 공존과 상생의 서로 존중하는 우애시대를 열어나가는 길이 될 것입니다.

Q: 저는 우애가 갈 곳이 없어서 총리님을 찾아갔다고 생각합니다. '우애'가 총리님께 자신의 이야기를 세상에 널리 전파해 주시길, 희망했지 싶습니다. 총리님의 그 동안의 우애의 말씀과 행동이 없으셨다면 동아시아와 인류는 참 많이 부끄러웠을 것입니다.

총리님의 우애사상을 바탕으로 한 과감한 실천인 2015년 8월 서대문 형무소 순국열사 기념관 앞에서의 무릎사죄 등으로 인해 동아시아는 물론이고 세계가 자랑스러운 역사를 갖게 됐습니다.

이에 저 또한 감사를 드립니다. 그런데 언제나 총리님과 늘 동행하는 요즘의 우애의 표정이나 감정, 건강상태는 어떤 상황이라고 보시는지요?

A: 동아시아의 우애, 세계의 우애 결코 건강하지 않습니다. 전반적으로 좋지가 않습니다. 러시아와 우크라이나 전쟁, 이스라엘과 하마스 사이의 가자전쟁 등 서로의 가치관의 차이가 전 인류의 불행으로 번져갑니다. 다행히 평화협상 얘기가 들려와서, 더 이상의 전쟁

으로 인한 비극과 참상이 멈춘 채 다시는 전쟁이 일어나지 않기를 기도합니다.

Q: 총리님께서 그 동안 즐겨 들으셨던 일본과 한국의 대중음악 그 중에서 좋아하시는 가수와 노래들이 있으셨을 텐데 말씀해 주시면 감사하겠습니다.

A: 일본 대중음악 중에서 미소라 히바리(본명 加藤和枝, 예명 美空ひばり, 1937-1989)를 좋아합니다. 모리 신이치(森 進一)도 좋아합니다. 심금을 울리는 엥카도 좋아합니다, 드라마와 영화는 극작가 사카모토 유치(坂元裕二)의 작품들을 좋아합니다. 하시 유키오(橋 幸夫)의 노래도 좋아합니다. 한국 노래 중에는 '아리랑'을 좋아합니다. '임진강'이란 노래도 좋아합니다. '돌아와요 부산항에'도 좋아합니다. 세계적 레벨의 K-POP과 그 춤은 정말 대단합니다. 일본 문화에도 영향을 끼치고 있습니다.

((미소라 히바리는 일본 최고의 여가수이고 전설이란 표현을 훌쩍 넘어선 신화적 존재다. 엥카(Enka)에 대해 잠시 말한다면 1992년 도쿄에 일본음악 취재 갔을 때 일본 어느 음악평론가에게, 한국에서는 한국 트롯이 엥카에서 온 왜색가요라고 해서 배척받던 시절이 있었는데 이에 대한 견해를 묻자, 그는 "일본에 백제 불교가 전해졌을 때 일본의 사찰에서도 염불을 하게 됐다. 그러던 중 염불하던 승려들 중에 파계승이 생겨나 일본 저자거리에서 자작곡을 노래하던 사람들이 있었다. 그들이 곧 일본 최초의 음유시인이고 엥카의 원류다."라는 대답을 들었다.

모리 신이치는 나도 좋아하는 가수다. 그의 '겨울여행'(冬の旅) 이란 노래에는 인생을 슬픔으로 낭비하지 말고 행복하게 살라는 가사가 나온다. 극작가 사카모토 유치는 영화 '세상의 중심에서 사랑을 외치다' 드라마 '도쿄 러브 스토리' '라스트 크리스마스' 등이 히트작이다..

임진강은 서울 출신으로 배재고보, 연희전문을 나와 1946년 월북해 조선민주주의 인민공화국 애국가를 작사한 북한의 공훈작가 박세영의 작품이다. 꽤 오랜 기간 대한민국에서는 금지곡이었으나 1990년대 해금돼 양희은, 김연자 등이 불렀다. 2005년 조총련 주제의 일본영화 '박치기'의 주제가였다. '하시 유키오'는 정감 있는 목소리의 가수이고 '나미'의 '슬픈 인연'의 오리지널 가수이며 한일 양국의 노래를 통한 우호적 교류를 추구한 바 있다.))

Q: 총리님께서 최초로 한국을 방문하셨을 때는 언제이셨고, 2023년 연말에 방문하셨을 때 등 그 동안 여러 차례 한국 방문 여정에서 특별히 기억나는 한국에 대한 느낌과 그동안 만나셨던 한국 사람들 중에서, 특별히 잊지 못할 사람들에 대한 말씀을 들려주시면 감사하겠습니다.

A: 한국 첫 방문은 1987년 한국의 동대구였습니다. 나의 조부이신 하토야마 이치로님이 '한국이 소련과 국교 수교가 안 돼 있어서 사할린(Sakhalin)의 한국인 교포들이 고향으로 돌아올 수 없다.'고 하셨습니다. 결국 소련과 일본의 국교 정상화로 사할린의 일본인 거주자들만 귀환했습니다. 이를 우애정신으로 살아가신 할아버지께

서는 무척 아쉽게 생각했고 안타까워하셨습니다.

저 또한 우애정신으로 동대구 노인복지시설(사할린의 한국교포들이 영구귀국하면 거처하게 될 곳)을 방문했습니다. 당시 저는 자민당에서 일할 때였고 외무성을 통한 방문이었습니다. 당시 그곳의 노인 분들이 "아이고 아이고" 하시며 나와 하가 다이스케(芳賀大輔) 소장 등 우리 일행을 반겨주던 목소리와 모습을 잊지 못합니다.

김대중 정부시절 주 일본대사를 지낸 최상용씨도 잊지 못합니다. 최상용씨는 나에게 한일문화교류와 동아시아공동체를 위해 한국과 일본의 합동 오케스트라 콘서트를 제안했습니다. 좋은 우애의 실현이 되리라고 생각합니다. 최상용씨는 아직도 그 꿈을 갖고 있습니다. 1998년 10월 일본을 국빈 방문한 김대중 대통령 또한 잊지 못합니다. 일본의회에서 30분간 연설했고 매우 감명 깊었습니다.

2009년 10월 청와대에서 이명박 대통령 내외를 만났는데 그때 김윤옥 여사와 함께 하토야마 미유키님이 함께 김치도 만들었는데 화기애애했습니다. (한류 팬으로 알려진 미유키 여사는 당시 "한국 드라마를 보면 상당히 가족을 중시하는 것 같다"고 말해 한국 드라마에 깊은 관심을 나타냈다.)

이명박 대통령과는 한일중 3국 정상회의를 2009년, 2010년 중국의 원자바오(溫家寶) 총리와 함께 두 차례 회담했는데, 역시 좋은 인상을 받았습니다. 노태우 대통령의 아들 노재헌 변호사도 좋아하고 그의 마음에서 우애를 느낍니다. 롯데 그룹의 고 신격호 회장님도 좋아합니다. 일본에서 가장 크게 성공한 한국인입니다.

이부영 자유언론실천재단 이사장도 좋아합니다. 이홍구 전 총리, 한승수 전 총리, 문희상 전 국회의장 등 모두 좋은 분들입니다. 물론 이밖에도 많은 분들로부터 한국과 한국인에 대한 좋은 인상을 받고 있습니다.

((사할린 동포들은 일제가 1938년부터 1945년까지 사할린으로 강제 이주시킨 한인들이다. 20세기 초반 1910년부터 1945년까지 한국은 일본 제국의 식민지였다. 당시 남 사할린은 일본 가라후토(樺太)현이었다. 사할린 섬에서는 석탄채굴, 삼림벌채, 철도 건설에 노동력이 필요했고 이곳에서의 혹독한 노동을 위해 일제는 최소 1만6천명 이상의 한인들을 강제 이주시켰다.

미치노미야 히로히토(迪宮 裕仁, 1901-1989) 일본국 제124대 쇼와 천황(昭和 天皇, 재위 1926년-1989년)이 일본군에게 무조건 항복하라고 명했을 때 사할린 한인들의 모든 고난 또한 끝난 것처럼 여겨졌었다. 사할린 코르사코프(Korsakov) 항구에 한인들이 모여들었다. 그들은 자신들을 고국으로 데려갈 배가 나타나길 기다렸다. 귀국선은 나타나지 않았다. 이때부터 그 언덕의 이름은 '눈물의 동산'이라고 불렸다.))

Q: 동아시아 누구나 우애를 나누고, 온 세상이 우애로 살아가기 위해서 가장 시급히 해결해 나가야 할 과제는 어떤 것들이 있나요?

A: 한국의 제주도, 일본의 오키나와 섬(沖縄島), 중국의 해남도 (海南省) 이 세 섬에서 동아시아 평화발전을 위한 모임을 정기적으로 시작하면 좋을 것입니다. 각국을 대표하는 위원들의 수는 각국 인구에 비례하는 게 아니라 동등한 숫자로 하는 게 좋겠죠. 꿈같은 이야기지만 이상적인 우애의 풍경을 작게부터라도 시작해 나가야합니다.

Q: 총리님께서 다시 태어나신다면 어떤 삶을 살고 싶고, 또 어떤 일을 하고 싶으신가요?

A: 다시 태어난다면 정계 쪽에서 처음부터 일하고 싶습니다. 못 다한 일들이 많습니다. 목적은 물론 세계 평화를 위한 우애의 시대를 만들고자 함입니다. 하지만 다음 생애가 있다면 인간으로 태어나지는 않을 것 같습니다.

Q: 이번엔 조금 전에 말씀하셨던 최상용 전 주일 대사님이 꿈꾸던 한일 오케스트라 공연이 왜 아직 실현이 안됐는지도 말씀해 주시면 감사하겠습니다.

A: 한일 문화교류, 청년교류 차원에서 한일 오케스트라 공연은 매우 의미 있습니다만 새로운 상설 오케스트라를 만든다는 것은 너무 어려운 일입니다. 일시적 참여가 아닌 지속가능한 참여라야 되는데

그런 부분도 그렇고 여러 정치적 계산을 하는 사람들도 있기에 쉽지 않습니다.

동경 도지사와 이야기해서 추진을 시도하기도 했었습니다만 아직 한일 역사인식에 대해 선뜻 납득하기 어려운 한일 양국 국민들도 있을 것 같고요. 하지만 점점 더 국경은, 특히 젊은이들 사이에서는 옅어지고 있습니다.

Q: 1990년대 한국의 젊은이들은 일본 음악을 엄청 좋아했습니다. 그 영향도 많이 받았습니다. 2023년 일본을 여행한 한국인 관광객이 700만명입니다. 또 일본 음식, 일본소설, 일본영화도 좋아하고 최근에 부쩍 양국이 가까워진 느낌입니다. 이러한 한국인들에게 해 주고 싶으신 말씀을 들려주십시오.

A: (동석했던 신부호 목사를 바라보며) 신 목사에게서 우애를 느낍니다. (신 목사는 "저는 우애의 전도사입니다."라고 화답했다.) 그리고 지금 인터뷰하는 얘기들이 실리게 될 이번 우애의 책이, 책을 잘 안 읽는 시대이긴 하지만 그럼에도 불구하고 모든 세계인들이 읽을 수 있어서, 한명이라도 더 우애의 사람이 늘어나고 그래서 이 지구촌에 우애의 시대가 앞 당겨지길 바랍니다.

Q: 총리님께서 가장 존경하는 인물과 그 이유는 무엇인가요?

A: 오스트리아의 쿠텐호프 칼레르기 백작입니다. 유럽이 하나 되어 "평화하자. 우애하자"라는 그 분의 이야기가 그분 생전엔 안 이뤄

졌습니다만 결국 유럽연합이 만들어졌습니다. 그분은 일본에서 태어났고 어머니가 일본인이었습니다. 주 일본 오스트리아 공사가 그분의 아버지였습니다. 이제 동아시아와 세계는 우애로 하나가 되어야 합니다.

나는 도쿄에서, 서울에서, 베이징에서 많은 사람들이 국적을 뛰어넘어 지금보다 더 가깝게 우애의 눈빛을, 그 마음을 늘 나눌 수 있는 그날을 기대합니다. 이미 친절과 배려의 그러한 풍경은 대단히 많아져왔습니다만 더 많은 우애의 삶과 만남을 제안합니다. 누구나 보이지 않는 우애의 등불을 켜 들고, 그 빛을 두 눈에, 가슴에, 두 손에 담아 서로가 우애를 선물하는 위대한 동아시아인들의 삶, 세계인들의 삶을 기대합니다.

(리하르트 니콜라우스 폰 쿠텐호프 칼레르기 백작은 유럽 연합을 선도한 오스트리아-일본인 외교관이자 정치인이다. 1894년 11월 6일 도쿄에서 오스트리아-외교관 하인리히 폰 쿠텐호프 칼레르기의 아들로 태어났다. 그는 1917년 빈 대학에서 철학 박사 학위를 수여 받았다. 1차 세계 대전(1914-1918) 때 평화적인 범 유럽 정치기구를 건설하기 위해 외교와 언론을 통해 전념한다.

1922년 28세 나이로 오스트리아 빈의 신 자유일보(Neue Freie Presse)에 유럽 정치인들의 이목을 끄는 "유럽 문제에 관하여"라는 기사를 기고했다. 이듬해 프랑스와 독일의 철강 석탄 산업 협력을 제안하는 '범 유럽'(Pan Europa)이라는 책도 출간했다. 쿠텐호프 칼레르기는

1924년 동명의 신문사를 창간했다. 1926년 최초의 범 유럽 회의를 개최했다. 베토벤 제9번 교향곡 중에서의 '환희의 송가'를 유럽 연합 국가로 사용할 것을 제안했다.

1947년 헤이그에서 영국 제42대, 44대 총리를 지낸 윈스턴 처칠(1874-1965, 노벨문학상 수상)과 함께 유럽 평의회의 초석이 되는 유럽 회의를 개최했다. 1952년 국제유럽운동의 명예총장으로 임명됐고 1972년 오스트리아에서 타계했다. 1950년 유럽 건설에 공헌한 인물들을 기리기 위한 카롤루스 대제상의 최초 수상자가 됐다. 노벨 평화상 후보 명단에 여러 차례 올랐지만 수상하지는 못했다.)

Q: 총리님께서 중의원 8선 당선되신 지역구 홋카이도의 매력, 그곳에서 만났던 잊지 못할 사람들 그밖에 여러 아름다움 등에 대해서 말씀해 주시면 감사하겠습니다.

A: 홋카이도에서 정치를 시작한 계기는 농업의 경우 타산이 잘 안 맞았고 탄광은 폐쇄가 됐습니다. 철광산업도 어려운 상황이었습니다. 산업발전을 위해서 홋카이도를 보다 더 낫게, 더 잘 살게 하기 위해서였습니다. 홋카이도는 매력적인 곳입니다. 유럽처럼 평야가 많습니다. 관광객들이 많이 찾는 삿포로에 커피 등을 판매하는 22% 마켓도 있습니다.

한국 영화나 뮤직 비디오 촬영도 홋카이도에서 여러 차례 한 걸로 알고 있습니다. 눈이 많이 오는 곳이라 일본의 대표적인 서정적 분위기의 땅입니다. 겨울에 춥지만 마음은 따뜻한 사람들이 홋카이도 사람들입니다. 음식이 맛있습니다. 나는 항상 북해도 사람들에게 고마움을 느끼고 있습니다.

나를 도와 동아시아공동체연구소에서 일하는 하가 다이스케씨는 내게 가장 고마운 사람입니다. 하가 다이스케씨 아버님 도움을 많이 받았습니다. 후원회를 만들어 주셨고 정치적 조언도 받았습니다. 너무나 감사한 일입니다.

Q: 총리님의 조부이신 일본의 하토야마 이치로 전 일본 총리님에 대한 추억들이 많으실 것 같습니다. 그에 대한 회상을 말씀해 주십시오.

A: 내가 12살 때 할아버님이 돌아가셨습니다. 아직 어렸기에 할아버님으로부터 정치적 영향을 받진 못했습니다. 가장 기억에 남는 장면은 할아버님이 베란다에서 자주 우애라는 두 글자의 붓글씨를 한자로 쓰시던 풍경입니다. 무언가 정갈해 보였고 '매우 중요하구나'라는 생각을 자연스럽게 내 몸속에, 내 마음속에 체화시킬 수 있었습니다.

내 동생 하토야마 구니오(鳩山邦夫, 1948-2016, 중의원 13선, 문부대신, 노동대신, 법무대신, 총무대신 역임)가 할아버님의 그 기질을 많이 닮았습니다. 할아버지는 소련과의 국교 정상화를 이뤄내셨고 그로인해 시베리아의 일본인들을 귀국 시킬 수 있었습니다. 그때 모스크바에서 귀국하시던 공항에 많은 일본인들이 마중을 나와 할아버님을 향해 큰 소리로 만세, 만세를 외치고 연호했습니다.

할아버님과는 주로 식사 때 뵈었었고 동생과 한번 다툰 적이 있었는데 그때 딱 한번 제게 야단을 치셨습니다. 할아버님은 단 한 번도 나쁜 말 하시는 것을 본 적이 없습니다. 할아버님의 업적을 존경하기 때문에 정치에 입문하게 된 것도 사실입니다.

((1956년 10월 하토야마 이치로 당시 총리는 일본의 국제적 고립을 돌파하기 위해 직접 소련을 방문해 니키타 흐루쇼프(Nikita Khrushchyov, 1894-1971)와 회담했다. 1956년 12월 일본과 소련이 다시 국교를 맺는 데 합의했다. 그 결과 일본의 유엔 가입을 반대하던 소련이 찬성으로 의견을 바꾸면서 일본이 유엔에 가입했다.))

Q: 가족 이야기에 관한 질문을 좀 더 드리겠습니다. 총리님의 아버님, 어머님 각각 어떤 분이셨는지 그 두 분에 대한 존경과 사랑의 이야기를 들려주시면 감사하겠습니다.

A: 아버님 하토야마 이이치로(鳩山威一郞, 1918-1993, 외무대신, 참의원)님을 생각하면 마음이 아픕니다. 동경대 법학부 수석 졸업생이셨고 정치를 하셨습니다만 늘 "정치는 가장 큰 바보들이 하는 거야."라는 말씀을 자주하셨습니다. 그러자 어느 날 내 동생 하토야마 구니오가 "그럼 일본 총리를 세 번이나 지내신 할아버님도 바보인가요?"라고 묻자 그때는 아무 말씀도 안하셨습니다.

아버님은 술을 좋아하셨습니다. 담배도 애연가이셨습니다. 술은 혈관을 확장 시키고 담배는 혈관을 축소시킵니다. 돌아가시기 전에는 거동이 불편할 정도로 건강이 안 좋으셨습니다. 말년에 11시간이나 걸리는 큰 수술을 하셨습니다. 내게 늘 "선거운동 도와줄게, 도와줄게" 용기를 주셨습니다. 평소에 아버님은 말씀이 별로 없으셨습니다. 말없이 지켜보시는 분, 스스로 깨닫게 하시는 분입니다. 문학을 하시는 게 좋았지 싶습니다만 대장성의 높은 지위(대장사무차관)까지 오르셨습니다.

어머님 하토야마 야스코(鳩山 安子, 1922-2013, 우애청년협회 이사장)님은 브릿지 스톤(BRIDGESTONE, Since 1931.3.1.) 창업자 이시바시 쇼지로(石橋 正二郎, 1889-1976)님의 큰 따님이셨습니다. 부유한 집안이셨지만 택시를 타 본 적이 없으실 정도로 늘 전철이나 버스를 애용하셨습니다. 절대로 부자 티를 내지 않으셨습니다. 그래서 우리 형제들에게는 검소하고 절약하는 어머니라는 인상이 깊이 새겨져있습니다. 식사도 늘 소박하게 하셨습니다.

내 아내인 미유키님에게도 다정하게 대해주셨습니다. 미유키님도 시어머니 대접과 공경을 진심으로 잘 모셔주었습니다. 늘 고맙게 생각합니다. 브릿지 스톤의 회장님은 늘 어머니가 남자였으면 하는 그런 아쉬움의 바람도 갖고 계셨었습니다. 어머니는 내가 정치하는 걸 좋아하셨습니다.

Q: 이번엔 총리님께서 부인이신 미유키 여사님께 이 책을 통해 평소에 하시고 싶으셨던 말씀을 들려주시면 대단히 감사하겠습니다.

A: (잠시 생각하다가) 우리는 인간적인 존중의 관계입니다. 한마디로 표현하면 태양 같은 여자입니다. 항상 밝게 빛납니다. 그 밝음으로 나를 대해줍니다. 나는 말이 적고 미유키님은 쾌활한 편입니다. 하지만 태양은 너무 가까이 가면 위험합니다. 적당한 거리를 두어야 합니다. (웃음)

Q: 그렇다면 태양 같으신 부인 미유키님은 하토야마 총리님을 어떤 존재라고 생각하실까요?

A: 그 대답은 나도 궁금합니다. 어떻게 생각할까요?

Q: 미유키 여사님의 인간적인 매력, 좋은 점 등, 여러 가지가 많으실 텐데 그에 관한 말씀도 들려주시면 감사하겠습니다.

A: 내가 정치를 시작한다고 했을 때 반대를 안했습니다. 오히려 하라고 응원해 주었습니다. 미유키님은 아주 의지가 강한 사람입니다.

Q: 일본을 한마디 단어나 한 줄의 문장 등으로 짧게 표현하신다면 어떻게 말씀해 주실 수 있나요?

A: (한동안 깊은 생각하다가) 미국 식민지. ((이때 하가 다이스케 비서실장도 대답에 참여했는데 '침몰'이라고 답했다. 그러자 동석한 신부호 목사는 나를 보며 "이런 점이 바로 일본의 저력입니다."라고 말했다. 미국 식민지라는 하토야마 총리의 답변은 한국어 번역본도 나와 있는 그의 저서 '탈 대 일본주의'(중앙 books)로 참고 할 수 있다.))

Q: 총리님께서 스탠포드 대학시절이던 1970년대 미국은 록 뮤직, 포크 뮤직 등을 통해 히피, 반전, 평화, 자연보호, 인권 운동 등 많은 이슈가 끓어오를 때입니다. 그 시절 6-70년대 스탠포드 대학, 샌프란시스코 등의 풍경과 사회 분위기, 어떻게 느끼셨는지 그에 대한 말씀을 해 주시면 감사하겠습니다.

A: 1976년 그 무렵 미국인들의 자부심이 대단할 때였습니다. 그 모습을 보면서 정치를 해야겠다고 마음먹기 시작했습니다. 그 당시 일본인들에게는 그 정도로 자부심이 풍성하지는 않았습니다. 하지만 아직 공학 공부를 해야 할 때이고 정치에 대한 이해력이 더 필요했고 기다려야 했습니다.

당시 샌프란시스코는 히피 운동이 일어났던 곳입니다. 반전 인권 운동으로 인해 학교 유리창이 부서지기도 했습니다만 내가 어찌해야할지는 알 수 없었습니다. 다만 그때도 생각했던 것은 우애는 소통이고 재미있는 것이고, 행복한 것이고 사랑하는 것이고, 미래가 있는 것인데 하는 생각을 했습니다.

Q: 우크라이나 전쟁, 가자지구 전쟁 등 불안요소가 지구촌에 끊임없이 있어왔습니다. 제 생각엔 전쟁이란 것이 정치역사상 하나의 통치술이자, 국방이 반드시 필요하겠지만 근저에는 군대 유지를 위한 프로그램이 아닌가 싶기도 합니다. 왜 전쟁이 지구촌 인류역사에 끝없이 일어나고 우애의 얼굴에 눈물이 흐르고 있는 걸까요?

A: 전쟁은 절대 안 됩니다. 싸우지 않고 이기는 것이 최선의 길이고

최상의 태도이고 최고의 결과입니다. 주로 가까운 나라와의 경쟁이 분쟁이 되고 전쟁이 되고 이웃나라의 좋은 것들을 빼앗으려는 원시적 야욕, 노예처럼 부리고 싶은 비도덕적, 비인간적, 비윤리적 욕망 때문입니다. 전쟁 대신 대화는 철칙입니다. 그래서 우애의 정신이 우애의 운동이 필요한 것입니다.

Q: 총리님께서는 교수, 중의원, 총리, 동아시아공동체 연구소 이사장, 세계우애재단 이사장, 작가 등 많은 일을 해 오셨는데 가장 애착이 간다고 할까요? 가장 행복한 직함과 그 일은 어떤 것인지 궁금합니다.

A: 언젠가 명함을 받는데 상대방 인사가 전 수상이란 직함의 명함을 주었습니다. 그 순간 갑자기 내가 부끄러웠습니다. 지난날 무엇을 한 것은 그다지 중요하지 않습니다. 현재가 중요합니다. 사람은 미래를 향해 오늘을 살아야합니다. 과거에 얽매여있다는 것은 멈춰있다는 것이고 자신과 사회에 대한 기여가 부족할 수밖에 없을 것입니다.

그래서 나는 동아시아공동체연구소 이사장과 공익재단법인 세계우애재단 이사장으로써, 현재의 이 직함으로 참여해, 돕는 사람들과 함께 인류의 미래를 위해, 우애의 정신으로 세계평화를 향해 나아가는 지금의 직분이 가장 좋습니다.

Q: 총리님께서는 지난날 우치다 다쓰루(Tatsuru Uchida, 고베여자대학 명예교수, '거리의 사상가'로 불리는 일본의 철학 연구가, 윤

리학자, 번역가, 칼럼니스트이며 아베 내각을 독재로 규정한 바 있다, '교사를 춤추게 하라' 등 100여권의 저서를 냈으며 한국에서도 그의 번역저서 30여권이 출간됐다.)님의 초대로 고베시에서의 대담을 위해 방문하셨을 때, 동행자 없이 혼자서 신칸센 열차를 타고 가셨습니다. 이때 마중 나온 우치다 다쓰루님이 '일본 최고위직을 역임하신 분으로서 대담한 분이다'란 표현을 했는데 그때 동행 없이 혼자 찾아가신 이유는 어떤 마음이셨는지 궁금합니다.

A: 나는 보통사람입니다. 따라서 혼자 가는 것은 당연합니다. 물론 항상 혼자 다니지는 않습니다. (이때 하가 다이스케 비서실장이 "혼자가시면 비용이 적게 드니까요."라고 농담을 하며 친절하게 다음과 같은 설명을 해 주었다. 일본은 전직 총리의 경우 원할 경우 경호원을 붙이고 원하지 않으면 경호를 붙이지 않는다. 다만 경찰청이 판단할 때 특히 해외에 나갈 때, 경호를 꼭 붙여야하는 상황일 경우엔 경찰청 판단으로 경호가 따라붙는다. 총리 부인의 경우 개인비서는 국가지원이 가능하지만 국가차원의 경호는 없다.

나는 이 말을 듣고 영국의 제65대 총리 해럴드 맥밀런(Harold Macmillan, 1894-1986, 재임 1957-1963)의 일화가 떠올랐다. 맥밀런이 총리직을 그만 두고 동네 버스 정류장에서 버스를 기다리고 있었다. 이때 한 어린아이가 "총리 아저씨 왜 버스를 타세요?"라고 묻자 맥밀런 전 총리는 그 아이에게 "나는 이제 더 이상 총리가 아니다. 너도 나중에 총리를 그만두면 나처럼 해야 한다."라고 답했다.)

Q: 종교를 갖고 계신가요?

A: 특별한 종교는 따로 없습니다.

Q: 저도 그렇고 많은 사람들이 생각할 때 총리님께서는 후회하실 일이 별로 없으실 것 같다 그런 짐작을 하게 됩니다만, 그럼에도 불구하고 총리님께서도 지난날을 되돌아보실 때 '아, 이건 후회가 된다' 그런 일들이 있으셨는지 말씀해 주시면 감사하겠습니다.

A: 총리 재임시절 오키나와 미군 기지를 이전한다는 공약을 이행 못한 것이 가장 아쉽고 후회스럽습니다. 풀어야 할 난제가 너무 많긴 했습니다만 미군기지는 중단돼야 합니다.

Q: 이번엔 후회와는 반대로 그 동안 총리님 인생에서 가장 기뻤던 순간을 말씀해 주시면 감사하겠습니다.

A: 오늘 인터뷰가 기쁩니다. 나 같은 사람을 인터뷰해 주셨습니다. 자민당을 탈당할 때 속박에서 벗어나는 자유를 느꼈습니다. 그때 가장 기뻤던 순간이었습니다. 내가 만드는 정당(1993년, 신당 사키가케)으로 갈 수 있었기 때문이었습니다. 새 정당에서 당시 의자도 없이 지지자들과 함께 맥주 한잔을 마실 때 제일 좋았습니다. 총리가 됐을 때 보다 더 좋았습니다.

총리가 됐을 때 안타깝게도 관저로 데리고 가려던 개가 죽었습니다. 아마도 그 개는 관저로 들어가기 싫었던 것 같습니다. 정원을 돌보던 사람 얘길 들어보면 갑자기 죽었다고 합니다. 열두 살이었습니다. 총리가 돼서 기뻤지만 개가 죽어서 개인적으로는 슬펐습니다. 자유는 가장 소중합니다.

Q: 총리님께서 2015년 8월, 한국의 서대문 형무소 순국열사 추모관 앞에서 무릎 사죄를 하신 모습 때문에 많은 한국인들은 물론 세계인들도 감동을 받았습니다. 한국과 일본은 물론이고 동아시아와 세계 평화 역사에 결정적인 진전을 이룬 결단이셨는데, 그에 대한 말씀도 여쭙겠습니다.

A: 운명적이었습니다. 이부영(자유언론실천재단 이사장, 3선 국회의원)씨 안내로 서대문형무소를 찾았습니다. 먼저 역사관을 참관했고 유관순 열사의 독립운동 이야기를 들었습니다. 그 순간 자발적으로 무릎 사죄를 했습니다.

그 이전부터 나는 한국이 그만두라할 때까지 지속적으로 사죄해야 한다고 생각했고 이를 공개적으로 말해왔습니다. 경남 합천의 원폭 피해자 분들을 찾았을 때도 똑 같이 무릎 사죄를 모든 분들에게 다 했습니다.

윤석열 대통령의 취임식 참석차 한국을 방문했을 때 윤석열 대통령을 인수위원회 사무실에서 만났습니다. 그때 윤 대통령이 "나에게 선생님이 되어 달라."고 했습니다. 그래서 "역사가 우리들의 선생님이 되어 줄 것입니다"라고 대답했습니다.

그리고 "기시다 후미오(岸田文雄) 총리가 외교관 출신이라 대답에 신중할 테니 지속적으로 세 번 정도 대화요청을 하면 마음을 열고 한일관계가 우호적으로 변화할 것입니다."라고 조언을 했습니다. 다행히 이후 냉랭했던 한일관계에 봄이 온 것 같습니다.

지난해 전직 총리 등이 현직 총리 초대로 함께하는 벚꽃 감상회 모임에서 기시다 총리가 내게 한일관계를 풀어 주신 것처럼 일중관계도 풀어주시면 좋겠다고 요청을 해왔습니다. 그래서 "나도 그러고 싶은데."라고 답했습니다. 일본, 한국, 중국, 미국 모두 우애의 정신으로 협력하는 21세기를 대화로 만들어 나가야 합니다.

(2024년 2월 21일 도쿄 인터뷰는 여기서 마치고 다음 인터뷰를 기약했다. 오전 11시부터 시작된 인터뷰는 오후 3시 반에 마쳤고 12시 반쯤 김밥과 차로 간략히 식사하고 인터뷰를 이어 나갔었다.)

Life Composer

하토야마 미유키(鳩山 幸)

도쿄 인터뷰

하토야마 유키오 전 일본 총리와의 2024.2.21. 인터뷰에 이어 이튿날 2.22. 오전 11시부터 1시간 반 정도, 부인 하토야마 미유키(鳩山 幸) 여사를 인터뷰했다. 이날은 마침 전 세계 99개국이 함께하는 보이스카우트(1,200만명)와 걸스카우트(300만명)가 1926년부터 기념하는 제98회 '우애의 날'이었다.

Q: 안녕하세요. 지난해 9월 하토야마 총리님을 신라호텔 인터뷰 룸에서 뵈었을 때, '미유키 여사님께서 문화가 밝으시니 여사님 인터뷰도 우애와 문화중심의 이번 책에 담는 게 좋겠다'는 말씀을 해 주셨습니다. 그 말씀에 힘입어 여사님께 부탁을 드렸고 승낙해 주셔서 감사합니다. 첫 질문을 드리겠습니다.

어린 시절 하토야마 미유키 여사님의 미래에 대한 꿈은 어떤 것이었나요?

A: 최초의 꿈은 초등학교 때였는데 아나운서가 되는 것이었습니다. 그러다 음악에 대한 관심이 싹 텄습니다. 일본 최고 음악학교를 가고 싶었는데 너무 경쟁이 심할까봐 차선의 학교를 찾았습니다. 고베시에 있는 올해 개교 110주년 된 다카라즈카 음악학교(宝塚歌劇団, Takarazuka Revue Company, 1914.4.1. 개교)였는데 들어가고 보니 그곳은 이미 일본 최고 음악학교였습니다. 워낙 수준 높은 교육을 시키는 곳이었기에 합격이 되자 주변에서 '어떻게 거길 들어 갔지?' 하고 수군거리기도 했습니다. 학교생활에 있어서 노래, 댄스 등 모두 정말 열심히 공부했습니다. 말하자면 만만한 학교로 오해하고 가벼운 마음으로 시험을 쳤는데, 지금 생각해 보면 시험관 선생님들께서 제게 예술적 끼가 있다고 생각했던 것 같습니다.

Q: 개교 110주년 된 다카라즈카 음악학교를 졸업하시고 이후 뮤지컬 배우로 무대에 서셨는데 그 시절 얘기도 들려주시면 감사하겠습니다.

A: 파리 공연이 기억납니다. 40명 정도가 갔고 독일 바비리아텔 회사가 공연을 주선했습니다. 그때 공연 DVD가 남아있습니다. 유럽 사람들이 키 크고 체구도 크니까, 우리 일본 배우들이 무대에 서자 소녀들로 생각했던 것 같습니다. 기모노를 입고 공연했습니다. 공연을 앞두고 샹젤리제로 배우 친구들끼리 놀러 갔는데 지리를 잘 모르니까, 그만 공연 시간이 한 시간 반 앞으로 임박 했는데 택시도 안 잡히고 당황스러웠습니다. 지나가는 승용차에 히치 하이커처럼 엄지손가락 내밀고 불러 세웠는데, 다행히 친절한 파리 시민을 만나 우리를 극장 앞까지 태워다 주었습니다. 극장엔 문제없이 30분

전에 도착했습니다. 공연도 즐겁게 잘해냈습니다. 그 시절 동료 배우 친구들과 정말 친밀하게 우애 있게 지냈습니다. 행복했습니다.

(이날 나의 인터뷰 노트엔 미유키 여사님 인상에 대해서 밝음, 명랑, 명쾌, 쾌활, 여고생, 건강 같은 낱말들이 쓰여 있었다. 전체적으로 맑고 삽상한 가을하늘, 가을 날씨 같은 분처럼 여겨졌다.)

Q: 다카라즈카 음악학교 시절 선생님에 대한 기억, 학교생활에 대한 추억도 말씀해 주십시오.

A: 학교 분위기 자체가 굉장히 개방적이고 자유로웠습니다. 수업이 지루해지면 친구들과 함께 보트를 타러갔습니다. 학교에서 바로 내다보이는 곳에 호수가 있었습니다. 그러면 선생님들이 교실로 돌아오라고 손짓을 하고, 우리들은 그냥 더 놀겠다는 신호로 역시 손을 흔들어 드렸습니다. 그렇다고 불량학생은 아니었습니다. 사미센 등 8가지 수업이 있었고 일본 전통무용도 배웠고 성악도 배웠습니다. 완벽해야 졸업할 수 있었습니다. 무언가를 배우게 되면 그때마다 즉시 해냈던 것 같습니다. 예습 복습을 철저히 했고 수업은 기본적으로 엄격했습니다. 가톨릭 학교여서 발레는 금지였습니다.

Q: 하토야마 총리님께서는 미유키 여사님을 태양 같은 존재라고 하셨습니다. 미유키 여사님께서는 하토야마 총리님을 어떤 존재라고 생각하시나요?

A: 부처님 같은 분입니다. 결혼생활이 48년째인데 단 한 번도 다툰 적

이 없었습니다. 하루에 열 번 이상 서로 '감사합니다'라고 표현합니다. 서로 존중하고 서로 감사하는 사이입니다. 일부러가 절대 아닙니다. 마음에서 우러나오는 48년간의 실제상황입니다.

Q: 하토야마님께서는, 미유키 여사님이 자신보다 더 열심히 선거운동을 도와주셨고, 큰 도움을 많이 받았다고 감사의 말씀을 하셨습니다. 그밖에도 총리님의 대외 이미지 메이킹을 위해 여사님께서 조언을 아끼지 않는다고 하셨습니다. 저도 지난번 서울에서 총리님께서 사진 촬영하실 때 더 좋은 연출을 위해 여사님께서 직접 섬세하게 조언하시는 모습을 뵙고, 감동 받았습니다. 부부로 살아오시면서 총리님께, 여사님께서 가장 자주 조언해 주신 얘기는 어떤 얘기인가요?

A: 정치가의 아내로, 한 남자의 아내로 프로듀서, 코디네이터, 이미지 메이커 역할을 합니다. 처음 알게 됐을 때 스탠포드 대학시절엔 장발이셨습니다. 옷은 좀 아저씨 같아서 누가 골라주었냐고 물었더니 어머님이 사 주셨다고 했습니다. 그래서 새 옷을 선물했습니다. 빨간 팬티도 사 드렸습니다. 지금은 무슨 옷이든 다 잘 어울리는 남자가 됐다고 생각합니다. 단 지금은 헤어스타일 조언을 하면 그 부분은 고집을 부리십니다. 구체적으로 말한다면 예전엔 직접 머리를 이발해 드리기도 했습니다.

Q: 평소 우애에 대한 말씀을 사람들에게 많이 해 오시는 하토야마 총리님의 우애 사상에 대해서, 미유키 여사님께서 가장 가깝게 지켜본 느낌은 어떤 것인가요?

A: 우애사상은 참 좋은 생각입니다. 모든 분들이 우애를 살아가시길 바랍니다. 전쟁이 지구촌에 싹 사라지도록 말입니다. 우애정신은 상대를 존중합니다. 오늘도 인터뷰하러 오는 길에 구급차를 봤습니다. 재빨리 비켜주는 차도 있지만 그렇지 않은 차도 있었습니다. 우애의 일상화, 작은 부분부터 우애를 실천하는 배려와 친절을 우리 인류가 함께 나누며 살아야합니다. 이기적인 자기 생각에서 벗어나 상대를 존중하고 특히 아이들을 존중해야합니다.

Q: 한국 드라마도 좋아하시는 걸로 알고 있습니다. 기억나는 한국 드라마와 배우 또 그 이유 등에 대해서도 말씀해 주시면 감사하겠습니다.

A: 한국 드라마 다 좋아합니다. 장면 전환이 빠르고 또 배우들도 좋은 배우들이 많아서 다양한 연기와 개성을 접할 수 있습니다. 그런 변화와 역동성이 일본 드라마에서는 보기 힘듭니다. 배우 이병헌의 연기도 좋아합니다. 배용준 최지우가 주연 한 겨울연가도 참 재밌게 봤습니다. 드라마 이산도 좋고 거기 나온 이서진 배우도 좋았습니다. 둘 다 100점을 주고 싶습니다.

Q: 2009년 10월 KBS TV 뉴스에서는 미유키 여사님을 개성 만점의 일본 퍼스트레이디로 소개했습니다. 여사님께서는 일본 인기 댄스 그룹과 함께 '청바지가 잘 어울리는 유명인'으로 선정되신 바 있습니다. 요즘도 청바지를 애용하시는지요?

A: 지금도 청바지는 즐겨 입습니다. 청바지는 황실 초대자리만 아니면

어디서든 입을 수 있는 편안하고 활동적인 진취적 이미지의 옷입니다. 젊음을 상징하고 도전과 모험이 가능한, 꿈을 위한 생명의 여행복입니다.

Q: 하토야마 유키오 총리님을 생애 최초로 만나셨을 때가 언제였었나요? 그때 첫 인상은 어떠셨나요?

A: 친구가 하토야마상과 함께 나타났었습니다. 일본에서였고 특별히 기억나는 첫 인상은 없었습니다. 이후 샌프란시스코 가는 같은 비행기에 탑승했습니다. 그런 줄도 몰랐다가 짐 찾는 곳에서 두 번째 우연히 마주쳤습니다. 이후 각자 샌프란시스코 생활을 하던 중 시내에서 차를 타고 가는데 하토야마상이 걸어가고 있었습니다. 다시 인사를 나눴고 마침 점심시간이어서 "점심 식사했나요?" 물었더니 "아직…"이라고 해서 같이 식사했습니다. 세 번째 만남이었습니다. 그때도 그냥 친구가 소개해 준 얼굴만 아는 사이정도였습니다. 1974년이었고 그 시절은 내가 결혼 중이었는데 그러다보니 전 남편과 여행을 가는데, 전 남편이 "하토야마상도 같이 여행 갑시다." 했고 그렇게 가족처럼 지냈습니다. 그 시절엔 하토야마상의 할아버지가 유명한 정치인이었다는 것도 알지 못했습니다. 하토야마상도 그런 이야기는 일체하지 않았습니다. 처음엔 하토야마상에게 특별한 관심이나 흥미를 느끼지 못했었습니다.

Q: 하토야마 유키오 총리님의 가장 멋있고 매력적인 장점도 말씀해 주시면 감사하겠습니다.

A: 하토야마상은 그 누가 됐던 간에 그 사람에 대한 비방이나 나쁜 말을 전혀 안 합니다. 어쩌다 내가 누군가에 대해 불만 같은 걸 이야기하면 "그 사람에게는 이런 장점도 있으니 그런 쪽으로도 생각을 해 보세요."라고 권합니다. 성격과 품성이 너무 좋은 분입니다.

Q: 미유키 여사님께서는 전생에 톰 크루즈를 만났었다, 영화 프로듀서를 하게 되면 톰 크루즈를 캐스팅하겠다는 말씀도 하셨습니다. 꼭 그 꿈을 이루셔서 세상사람 모두가 여사님이 만드신 영화를 보고, 인생의 큰 기쁨을 얻길 바랍니다. 여사님께서 만들고 싶으신 영화, 어떤 영화인지 궁금합니다.

A: 영화 제작을 위해 준비 중입니다. 현대물이고 보이지 않는 세상과 미래에 대한 얘기도 담깁니다. 2~3년쯤 후면 개봉할 수 있을 것 같습니다. 현재 시나리오를 진행 중입니다. 톰 크루즈는 좋아하는 배우이고 전생에 지인이었지 싶습니다. 그래서 톰 크루즈를 만나게 된다면 "톰 나 몰라요?"라고 물을 것입니다. "전생에 나 만나지 않았어?"라고 말입니다.

Q: 미유키 여사님께서는 2008년에 출간된 저서 "내가 만난 매우 이상한 것들"에서 1975년 "내가 잠들어있는 동안 영혼이 삼각형 UFO를 타고 금성에 다녀왔고 초록빛 아름다운 별이었다"고 밝히셨는데, 금성의 풍경과 그 꿈에 대해서 좀 더 자세한 말씀을 들려주실 수 있으신지요?

A: 알려진 대로 금성에 세모난 UFO를 타고 다녀왔습니다. 그 이야기

를 하토야마상에게 하면 "수고하셨습니다."라고 믿어주고 이해해 줍니다. 너무 아름다운 별 금성의 풍경이었습니다. 색다른 세계였지만 존재하는 세계입니다.

Q: 작가 생텍쥐페리는 혹성 B612호에서 지구에 온 어린왕자를 통해 사랑의 소중한 의미와 삶에서의 절대적 필요성을 들려줬습니다. 저는 개인적으로 미유키 여사님께서 "우주적 사랑의 시선으로 지구인들을 바라보고 계시구나."라는 인상을 받고 있습니다. 이번엔 미유키 여사님께서 사랑하는 "일본", 미유키 여사님께서 사랑하는 "지구", 미유키 여사님께서 사랑하는 "우주" 이 세 가지 사랑의 대상에 대한 각각의 평소 생각해 오신 말씀을 해 주시면 감사하겠습니다.

A: 일본에 대한 생각은 늘 느끼는 거지만 일본말을 할 때 행복합니다. 일본말은 굉장히 섬세합니다. 아주 마음에 들고 사랑스럽습니다. 다만 그런 반면에 세계엔 너무나 많은 언어가 있어서 소통에 어려움이 있습니다. 하나의 언어로 되어있었다면 얼마나 좋았을까? 그런 생각도 합니다. 또 하나 일본의 장점은 배려라고 생각합니다. 외국 나갔을 때 배려보다는 자기중심적인 자세가 더 강하지 않나? 그런 생각할 때가 있습니다.

지구에 대한 생각은 우주에서 지구를 바라보고 싶다는 꿈을 갖고 있습니다. 아름답고 바다가 많고 그런 모습을 말입니다. 그리고 우주는 형태가 없습니다. 그래서 언제나 갈 수 있습니다. 상상의 날개로 얼마든지 날아갈 수 있습니다.

Q: 지구의 모든 생명 에너지의 원천인 태양을 먹고 산다는 말씀도 하셨는데 이에 관해 세상 사람들에게 태양을 먹는 방법과 직접 체험하신 태양식의 좋은 점 등을 말씀해 주시면 이 책의 독자들 건강에 큰 도움을 받을 것 같습니다.

A: 간단합니다. 태양을 바라보며 그 빛과 따스함을 손으로 받아서 입에 넣어 냠냠냠냠 드시면 됩니다. 그 에너지는 무료입니다. 완벽한 무공해입니다.

Q: 영적 음식(Spiriture Food)이란 저서도 발표하셨는데 그 책에 대해서도 말씀해 주시면 감사하겠습니다.

A: 하와이의 마우나케아 섬에서 만들게 된 책입니다. 하와이의 밝은 느낌이 담긴 책입니다. 그 책 114페이지에는 풀이 덮인 산등성이에서, 하얀 눈 쌓인 산을 바라보는 나의 뒷모습이 사진으로 나와 있습니다. 촬영한 뒤 사진을 보니 내 등 뒤에 둥, 떠있는 붉은 빛의 원이 마치 UFO 같았습니다. 그 바깥으로 훨씬 더 큰 붉은 빛, 또 하나의 원이 떠있었고 빛나고 있었습니다.

텔레파시로 우주와 소통해 온 삶이 있어왔기에 천사들이 왔었지 싶습니다. 진기하고 신비한 체험이었습니다만 나는 당연하게 받아들였습니다. 나는 2024년 14회째가 되는 북해도 호텔에서 우주적 체험을 한 사람들, 지구의 환경과 미래를 걱정하고 이를 해피엔딩으로 극복하려는 사람들의 모임을 갖습니다. 자신의 체험과 각자 해 나가는 일들에 대해 이야기를 나눕니다.

(나는 여사님 이야기를 듣고 나도 16세 때 신비한 빛의 체험을 했다고 아주 짧게 그 이야기를 말씀드렸다. 그러자 여사님은 7월 28일 홋카이도에서의 그 모임에 초대를 해 주셨다.)

Q: 미유키 여사님께서는 스스로를 Life Composer, 인생 작곡가라고 말씀하셨는데 매우 창조적인 삶을 뜻하는 것 같아서 듣는 이로 하여금 용기를 갖게 하고, 힘을 얻게 되고 다시 꿈꾸게 합니다. Life Composer, 인생 작곡가란 어떤 의미인가요?

A: 내 삶의 경험에서 우러나온, 인생을 살아가는 방법을 뜻합니다. 기존의 이념으로 인해 제도가 생깁니다. 그 제도와 법률에 속박 당하는 게 인생입니다. 물론 법률은 모두의 공존을 위한 것이지만 자신만의 자유를 위한, 그리고 더 나아가 모두의 자유를 위한 음률을 만들고 연주하듯이 그러한 삶을 계획하고 좀 더 자유롭고 행복하게, 평화롭게 사랑스럽게 살아갈 필요가 있습니다.

기무라 아키노리(木村 秋則)란 사람이 있습니다. 이번 여름 우주 체험자들의 모임에 올 예정이고 매년 참가하고 있습니다. 이 사람은 무농약주의자입니다. 세계의 메이저 비료회사, 농약회사들의 미움을 사고 있습니다. 이 사람은 소나무가 덩치 큰 악어로 보였다가 다시 용으로 보였고 무게가 없이 하늘로 올라가는 모습을 본 사람입니다.

(일본의 농부 기무라 아키노리는 농약 없이 2년이 지나도 썩지 않

는 사과재배에 성공해 그 이야기가 '기적의 사과'라는 제목으로 책이 나왔고, 한국 번역본도 출간돼 있다. 그는 비료와 농약으로 죽어가는 흙을 살리기 위해 "자연 재배를 하려면 상식에 얽매여서는 안 됩니다. 자연이 우리를 살리는 것뿐 아니라 우리도 자연을 살릴 수 있다고 믿으면 됩니다."라고 말했다.)

Q: 미유키 여사님께서는 하토야마 유키오 이사장님께서 총리직에 지명되셨을 때, 일본에 우애사회가 실현될 수 있다고 말씀하셨습니다. 일본에서 실현될 우애사회 어떤 사회가 되길 바라시나요?

A: 나를 버려야 합니다. 우애 사회가 이뤄 지려면요. 모든 것이 감사입니다. 이게 쉽지만은 않습니다. 돈에도 너무 얽매이면 안 됩니다. 당연하다고, 이미 나도 그 정도는 알고 있다고 생각들을 합니다만 막상 실천은 쉽지 않습니다. 나도 나를 버리고 상대방도 그 자신을 버리고 그렇게 되면 우애의 강물이 두 사람 사이로 흐르게 됩니다. 그런 강물이 무수히 그 사회에 많아질 때 우애의 대 바다, 우애사회, 우애국가가 탄생합니다. 그 바다의 리듬에 맞춰 춤추듯이 기쁘게 행복하게 살아가는, 많은 사람들의 사회가 우애사회입니다. 조금도 나쁜 마음은 먹지 않고 상대를 곤란하게 하지 않고, 손해를 끼치지 않는 우애사회 실현이라는, 그 꿈을 향해 한발자국씩 자꾸만 더 나아가는 게 내 삶의 목표입니다.

Q: 한국 사람들에게 그리고 외국인들에게 이곳은 '꼭 가보세요'라고 권하고 싶으신 일본의 관광명소 추천을 부탁드립니다.

A: 후지산(富士山, 해발 3,776미터)을 추천합니다. 꼭 가보시길 바랍니다. 나도 바라보기만 했지 정작 올라가보진 못했습니다. 내 꿈의 하나가 바로 후지산 등반입니다. 분화하기 전에 말입니다. 너무나 참 아름다운 산입니다.

Q: 니콜라 사르코지(Nicolas Sarkozy) 프랑스 전 대통령 부인이자 가수 겸 모델인 카를라 부르니(Carla Bruni), 중국 시진핑(習近平) 국가주석의 부인이자 국민가수인 펑리위안(彭麗媛, 중국 문화예술연합회 부주석)과 함께 미유키 여사님이 우애와 세계평화에 대한 노래를 3중창으로 함께 부르셔서 빌보드 핫100 1위에 오르면 좋겠다는 상상을 해 봅니다. 미유키 여사님께서도 뮤지컬 가수를 하셨으니 세분이 함께하는 '우애의 노래'가 가능해진다면 세계인들이 행복해 할 것 같습니다. 아직은 꿈같은 얘기지만 만약에 이 프로젝트가 가능해진다면 참여하실 수도 있으실까요?

A: 중국 펑리위안님과는 가능할 듯도 싶습니다만 카를라 부르니님은 우리들에 비해 너무 키가 커서 무대에 설 때 어떨지 모르겠습니다. 그리고 이건 재미난 얘기인데 내 경험으로는 세계 각국 정상회의 때 보면 정상들 부인들끼리의 만남도 있습니다. 그때 이상하게도 아시아의 키 작은 아담한 정상 부인들끼리 따로 모이고, 유럽이나 북미의 정상 부인들끼리 또 따로 모입니다. 마치 약속이나 한 듯이 자연스럽게 그리됩니다.

Q: 미유키 여사님께서 하루 중 가장 행복한 시간은 언제인가요?

A: 친구들과 식사할 때 자유롭고 행복하다는 생각을 늘 꼭 하게 됩니다.

Q: 만약에 다시 돌아갈 수 있는 나이가 있다면, 몇 살 때로 되돌아 가 보고 싶으신가요? 그 선택의 이유는 무엇인가요?

A: 돌아갈 수 있다면 초등학교 시절로 돌아가 보고 싶습니다. 그 이유는 이번엔 착실한 초등학생이 되고 싶습니다.

Q: 앞으로 100년 후, 2124년의 일본과 한국, 한국과 일본의 모습은 어떤 사이가 될 거라고 생각하시나요? 상상을 바탕으로 예언을 해 주시면 감사하겠습니다.

A: 100년 후, 2124년 일본과 한국은, 한국과 일본은 우애로 하나가 됐습니다. 얼마나 좋을까요?

Q: 미유키님의 삶에서 가장 좋아하는 노래, 가장 좋아하는 책 등 어떤 것들이 있는지 말씀해 주시면 감사하겠습니다.

A: 가수는 미소라 히바리, 마이클 잭슨을 좋아합니다. 마이클 잭슨도 미소라 히바리도 살아있을 때는 흥미도 없었고 좋은 줄을 잘 몰랐습니다. 뒤늦게 좋아하게 됐고, 참 좋아하게 됐습니다. 소설은 단편소설을 좋아합니다. 영화나 TV의 다큐멘터리 작품들을 좋아합니다.

Q: 저는 일본 음식 중에서 우메보시를 좋아합니다. 미유키 여사님께서는 한국 음식 중에 어떤 음식을 특히 좋아하시나요?

A: 한국음식은 간장으로 조리한 깻잎을 특히 가장 좋아합니다. 김밥도 좋아합니다.

Q: 미유키 여사님과 하토야마 유키오 총리님이 서로를 부르는 호칭은 어떻게 되나요?

A: 나는 유키오상이라고 부릅니다. 유키오상은 내게 오카상(어머니)이라고 부릅니다.

Q: 한국의 젊은이들에게 미유키 여사님께서 전하고 싶으신 말씀을 부탁드립니다.

A: 사랑해요. (이 대답은 한국말 분명한 발음으로 답하셨다.)

하토폿포의 친구들 인터뷰

하시모토 다이지로

　하토야마는 자신의 친구들이 자신을 어떻게 생각하는지 궁금하다며 이번 책에 친구들 인터뷰도 제안했다. 내심 나 또한 바라던 차였기에 감사하게 생각했고, 그로인해 가까운 하토야마의 지인 두 사람을 인터뷰했다. 2024년 7월 9일 하토야마의 평생 친구인 하시모토 다이지로를 동아시아동동체연구소 회의실에서 인터뷰했다.

　하시모토 다이지로는 일본 제82대, 83대 총리인 하시모토 류타로의 친동생이다. 하시모토 류타로 총리는 검도를 했고 14선 일본 중의원을 연임했다. 동생 하시모토 다이지로의 첫 인상은 눈매는 좀 날카롭다고 할까 깨끗한 인상에 세로 줄무늬 셔츠에 경쾌함과 중후함이 함께하는 느낌이었다. 하시모토 다이지로가 친구로서 하토야마 총리를 기억하는 것은 온화한 성격이어서 정치가치고는 소극적으로 보일 수도 있지 싶다고 했다. 하지만 이에 대해 하토야마 총리는 자신처럼 기존 정치가 이미지와는 다른 사람들이 정치를 해 나가는 세상이 되야한다는 신념을 말했다.

　하시모토 다이지로가 하토야마 총리를 처음 만난 것은 일본 천황자녀들과 일본 귀족들이 다니던 학교 학습원에서였다. 한국으로치면 명문 사립초등학교인 셈이다. 말하자면 이런시절부터 지금은 우애기념관이 된 하토야마 회관, 그 시절엔 하토야마 총리의 가족들이 살던 집엘 놀러갔었다. 다이지로가 생각하는 하토야마 총리의 인상 중에는 내성적인 면도 있다. 하지만 가장 큰 장점은 하토야마 총리는 정치가로서 자신의 신념이 옳다고 믿고 세상에 필요하다고 믿으면 결코 굽히지 않는다고 했다. 초지일관 그 뜻을 밀고 나가는 힘이 대단하다고 평가했다. 그러한 하토야마의 정치적 소신을 다이지로도 지지한다고 했다. 다만 하토야마 총리의 정치적 언행에 대해 일본 우익단체들의 반발이 있지만 그것은 어쩔 수 없다고 말했다.

따라서 2015년 서울 서대문 형무소 순국열사추모관에서의 하토야마 총리의 무릎사죄는 일본이 한국에 가한 인권침해 등의 여러 가해 사례에 대한 사죄로 자신도 그랬을 것 같다고 말했다. 다이지로는 기자 출신으로 NHK에서 앵커 활동을 20년 가깝게 했다. 일본에서 대중적으로 알려진 계기는 천황이 병중이던 시절에 천황 소식을 알리는 전담 TV 앵커 역할을 110일간 했는데 그때 일본인들의 관심이 많아서 그로 인해 이름과 얼굴이 전국적으로 널리 알려지게 됐고, 그게 또 계기가 돼서 자신은 정치를 할 생각이 많지 않았으나 고치현지사 선거에 나가게 됐다고 말했다.

다이지로는 자신이 현지사 선거에 나가게 된 결정적 계기는 친구인 하토야마가 홋카이도에서 중의원 선거에 나갔을 때 응원차 하토야마의 연설을 들으러 갔는데 그때 하토야마의 새로운 면모를 봤고 그 열정에 감화 받아 자신도 그러한 감동을 주고 싶다는 소망이 생겨 결심하게 됐다고 기억한다.

다이지로는 현지사 시절인 1997년 기미가요(君が代)를 부정하는 발언을 한 이후 일본 우익단체 조직원이 현지사 공관으로 가두선전차량을 몰고 돌진해 현관기둥을 크게 부순 뒤 현장에서 체포되는 사건도 겪었다. 다이지로는 고치현의 한 심포지움에서 "개인적으로 기미가요를 국가라고 말하는 것은 이상하다. 전후 50년이 지난만큼 이제는 이를 바꾸는 국민운동을 벌여야 한다"고 소신을 밝힌 바 있다. 기미가요는 옛 일본의 단가이고 일종의 민요적 성격이 있었으나 2차 대전 때 일본 천황을 찬양하는 의미가 생겨나면서 국가로서 사용된다는 것이 불편하다는 여론이 생겨나 논란이 지속돼 왔다.

다이지로는 한일 관계는 국민들 사이에서는 특히 젊은이들 사이에서는 국경이나 국적이 문제되지 않는 좋은 사이라 생각한다고 말했다. 신오쿠보의 한국타운에 가면 그런 점을 더 자연스럽게 확인할 수 있고 반한감정, 혐한감정을 불러 일으키는 선동이 이제는 잘 안 먹혀들어가는 시대라고 말했다. 특히 한국 화장품, K-POP, 한국음식은 날이 갈수록 인기가 높아지고 있다며 미래에 한일관계를 낙관적으로 전망했다.

다이지로는 자신이 좋아하는 배우는 이병헌이라며 자신의 부인은 겨울연가 팬이었고 본인 또한 겨울연가에 푹 빠졌었다고 말한다. 그 시절 일본에서는 한국 드라마 촬영지로 자신들의 지자체가 선택되기 위해 유치활동을 많이들 했었고 고치현지사 시절 자신도 한국에 와서 그런 제안을 한 적도 있었다고 말한다. K 엔카의 경우는 김연자, 계은숙의 노래를 듣는 것도 좋아하고 부르는 것도 좋아한다고 말했다.

다이지로는 자신이 무소속으로 고치현지사에 출마했을 때 상대 라이벌 후보가 자민당 후보였는데 그때 자민당 중의원이던 친구 하토야마가 당적을 떠나 친구인 자신을 열렬히 응원했는데 그렇게 되면 자민당 내에서 하토야마에게 문제가 생겨 불이익을 당할 텐데도 그런 우정과 우애를 체감하며 눈물이 났다고 말한다. 그때 다행히 두 배 이상의 표차로 압승을 거둘 수 있었다고 말한다.

다이지로는 하토야마 총리의 가장 큰 장점이자 매력은 정직하고 솔직한 점이라고 소개했다. 특히 우크라이나 전쟁 등의 이 시대에 평화를 위해 노력하는 점이 매우 긍정적이라 생각하고, 이제는 좀 더 세계적 평화 확산과 정착을 위해 더 많이 행동하는 세계의 친구 하토야마가 되길 바란다고 말했다. 또한 하토야마 총리의 재임기간이 좀 더 길었다면 지방분권이라든가 세금 등의 재정문제에 일본이 더 발전할 수 있었을 것이라고도 말했다.

자신 또한 하토야마 총리가 우애사상에 대한 주장을 굽히지 말고 지속해 나가길 바라며 이에 대해 비현실적이라 냉소하는 사람들도 있지만 그런 시선에 신경 쓸 필요가 없다고 말한다. 그로인해 한일중이 더 가깝게 교류하고 신뢰할 수 있을 것이라고 말했다. 그밖에 하토야마 총리와의 평생 친구로서 혹시 섭섭한 일은 없었는지를 내가 묻자 다이지로는 전혀 그런 일이 없었다고 강하게 부정했다.

그리고 일본도 한국도 인구감소 문제가 있는데 그러한 대비책으로 이민정책이라든가 그런데 신경을 많이 써야하고 지혜를 모아 실천할 때라고 말했다. 다이지로는 한일 양국이 지금처럼 우호적 방향으로 잘

해 나갈거라고 생각한다고 말했다. 또한 현 천황의 부친이 일본 천황가가 백제 혈통이라는 발언도 한 바 있으니 이제 더 이상 지난 역사문제로 미래 발전이 발목 잡히는 일이 없길, 그러한 에너지 소모가 없길 바란다고 말했다.

 나는 다이지로 고치현지사 시절에 잘했던 치적 하나를 소개 해 달라고 부탁했다. 그러자 다이지로는 잘한 게 너무 많아서 한가지만 소개하기 힘들다고 진지하게 받았다. 그는 한국과의 관계에서 고치현지사 시절 목포와의 유대관계를 열었고 강화해 나갔던 일이 잘한 일이라고 말했다.

모기 겐이치로

 2024년 7월 10일 오전 10시부터 77분간 한국에서도 번역서가 30권 이상 출판된 뇌과학자 모기 겐이치로를 동아시아공동체연구소 회의실에서 인터뷰했다. 그는 소탈한 모습이었고 자유로워 보였다. 목소리는 쾌활했고 인터뷰 중간 여러 차례 자신의 노트북을 열어 자신이 한말에 대한 보충설명도 해주는 등 미안할 정도로 열정적인 인터뷰에 감사하게도 응해 주었다. 시종일관 유쾌한 인터뷰였다.

 모기 겐이치로가 하토야마 총리를 만난 것은 하토야마가 총리직을 사임한지 얼마 안돼서였다. 첫 인상은 매우 친절하고 부드러운 사람이라는 생각이 들었고 자신이 일본 의원들 100명 이상을 알고 지내지만, 전혀 정치가 같지 않은 전직 총리까지 지낸 분이어서 뜻밖이었다고 회상한다.

 모기 겐이치로는 뉴진스, 블랙핑크도 좋아하고 BTS의 히트곡 다이너마이트도 좋아하고 싸이의 강남 스타일도 좋아한다고 말했다. 그는 일본에서는 K-POP을 비롯해 이미 오래전부터 재일교포 가수들, 한국계 가수들의 인기가 높았다면서 때로 그런 한국 혈통을 감추기도 했지만 한국 화장품을 비롯해 일본에서의 한국 인기가 뜨겁고 한국 이름을 갖는 사람들도 많고 이제 젊은 층에서는 국경의식이 옅어졌다고 말했다. 나는 K-POP을 좋아한다면 혹시 K-POP 댄스를 춘 적도 있는지도 물었으나 모기 겐이치로는 춤추고 싶은 생각은 있으나 시도한 적은 없다고 말했다.

모기 겐이치로는 영화 '카사블랑카'가 하토야마의 우애 사상과 관련이 있다면서 내가 하토야마 총리의 뇌에 대한 질문도 하자 그는 "하토야마 총리는 머릿 속에 꽃밭이 있다. 그런 이미지가 분명히 있다. 그래서 홋카이도 여행 같이 갔을 때 일부러 꽃의 정원에 가서 그런 이미지의 사진을 촬영해 뒀다"면서 직접 찍은 사진을 내게 보여주었다. 그리고 하토야마 총리가 우애사상에 관한 이야기로 인해 사람들이 비현실적 우주인이라고 부르는 것에 대해서도 잘 알고 있다면서 하토야먀 총리를 한마디로 표현한다면 '꽃밭 속의 우주인'인데, 그런 우애인의 꿈이 전 세계가 우애하며 살아가는 미래운동에 대한 하토야마 총리의 생각이 반드시 이뤄질거라면서 우애에 대한 확신을 말해 주었다.

그는 하토야마의 무릎사죄에 대해서는 하토야마 마음의 표현이었고 일본에서는 비판도 오해도 많이 받았지만 동아시아공동체라는 그의 꿈이 주목 받을 시기가 있다고 기대를 말했다. 또한 스탠포드에서 공학을 공부한 하토야마 총리는 자신이 논문을 보여주자 금세 잘 이해하는 모습도 본적이 있다고 했다. 이밖에도 유연한 유모어도 잘 사용하는 등 하토야마 총리의 매력을 더 널리 더 많이 세상에 알리고 싶다고도 말했다.

그는 하토야마 총리와의 사이에서 서로에 대한 호칭을 어떻게 부르는지를 묻자 일본인들이 비둘기를 지칭할 때 사용하는 의성어인 '폿포'

를 활용해 자신은 처음엔 '하토 폿포'라 했으나 지금은 많이 친근해졌기에 자신을 비롯해 아주 가까운 사람들은 그냥 '폿포'라 부르는 경우도 많다고 말했다. 또한 하토야마가 자신을 부를 때는 모기상이라고 부른다고 했다.

이때 인터뷰를 지켜보던 신부호 목사가 영국에서 인도계인 수낵 총리가 이임하면서 새로운 총리 키이 스토머의 승리가 곧 자신의 승리라고 이야기 했다면서 일본에서도 한국계 총리가 나올 때도 언젠가 있다면이라는 미래의 꿈을 이야기 했다. 모기 겐이치로는 일론 머스크, 빌 게이츠 등의 강연자리에 일본인 최초 강연자이기도 한데 자신이 생각할 때 일본의 입헌민주당의 경우 하토야마 총리를 고문직으로 초대해 현실 정치에 조언을 받을 필요가 있으나 아직 그 정도로 일본 정치가 성숙하지 않은 것 같아서 아쉽다고 말했다.

그는 하토야마 총리의 부인 미유키 여사에 대한 얘기도 들려주었는데 미유키 여사는 아기 예수 탄생의 베들레헴 말구유간에 동방박사가 경배 드릴 때 그 자리에 미유키 여사도, 톰 크루즈도 오랜 전생인 그때 그 순간 함께했었다는 말을 들은 적이 있다고 했다. 나 또한 그 말을 믿을 수 있다.

모기 겐이치로는 하토야마 총리가 총리직을 사임했을 때 저렇게 합리적인 정치인이 없는데 하는 아쉬움에 서운했다고 말했다. 모기 겐이치로는 하토야마 총리가 잘 안 알려진 사실이지만 개인적으로 나비를 무척 좋아해서 자신과 함께 대만에 나비가 많은 시골 여행을 한적도 있다면서 그 당시 하토야마 총리가 동심으로 돌아가 나비를 찾고, 나비를 바라보는 모습 등이 담긴 동영상을 즉석에서 보여주었다.

그는 미래의 한일관계에 대해서 모든 게 지금보다도 훨씬 더 가까워져 있을 것이라면서 지난날 일본이 한국에 가한 피해에 대해 가슴 아프다고 말했다. 그는 한국에 와서 라면을 먹는데 김치를 무료로 갖다 주는데 깜짝 놀랐다고 말한다. 그는 BTS에 대한 짤막한 글을 자신의 트위터에 올린 적이 있는데 전 세계 여러나라 아미들이 그에 대한 응원 댓글을 달았고 BTS의 Love Yourself 메시지에 대해 크게 공감한다고 말했다. 그러면서 BTS의 노래들과 하토야마 총리의 우애사상의 메시지들은 같은 방향을 가리킨다고 말했다.

그는 내게 K-POP의 파워가 어디서 나오는지도 물었다. 그래서 질문자에서 갑자기 잠시 대답자로 바뀐 나는 평소 생각해 온 이 말을 그에게 답했다. "K-POP의 파워는 판소리에서 나온다고 생각합니다. 판소리는 완성을 모릅니다. 판소리는 아름다움을 이루는 순간 그것을 버리고 부숩니다. 그 이유는 더 좋은, 보다 더 새로운 아름다움을 위해서 기존의 완성이라는 우상에서 벗어나기 위함입니다. 결코 멈추지 않는 것, 그것이 곧 K-POP 파워의 뿌리인 판소리입니다."

모기 겐이치로는 BTS가 인간을 노래했듯이 하토야마 총리가 인간과 인간 사이의 존중을 바탕으로 우애를 이야기함은 그것이 곧 생명에 대한 예찬이고 둘은 하나라고 말했다.

하가 다이스케

하가 다이스케는 직함이 여럿이다. 세계우애재단 사무국장, 동아시아공동체연구소 사무국장, 하토야마 유키오 사무소장이다. 하지만 보통 가까운 사람들 사이에서는 하토야마 전 일본 총리의 비서실장으로 불린다. 그는 40년간을 한 결 같이 하토야마와 함께 해 왔다. 흔히 말하는 하토야마의 복심 혹은 하토야마의 그림자 같은 역할을 해 오며 하토야마와 함께 세계평화의 열쇠인, 우애의 길을 돕고 걸어왔다. 그를 서울에서 2024년 6월 13일 인터뷰했다.

그는 홋카이도 출신이다. 그의 아버지는 사업가였고 아버지는 그가 정치에 막 입문한 하토야마를 4년 정도만 돕다가 홋카이도로 돌아와 자신의 사업을 물려받기를 원했다. 하지만 운명은 따로 있었는지 하가 비서실장은 정치인 하토야마를 도왔고, 총리 퇴임 이후에는 하토야마의 우애운동을 돕고 있다. 홋카이도 부친의 사업은 결국 동생이 물려받았다.

그는 내게 이번 책이 영구보존판이 되길 희망했다. 나 또한 하토야마의 이야기, 그리고 우애의 역사가 담길, 그래서 독자들의 삶에 보탬이 되는 책 기왕이면 다홍치마 두고두고 인류에게 빛과 소금이 되길 바라던 차라서 감사히 그 축복을 가슴 깊이 마음 깊이 받았다.

그는 자신이 모시는 하토야마 전 일본 총리에 대해 이런 말들을 들려주었다. "총리님은 흔히 정치인들이 보여주기 위한 거대한 토목공사 등으로 여론과 표를 의식하지 않습니다. 그 보다는 우애라는 진리를 통한 평화일본, 평화동아시아, 평화세계를 꿈꾸었습니다. 우애는 프랑스 국기의 이념인 자유, 평등이 부딪힐 때 그로인해 싸울 때 우애가 중재할 수 있고 둘을 평화롭게 조화시킬 수 있습니다.

총리님 할아버지이신 하토야마 이치로 전 일본 총리님이 활동하던 1950년대 일본엔 국민들을 통합시키고 전쟁의 패전의 상처에서 용기와 희망을 얻을 수 있는 구심점이 필요했습니다. 이를 우애사상을 받아들인 하토야마 이치로님이 추구했고 71년째 가업처럼 우애운동을 펼쳐 나가고 있습니다."

"나는 2015년 총리님이 서대문형무소 순국열사 추모관에서 무릎사죄 하실 때 미리 알지 못했습니다. 총리님은 역사관을 둘러보시고 매우 마음 아파했습니다. 그리고 구두를 벗고 카펫 위로 올라가 무릎사죄를 하셨습니다. 서대문형무소를 안내한 이부영 전 국회의원이자 자유언론실천재단 이사장도 예상 못했습니다." (이부영 이사장은 하토야마 총리가 일본에 돌아가 일본 우익으로부터 비난 받을 상황을 염려하기도 했다.)

"역사를 잊은 민족에게는 미래가 없습니다. 일본에서는 학교에서 지난날 일본이 한국에 가한 가해의 역사를 제대로 가르치지 않고 있습니다. 시급히 개선돼야 합니다. 역사적 사실의 제목만 가르치기 때문에 요즘 젊은이들은 일제강점기를 제대로 직시하지도 이해하기도 어렵습니다."

"나는 이번 책의 수익금의 일부가 합천의 원폭피해자회관에 기부가 되길 바랍니다." 나는 이에 대해 당연히 "좋은 의견입니다. 그렇게 하겠습니다." 바로 답했다. (합천에는 원폭피해자복지회관과 함께 원폭자료관이 있다. 이곳에서는 1945년 히로시마, 나가사키 원폭 한국인 피해자들이 간호관리, 재활관리 및 야유회, 취미활동, 심리치료교실 등으로 원폭피해자들을 돕고 있다. 이곳은 1990년 5월 한국과 일본 정부가 합의해 원폭피해자들을 위한 공간과 지속사업을 위해 이를 합의한 후 1996년 10월에 세워졌다. 현재는 110명이 거주할 수 있다.)

1945년 8월 6일 결코 반갑지 않은 씻을 수 없는 인류의 수치인 히로시마 원폭피해는 한국인 5만명에게 후유증을 주었고 그중 3만명이 사망했다. 이후 1만5천명이 귀국했다. 현재 전국에 생존자들이 산재해 있고, 이들을 위한 피해자 지원을 위한 특별법은 발의 된지 13년만인 2016년 통과됐으나 여전히 특별법 혜택을 받지 못하는 상당수의 원폭피해자들이 있다. 원폭 피해는 당대에만 끝나는 것이 아니라 2세들에게도 태어날 때부터 면역력이 없는 선천성면역 글로불린 결핍증 등으로 젊은 나이에 사망에 이르게 되는 등 그 피해가 대물림된다.

2018년 10월 3일 하토야마 전 일본 총리는 국내 원폭 피해 생존자 2천여명 가운데 가장 많은 600여명이 거주하고 있는 합천을 방문했다. 하토야마는 국내 원폭 피해자 위령각을 참배했다. 이후 복지회관 2층에서 피해자 30여명을 직접 만났다. 하토야마 전 총리는 "안녕하세요. 하토야마 유키오라고 합니다"라고 한국말로 인사했고 이어서 일본어로 "식민지와 미국 원폭 투하에 의한 이중 피해자인 여러분들께 사과 말씀을 드리려고 한다"고 밝혔다. 그는 "일본 총리를 지낸 사람으로서 일본 정부가 제대로 배상이나 지원을 해야 한다고 생각한다"며 "그 부분에 대해 상당히 죄송하다"고 사죄했다.

이어 "2·3세 분들도 피해를 많이 봤다고 들었는데, 앞으로 여러분들 고민을 들으며 여러분이 더 행복해질 수 있도록 노력하겠다"고 덧붙였다. 하토야마 전 총리는 이후 의자에 앉아 있는 고령의 피해자들의 손을 잡고 무릎을 꿇은 채 모두에게 일일이 무릎사죄로 이동하며 위로를 전했다. 하토야마는 복지회관 방명록에 "우애의 마음으로 원폭 피해자들에게 다가가겠다"고 마음을 남겼다.

이후 합천 원폭 자료관을 방문한 데 이어 원폭 2세 환우 쉼터인 합천 평화의 집도 찾았다. 그는 합천 평화의 집에서 "일본에서 피폭자 후손 문제에 대해 질의했지만 법 정비가 안돼 죄송하다는 말씀을 드리고 싶다"며 "현직에 있지 않아 제약이 있지만 가능한대로 문제 해결을 위해 노력하겠다"고 말했다.

그는 또 이날 취재진 인터뷰에서 "총리 재임 시절 한국 원폭 피해자들을 지원하는 구상이 있었지만 재임 기간이 짧아 실현되지 못했다"고 유감을 표현했다. 하토야마 전 총리는 퇴임 이후 아베 총리의 야스쿠니 신사 참배를 강도 높게 비판하고, 일본 정부가 위안부 피해자를 인정·보상해야 한다고 주장했다. 또한 합천방문 전인 10월 2일에는 유엔평화공원에 이어 일본 도쿄 신오쿠보역에서 선로에 떨어진 사람을 구하다가 목숨을 잃은 이수현씨 묘역을 참배했다.

하가 다이스케 비서실장은 이런 말도 들려주었다. "일본 속담 중에 돌다리도 두들긴 다음 건너가라가 있습니다. 이때 돌다리임을 확인하고도 안 건너가는 뼛속 깊은 신중파가 있습니다. 돌다리를 확인하고 건너가는 사람이 있습니다. 대부분의 정치가들은 그런 신중함이 있습니다. 하지만 하토야마 총리님은 우애를 위해서라면 결단이 확실합니다. 그 이유는 아마도 역사적 사실로 이미 확인됐기에 언론과 역사가 돌다리를 입증했기에 총리님은 우애의 큰 발걸음을 떼어 놓고 앞으로 나아가는 것 같습니다."

Chapter 2

(음)악이란 하늘에서 내려와
사람에게 붙인 것이요,

허(공)에서 발하여
자연에서 이루어지니

이는 사람의 마음으로
하여금 느끼게 하여

혈맥을 뛰게 하고,
정신을 유통케 하는 것이다

– 조선 성종 24년(1493년)
'성현'(成俔) 편찬 악학궤범(樂學軌範) 중에서

하토야마 목소리

당신의 말의 가치를 높여야지
당신의 목소리를 높여서는 안 된다

생각해 보라

꽃을 자라게 해 주는 것이 비이지
천둥은 아니지 않은가

– 루미(Rumi, 1209–1273,
　페르시아의 신비주의 시인, 이슬람 법학자)

　하토야마의 목소리는 지극히 겸허하고 낮은 자세 같다. 잔잔하기가 그지없다. 뭐랄까. 마치 고요한 호수 위로 이른 봄 벚꽃 잎이 나부끼거나, 그 물 위로 떨어지는 것 같다. 하지만 자세히 귀 기울이면 하토야마 목소리에는 단호함이 있다.

그것을 나는 평화를 향한 인류염원의 전진이라고 생각한다. 그렇다. 좀 더 귀 기울이면 하토야마의 목소리에는 깊은 바다의 고요함이 있다. 말하자면 음악으로 치면 베이스 톤이 떡하니 밑받침 뒷받침하고 있는 것이다. 그것은 저력이다.

천지창조 이후의 모든 역사를 통틀어 가장 중요한 말 한마디, 낱말 하나 고른다면 무엇일까? 글쎄다. 누군가는 돈, 누군가는 이념일수도 있겠다. 또 누군가는 사랑하는 연인의 이름을 간직하고 있지 싶다.

하지만 하토야마의 목소리에는 그런 개인적인 욕망, 갈망, 소망 보다는 아무래도 공동체 이를테면 그가 평생을 꿈꾸어 온 한국, 일본, 중국 등 동아시아의 진정하고도 건강한, 다정하고도 따스한 평화일 것이다.

하토야마의 목소리에는 바로 그런 평화를 향한 기도의 역사, 오늘의 축복, 내일을 향한 우애가 함께 담겨있다. 따라서 정중동의 그의 목소리에서 평화를 망치는 전쟁, 빈곤, 결핍, 절망 등에 대한 준엄한 꾸짖음의 부르짖음이 들려온다.

물론 평화는 흔치만은 않다. 그래도 예를 들어 지하철 탔는데 텅텅 비어있어서 마음대로 골라 앉을 수 있는 상황, 여름휴가 갔는데 타는 노을의 수평선 바라보노라면 더구나 그 순간 사랑하는 사람과 함께 있다면, 그 사람 손의 온기를 느낄 수 있다면 그 또한 굉장한 평화의 축복이다.

하지만 현대인들은 쫓아오는 자 없어도 쫓기는 삶을 살아가야만 하는 즉, 먹고살기 위해서 가족을 위해서 자신의 꿈은 내려놓고, 하기 싫은 일도 해 내야하고 견뎌내야만 하는 사람들에게, 평화의 순간은 간헐 천 같다. 문득 평화롭다가도 갑자기 따분하고 외롭고, 지겹고 탈출하고 싶고 분노가 일어나 짜증을 속으로 삭혀야 할 경우가 다반사다.

소설 '첫사랑'의 작가 이반 투르게네프(Ivan Turgenev, 1918-1883, 러시아)는 "오늘 난 외출한다. 덕분에 또 얼마나 많이 열 받을까?"하고 체념 반 달관 반의 말을 남겼다. 말하자면 그러려니 하고 설렁설렁 어울렁 더울렁 살아가야 함을 투르게네프를 비롯해, 지금도 일상에서 원하지 않는 사람 만나야 하고, 원하지 않은 일을 해 내야만 살아갈 수 있는 대부분의 사람들의 공통된 심정일 것이다.

Give Peace a Chance

나는 하토야마의 목소리에서 평화를 향한 우애의 이야기를 발견한다. 그것은 대단한 에너지, 비틀즈의 존 레논(John Lennon, 1940-1980)이 노래한 Give Peace a Chance 같은 의미 있는 메시지가 그의 목소리 자체에서 전해져 온다.

Give Peace a Chance는 비틀즈 해체 공식 발표 이전인 1969년 7월 초 발매됐다. 작사 작곡 노래 모두 존 레논, 프로듀서는 오노 요코와 존 레논, 타악기 연주자 안드레 페리. 노래는 빠르게 확산돼 베트남 전쟁에 대한 반전 운동의 상징곡이 됐다. 발표 된지 4개월 후인 1969년 11월 15일 워싱턴 D.C.에서 전개된 반전시위에서 피트 시거(Pete Seeger,

1919-2014)가 이끄는 50만 명의 시위대가 이 노래를 합창했다.

모두들 말하네
이런 주의, 저런 주의…
평화에게도 기회를 주라는 건데
밥 딜런, 존 레논, 오노 요코, 혁명, 진화, 통합, 명상,
국제연합, 노만 메일러, 앨런 긴즈버그 등을 말하네…
하고 싶은 말은 평화에게도 기회를 주라는 건데….

이 노래는 말 많고 험한 세상에 "더 이상 평화를 지치게 하지 말자. 평화에게도 기회를 주자"고 이야기한다. 평화에게도 마이크 주고 발언권 주고, 넉넉히 시간도 주고 그래서 평화가 뭐라고 하는지 귀 기울여 보자는 것이다. 그러다 환호성 올리고 기립박수도 보내자는 것이다.

존 레논의 Give Peace a Chance 녹음은 1969년 6월 1일 몬트리올의 퀸 엘리자베스 호텔 1742호에서 안드레 페리가 근처 스튜디오에서 빌려 온 4개의 마이크와 4개의 포 트랙 테이프 레코더를 빌려 진행됐다. 이 노래는 우드스톡 페스티벌의 슬로건 '3일간의 음악과 평화'에 영감을 준다.

Bagism

폴 매카트니 회고에 따르면 존 레논은 어느 날 갑자기 폴에게 "난 비

틀즈를 떠날 거야. 황홀해 마치 이혼하는 것 같아"라고 말했다고 한다. 폴은 뒤통수를 맞은 것처럼 얼떨떨했다. Let It Be와 Abbey Road 등 명곡과 명반이 쏟아지던 시절이어서 폴은 알려진 것과 달리 결코 비틀즈 해체나 탈퇴를 먼저 원하지 않았다.

존 레논은 비틀즈 대신에 오노 요코와의 평화의 삶을 살고 싶었다. 평화주의자가 되기 위해 "전 인류는 자신의 연인과 함께 일주일만 침대 속으로 들어가 있자"는 베드인(Bed In) 운동을 1969년 3월 25일부터 3월 31일까지 신혼여행 갔던 네덜란드 암스테르담 힐튼 호텔 프레지덴셜 스위트룸 702호실에서 시작한다. 매일 오전 9시부터 오후 9시까지 호텔 객실에서 파자마 차림으로 호텔 침대에 눕거나 기대어 기자회견을 했다. 존 레논 자신은 이때 오노 요코와 자신은 천사 같았다고 말한다.

침대 머리맡에는 큰 종이 위에 "Bed Peace"라고 써 붙였다. 이들은 평화에 대한 소망을 피력했다. 두 사람은 오스트리아 빈, 캐나다 몬트리올 등에서 실제로 침대커버 둘러쓰기 등 배기즘 평화운동과 베트남 전쟁 반대와 세계인들을 향한 사랑과 평화의 메시지를 전했다.

배기즘(Bagism) 운동과 베드 인 운동은 새로운 방식이었다. 이는 포대자루 안에 들어가 있으면 얼굴, 성별, 나이, 신분, 빈부, 종교, 사상, 국적 등의 모든 차별이 사라질 수밖에 없기 때문에 행해졌다. 죽고 죽이는 전쟁의 역사에서 훌쩍 벗어나 평화세상을 만들자는 존 레논과 오노 요코의 전위예술 같은 신선한 충격의 이벤트였다.

레논은 요코를 만나 비틀즈라는 위대한 나비 하지만 어느새 그 자체가 누에고치가 된 듯한, 답답함에서 벗어나 자신만의 세계를, 존재를 발견했다. 그 존재가 노래하는 것을 꿈꾸고 실현했다. 그것이 Give Peace a Chance였다. 비틀즈라는 그룹에서 벗어나 개인이 되었지만 그 개인은 다시 공동체의 평화를 열망하는 세계적 평화운동가가 됐다.

이는 결국 하토야마가 초지일관 내세우는 우애의 행동을 통한 세계 평화를 향한 전진, 그 큰 방향과 같다. 나는 하토야마 총리의 우애사상의 잔잔한 감동 하지만 영원한 파문에 영감 받아 다음과 같은 시를 썼다.

우애

우리는 사랑을 하네
아침부터 밤까지 사랑을 하네
하지만 표현이 서툴러 우리는 미움을 하네
미움을 밥 먹듯 심지어 숨 쉬듯 하네

이제는 그러지 말아야할 텐데
우리는 저 마다의 어머니로부터 태어난
사람의 아이들
이제는 그러지 말아야하겠네

우리는 노래를 부르네
아침부터 밤까지 우리는 나도 모르게
나의 심장의 리듬에 다라
나의 숨결에 따라
우리는 노래를 부르네

첫사랑 연인을 부르듯
지금 내 곁의 연인을 부르듯
우리는 노래를 부르네

살기 위해서
평화하기 위해서
사랑하기 위해서
우리는 가진 것은 오직 마음 하나
서로의 눈빛 바라보며
조금은 어색하지만 어느새
하나가 되어
어느새 독수리가 되어
어느새 바다가 되어
어느새 영원이 되어
어느새 슈퍼스타가 되어
세상에 윙크하며
시대를 온몸으로 느끼며
온몸으로 오늘은 춤 추겠네

도쿄의 리듬으로
서울의 멜로디로
북경의 하모니로
뉴욕 런던 파리 베를린의 대 합창으로
우리는 하토야마의 목소리를 기억하며
그를 잊지 않으며
왜냐고? 그것은 평화의 고요한 산책이니까
그래서 어느새 우리는 달나라를 넘어
은하수를 넘어
우주를 넘어 서로의 가슴에 귀 기울여
서로의 심장의 소리에 두근대며
귀 기울인다네
Peace Peace Peace
Oh, Peace 평화
사랑이라네 끝없는 환희의 자유라네
평화 평화 평화 오 평화 Peace

하토야마 눈빛

하토야마의 눈빛은 평화 그 자체였다. 2023년 9월 한국의 매일경제와 MBN TV가 2000년부터 24년째 개최해 온 '2023 세계지식포럼/ 테크노 빅뱅: 거인의 어깨 위에 올라선 인류"(Techno Big Bang: Humanity on the Shoulders of Giants)의 연사로 내한한 그를 행사 개최장소의 하나인 신라호텔 인터뷰 룸에서 40분간 볼 수 있었다.

나는 그날 총리께 이런 인사를 먼저 드렸다. "총리님께서 제가 문화 중심 인터뷰를 통해 총리님의 책을 쓰고 싶다고 요청을 드렸는데 승낙해 주셔서 너무나 감격했습니다." 그러자 하토야마 총리는 "나 역시 한국의 작가가 내 책을 쓰고 싶다고 해서 감격스러웠습니다." 이렇듯 굉장히 겸손한 분이다.

그날 나는 "프랑스의 생 피에르 신부(Saint Pierres, 1713년 저서 '유럽의 영구평화를 위한 제언'을 출간했다. 평화 유럽을 희망한 책이었다. 그는 당시 유럽의 군주들을 설득해 군주연합체를 통해 자신의 이상을 실현하고자 했으나 당시 지식인 사회로부터 조롱 받았다.)가 선종하자 루소의 후원자인 바랑 부인이 생 피에르 신부가 남긴 미발표 유고를 루소에게 정리를 해달라고 부탁했습니다. 루소(Jean-Jacques Rousseau, 1712-1778, 직접 민주주의자, 공화주의자)는 그 작업을 통해 프랑스 대혁명의 중심 사상인 자유 평등 박애(우애)를 프랑스인들에게 설파합니다. 루소의 영향으로 칸트는 '영구평화론' 책을 냈습니다. 이후 이에 감화 받은 미국의 윌슨 대통령이 1918년 평화를 위한 국제연맹을 제창, 1920년 발족됐으나 2차 세계대전 때 별다른 역할을 못하고 사라졌습니다. 이후 이를 승계해 1946년 국제연합이 탄생했습니다. 음악 쪽에서는 밥 딜런이 Blowing In The Wind를 부르며 전쟁 없는 세상을 꿈꿨고, 존 레논이 오노 요코와 함께 평화운동을 펼친 걸로 알고 있습니다."라는 말씀을 드렸다.

그러자 총리께서는 "새로운 걸 알았습니다."하시며 "우애는 내가 한 얘기가 아니라 오스트리아 쿠텐호프 칼레르기 백작이 시작했고 예수님도 공자님도 오래 전부터 이미 우애에 대한 말씀을 하셨습니다."라고 여전히 겸허하셨다.

쿠텐호프 칼레르기 백작

세계우애재단과 동아시아공동체연구소를 통해 한국, 일본, 중국의 평화번영과 세계평화를 위한 하토야마 총리의 우애사상에 대한 그 역사적 흐름에 반드시 언급돼야할 꽤 긴 이름이 있다. 리하르트 니콜라우스 에이지로 그라프 폰 쿠텐호프 칼레르기(Richard Nikolaus Eijiro Graf von Coudenhove-Kalergi/ 青山 栄次郎) 백작, 그는 1894년 일본 도쿄에서 태어나 1972년 오스트리아 슈룬스에서 타계했다. 그는 오스트리아의 정치인이자 언론인, 철학자 그리고 무엇보다도 우애사상가였다.

쿠텐호프 칼레르기의 어머니 아오야마 미쓰(青山 みつ, 1874-1941)는 일본 도쿄에서 석유 상인, 골동품 상인으로 일했다.

쿠텐호프 칼레르기는 1919 제1차 세계 대전의 종전과 함께 독립한 체코슬로바키아 국적을 취득했다. 1923년에는 저서인 '범(汎)유럽'(Pan-Europa)을 출간했고 같은 해 국제 '범 유럽 연합'을 설립했다.

1926년에는 오스트리아 빈에서 제1차 범 유럽 운동회의를 개최했고 1927년에는 프랑스 국무회의 의장 아리스티드 브리앙((Aristide Briand, 1862-1932, 1926년 독일 제16대 총리 구스타프 슈트레제만(Gustav Stresemann, 1878-1929)과 함께 노벨평화상 공동수상.))으로부터 국제 범 유럽 연합 명예 회장으로 임명됐다. 이 회의에 참석한 주요 인사는 아인슈타인(Albert Einstein, 1879-1955), 1929년 노벨문학상 수상작가인 '마의 산'(Der Zauberberg)의 토마스 만(Thomas Mann, 1875-1955), 정신분석학 창시자 지그문트 프로이트(Sigmund Freud, 1856-1939) 등이었다.

1938년 나치 독일의 오스트리아 병합을 계기로 국제 범 유럽 연합이 나치 독일의 탄압을 받게 되자 프랑스로 망명한 그는 1939년 프랑스 국적을 취득한다. 1940년 제2차 세계 대전이 발발해 다시 미국으로 망명한다. 1942년부터 1945년까지 뉴욕 대학교 교수로 근무했다. 1945년 제2차 세계 대전 종전과 함께 스위스로 돌아온 그는 1947년부터 헤이그에서 윈스턴 처칠과 함께 유럽 평의회의 초석이 되는 유럽 회의를 개최한다. 이후 1952년 국제유럽운동의 명예총장으로 임명된다. 이처럼 쿠텐호프 칼레르기는 1, 2차 세계대전을 모두 체험했으며 1972년 오스트리아에서 66세로 사망한다.

쿠텐호프 칼레르기의 꿈 유럽연합(세계인구의 7.3%인 4억5천만명/2024년 현재 27개 회원국)은 1991년 12월 최종협상이 이뤄졌고, 이듬해 1992년 2월 7일, 네덜란드 마스트리흐트에서 유럽 공동체(EC) 12개국이 서명하고, 1993년 11월 1일부터 발효한 이 조약으로 유럽 연합(EU/ 네덜란드, 벨기에, 룩셈부르크, 독일, 프랑스, 이탈리아, 영국, 덴마크, 아일랜드, 그리스, 스페인, 포르투갈)의 기초가 마련됐다.

쿠텐호프 칼레르기는 1950년 독일 아헨 시청이 유럽 통합에 기여한 공로자에게 수여하는 제1회 아헨 카롤루스 대제 국제상(Internationaler Karlspreis der Stadt Aachen)을 수상했다. 시상식은 매년 주님 승천 대축일(예수 그리스도가 부활해 하늘에 올라가심을 기리는 날)에 아헨(Aachen) 시청사에서 열린다.

그밖에 수상자 중에는

1954년   서독 초대 총리 콘라트 아데나워(Konrad Adenaue)
1956년   영국 제42대, 44대 총리 윈스턴 처칠(Winston Churchill)
1987년   미국 외교관이자 노벨평화상 수상자 헨리 키신저
          (Henry Alfred Kissinger)
1999년   영국 제54대 총리 토니 블레어(Tony Blair)
2000년   미국 제42대 대통령 빌 클린턴(William Clinton)
2004년   아일랜드 정치인 팻 콕스(Pat Cox)

2008년   독일 제8대 총리 앙겔라 메르켈(Angela Merkel)

2016년   아르헨티나 출신 제266대 교황 프란치스코
(Papa Francesco)

2018년   프랑스 제25대 대통령 에마뉘엘 마크롱
(Emmanuel Macron)

2019년   포르투갈 제68대 총리 출신
UN 제9대 사무총장 안토니우 구테흐스
(António Guterres)

2023년   우크라이나 제6대 대통령 볼로디미르 젤렌스키 (Володимир Зеленський)와 우크라이나 국민 등에게 수여 됐다.

쿠텐호프 칼레르기는 카롤루스 대제상 이외에도 1954년 프랑스 정부로부터 레지옹 도뇌르 오피시에 훈장(Légion d'honneur Officier), 1962년 오스트리아 정부로부터 대명예은현장(Großes Silbernes Ehrenzeichen am Bande), 1967년 일본 정부로부터 훈1등 서보장(瑞寶章), 1972년 서독 정부로부터 대연방공로십자성장(Großes Bundesverdienstkreuz mit Stern)을 받았다.

도쿄에도 눈이 왔을까

메리 크리스마스, 나 자신에게 맨 먼저 크리스마스를 축하했다. 눈이 왔다. 화이트 크리스마스. 2023년 12월 20일 하토야마는 자신의 평전 제작발표회에서 "나를 존중하고 남을 존중하는 것이 우애입니다."라고 말했다.

새벽 눈길을 나섰다. 내가 사는 곳 버스 종점 부근엔 세군데 자판기 커피가 있었으나 너무 추운 날씨여서 얼어붙었는지 모두 한 결 같이 고장이라는 종이 안내문이 써 붙여있었다.

눈길을 걷는 기분이 좋았다. 내 마음도 백지가 된다. 사각사각, 자박자박, 뽀드득 뽀드득, 뽀각 뽀각 길마다 걸을 때마다, 눈 밟는 발자국 소리가 다 달랐다. 하얀 타악기 같았다.

새벽 북한산, 인수봉과 백운대를 바라보니 여명이 밝아오는 가운데 흰 털 코트를 걸친 듯 흐뭇해보였다. 소담스러웠다. 하토야마의 우애도 밤눈 같고 새벽눈길 같다. 흰 눈이 쌓여 마음 푸근하다. 괜스레 안심 되고 동심이 된다. 스마트폰 대신 자연을 대하니 삽상한 눈 냄새, 눈 시린 흰 눈, 온 몸과 마음이 시원스러워져 유쾌 상쾌 통쾌했다. 이 모든 기분 좋음과 더불어 따스한 감정을 배가 시키는 것이 바로 손난로 같은 '우애'.

　우애는 하늘에서 겨울나무들을 위해, 화이트 크리스마스를 위해 내려 온 하늘의 깨끗한 고귀한 축복의 천사다. 겨울밤 소리 없이 내린 하얀 눈 세상은 마치 순백의 새 신부 웨딩드레스.

　눈길을 걷던 중 새벽 가로등 불빛, 눈 덮인 골목길에 주차된 BMW 자동차 뒤 유리창에 실례를 무릎 쓰고, 손가락으로 '友愛'(우애) 두 글자를 쓴다. 마음이 환해져왔다. 문득 생각했다. 저 하얀 눈처럼 눈부신, 털 코트처럼 따스한 우애를 동아시아와 세계에 선물하고 있는 우애의 산타클로스 하토야마가 살고 있는 도쿄에도, 우애기념관에도 지금 서울의 화이트 크리스마스처럼 흰 눈이 왔을까하고 말이다.

두 갈래 길

숲속에 두 갈래 길이 나 있었다고
그리고 나는
나는 사람들이 덜 지나간 길 택했고
그로 인해 모든 것이 달라졌노라고

- 미국 시인 로버트 프로스트(Robert Frost, 1874-1963)의 시,
  '가지 않은 길' 중에서

잊히지 않는 길이 있다. 일본 오사카를 방문했을 때 지인의 집에서 하룻밤 자고 이튿날 오전 10시쯤 그 집을 나와 오사카의 한적한 골목길 걸어 나오는데, 그 깨끗함 순수함 정다움 행복감이 평화로웠다. 나 홀로 그 풍경을 독차지했다. 어찌나 조용하던지 내 발자국 소리가 자박자박 들려왔다.

또 하나 잊히지 않는 길은 오스트리아 빈에서 헝가리 부다페스트로 가는 버스 여행길. 온 사방을 둘러봐도 오직 대평원만 펼쳐졌다. 광활함 속에서 마치 바다에서 마주치는 먼 섬 인양 언덕 위 낡은 나무 창고만 아주 이따금 스쳤다. 초록 평원 작은 들꽃들이 가슴 아렸다.

우주 바깥에서 잠시 나를 바라다본다. 주로 서울을 걸었었다. 이따금 해외여행하며 새로운 도시를 찾았다. 이번엔 지구촌 80억명 세계인들을 바라본다. 누군가는 걷고 누군가는 달린다. 나는 그 길이 축복의 깨끗한 길이길 기도한다. 나는 이 글을 써 나가며, 하토야마가 우애의 길을 걸었듯이 나 또한 우애의 길을 걷고자한다. 80억명 세계인들 또한 '우애인'이 되어 사랑과 평화의 길을 걷길 소망한다.

레이 찰스

비틀즈의 존 레논은 "엘비스 이전엔 아무 것도 없었다." 찬사했다. 로큰롤 황제 엘비스 프레슬리가 등장하기 이전, 미국 대중음악 최고 스타 My Way의 프랭크 시나트라(Frank Sinatra, 1915-1998)는 "대중음악계 유일한 천재는 레이 찰스(Raymond Charles, 1930-2004)야." 격찬했다. 레이 찰스가 명언을 남겼다. "자신의 길을 발견한 음악가는 더 이상 경쟁하지 않는다."

인기로 먹고사는 대중음악계에서 더 이상 경쟁하지 않는다는 것은 최고의 경지다. 인기라는 감옥에 갇히지 않고 한술 더 떠 자신만의 진정한 음악세계에서 자유롭게 거닐고 노닐고 날아다니는 위대한 아티스트가 됐다는 얘기다.

빌보드 핫 100 1위, 음반판매 수천만 장 등의 대기록이 제아무리 산처럼 쌓인다 해도, 돈에 눈멀고 명성에 귀멀지 않고, 자신의 존재를 잃지않고 우주와 독대하며, 세계를 사랑하는 특유의 특별한 생존방식을 터득한 영적 기쁨 충만의 아티스트가 할 수 있는 얘기다.

후트내니

1950년대 미국 모던포크계에서는 후트내니(Hootenanny, '꽥' 소리 지르다!) 음악운동이 있었다. 그 중심에 피트 시거(Pete Seeger, 1919-2014)가 있다. 그가 부른 노래 중에

'꽃들은 어디로 갔나?'(Where Have All The Flowers Gone?)가 있다. "꽃들은 어디로 갔나요? 꽃들은 소녀들이... 소녀들은 어디로? 소녀들은 젊은 남자에게로... 젊은 남자들은 어디로?... 젊은 남자들은 군인이 되어.. 군인들은 어디로? 군인들은 무덤으로... 무덤들은 어디로? 무덤들은 꽃들로... 덮여있답니다. 꽃들로..."

후트내니 운동은 스타 중심의 인기와 상업적 성공 그게 다가 아닌 노래 중심의, 함께 포크 댄스 춤추는 그런 옛 민요문화를 재건하자는 운동이었다. 후트내니 모임에 참여한다는 것은 저마다 주인공이 되는 동네잔치가 목적이었다. 평범한 사람들의 존재회복을 위한 존중의 한마당, 후트내니에서는 하나의 노래를 저 마다의 목청으로 함께 부르는 싱어롱(Sing Along)이 중요했다.

그 즐거움과 흥겨움으로 진짜 삶의 노래와 춤을 체험한다. 후트내니 운동은 더 이상 경쟁하지 않고 공존하고 상생하는 우애의 생명잔치였다. 한국에서도 이러한 현대의 민요운동을 위해 명동 가톨릭 여학

생관에서 매주 Folk & Gospel 창작곡 발표모임 '참새를 태운 잠수함' (1975-1978)이 있었다.

피트 시거의 '꽃들은 어디로 갔나?' 이 노래는 피트 시거가 1965년 노벨문학상을 수상한 러시아 작가 숄로호프(Michail Sholokhov, 1905-1984)의 장편소설 '고요한 돈 강(Tikhii Don)'을 읽던 중 '꽃은 어디로? 소녀들에게… 소녀들은? 결혼했다네… 그 남자들은? 군대에 갔지…' 라는 노랫말을 발전시켰다.

Soul Music

소울 뮤직의 대부 레이 찰스, 그가 무대에서 노래하는 그 순간 지구상의 모든 절망이란 마귀를, 삶을 포기하게 하는 사탄을 부숴버리고 찢어버린다. 새로운 시공간을, 우애 가득 한 생기 찬 음악천국을 단숨에 조성한다. 레이 찰스, 그의 마법에 사로잡힌 이들은 지금도 여전히 그를 몹시 그리워한다. 그의 음악세계에 자신의 영혼의 현주소를 둔 채, 그곳에 거처하고 산책한다.

어린 시절 불의의 사고로 시각장애인이 된 레이 찰스는 사랑받고 존경받는 인기스타 이전에 그냥 화통한 친구 같다. 그가 마이크 앞에서 피아노를 치며 특유의 좌우로 어깨를 흔들며 노래하는 그 순간, 객석은 그와 단숨에 하나가 된다. 행복한 체험을 갖게 해준 아티스트 레이 찰스는 그가 남긴 노래들로 인해 여전히 사랑과 우애와 평화를 지구촌 곳곳에 산소처럼 공급한다. 이는 레이 찰스 개인의 승리가 아닌 보다 더 진리에 접근해, 죽어가는 생명을 살리기 위한 음악의 위대한 힘이다.

소울 뮤직 전성기는 1960년대였다. 당시 평화운동, 인권운동, 여성해방운동의 열기가 뜨거웠다. 이는 '불가능한 것을 요구하라!' '금지하는 것을 금지하라!'(Il est interdit d'interdire, 프랑스 파리 근교 낭테르 대학에서 1968년 3월 22일, 권위주의 구질서 타파 요구 등을 외친 최초 6명 반전시위의 첫 구호였다. 그 배경은 물질적 풍요보다는 정신적 자유에 대한 갈망이었다.) 같은 당시 학생운동 구호에서 그 열기를 지금도 감지할 수 있다. 그 당시 흑인들은 서로 주먹과 어깨를 부딪는 등 소울 브라더끼리의 우애의 인사법을 즐겼다. 즉, "나는 너의 소울, 너의 인권 존중해." "너 또한 나의 소울과 인권을 존중해 줘." "우리는 소울 브라더, 함께 우애하자." 이런 이야기를 흥겨운 몸짓으로 표현했다.

형제 우애

1996년 서른두 살 젊은 나이에 '일어나' '거리에서' 등 다수의 히트곡을 남기고 타계한 통기타 가수 김광석 평전 '포에버 김광석'을 쓰기 위해 그의 형을 만났었다. 김광석의 형은 이런 말을 했다. "내 동생 광석이는 중학교 시절 TV에서 빈 소년합창단 공연을 보더니 자신도 그런 합창단을 만들고 싶어 했습니다. 광석이가 결혼할 때 내가 살던 집을 팔아 광석이 신혼집을 사주며 말했습니다. '광석아 돈 때문에 하기 싫은 노래하지 마. 서기 싫은 무대도 서지 마. 이 형이 니 음악 뒷바라지 할게."

한국과 일본의 우애

너무 길어서 사용하기 곤란한 긴 젓가락이 있었다. 각자 이기적으로 '내 입에 저 음식 빨리 넣어야지.' 하고 안간힘을 쓴다. 하지만 결코 단 한 젓가락도 음식을 자기 입에 넣을 수 없어 몽땅 굶어죽을 판이다. 지옥. 하지만 천국에서는 긴 젓가락으로 음식을 집어 서로 상대방에게 먹여주었다. 모두가 배불리 넉넉한 식사를 했다. 불편했던 긴 젓가락이 우애의 가교가 됐다.

한국과 일본도 언젠가는 무한신뢰의 날이 오길 기대한다. 가해자 일본과 피해자 한국이라는 상처 깊은 옛 역사의 어두운 터널을 벗어나 우애정신에 입각한 두 개의 긴 젓가락 하지만 천국의 긴 젓가락 같은 우애의 시대가 활짝 열리길 고대한다. 일본목련의 꽃말 '우애, 순결, 숭고한 정신'처럼 서로를 돕는 가운데, 동아시아가 유럽연합처럼 정치 문화 경제 공동체로 협업해 나갈 수 있길 바란다. 이는 쿠텐호프 칼레르기의 우애의 꿈이, 하토야마의 우애의 꿈이 마침내 동아시아에서도 이뤄지는 위대한 날이 될 것이다.

우애시대를 가리키는 하토야마의 우애의 삶을 많은 한국인들이, 뜻 있는 일본인들이, 세계인들이 이를 존중하고 또 존경한다. 이는 레이 찰스가 발견한 소울의 길처럼, 하토야마가 발견한 우애의 길 위에 그가 늘 서있기 때문이다.

우애의 우(友)라는 한자는 서로 손잡고 함께 협력하자는 악수의 의미가 있다. 따라서 우월주의가 아닌 평등 평화의 우애주의가 깃들 수 있다.

물론 우애의 우(友), 하나의 글자를 두고 "거기서 밥이 나와? 돈이 나와?"하고 대수롭지 않게 여기는 우를 범할 수도 있다. 하지만 도토리 한 알이 땅에 떨어져 마침내 떡갈나무가 된다. 떡갈나무 숲이 된다. 우애의 우(友)라는 단 하나의 글자 역시 사랑이라는 나무가 된다. 평화라는 숲이 된다.

우애의 씨앗에서 비롯된 꿈이 쿠텐호프 칼레르기의 유럽연합이고 하토야마의 동아시아공동체이고 세계평화인 것이다. 예수님 탄생 2천년이 훌쩍 넘어섰지만 아직도 그 꿈은 미완성이다. 하지만 그 꿈은 세계인들에게 도적처럼 찾아와 기적처럼 이뤄질 것이다.

공자의 예

중국의 공자(孔子, 기원전 551-기원전 479)는 예(禮)를 이야기함에 있어서 가장 중요한 요소를 존중이라고 했다. 상대방이 나와 다른 의견을 가져도 그걸 무시하기 이전에 '왜 그렇게 살아야만 하는지?'에 대한 이해를 먼저 구한다. 다양성의 너와 내가 공존하는 대화의 길을 찾는다. 새로운 공동선의 질서를 함께 창조해 내는, 아름다운 예술적 삶으로의 우애의 길을 가기 위함이다.

악학궤범

틀림이 아니라 너와 나의 다름을 인정하는 가장 상징적인 우애의 시

공간이 바로 음악의 세계다. 옛 조선의 음악 예술서 '악학궤범'(樂學軌範)에는 "(음)악은 하늘에서 나서 사람에게 붙인 것이요/ 이는 허(공)에서 발하여 자연에서 이루어지니/ 사람으로 하여금 느끼게 하여/ 혈맥을 뛰게 하고 정신을 유통케 한다."라고 정의했다. 이는 곧 하늘과 사람, 허공과 자연이 서로 그리워하는 사랑의 사이, 부족한 것을 채우는 만남의 사이이고 이런 우애의 실천이 곧 음악창조다.

위대한 싱어송라이터

나는 이 책의 제목을 "위대한 싱어송라이터/ 하토야마의 우애"라고 지었다. (여기서의 '위대한'은 사람이 사람을 위로하는 모든 언행을 뜻한다.) 하토야마 전 일본 총리 가문은 할아버지 하토야마 이치로 전 총리부터 줄곧 개인이든 국가든 완벽한 자유 독립을 통해, 삶의 넉넉한 기쁨과 충분한 사랑과 평화를 만끽할 수 있도록, 모두 함께 우애하는 우애사상의 실천과 우애시대를 구현해내고자 헌신해 왔다.

우애의 길이라는 진리를 양보하지 않느라, 삶의 불이익과 외부의 몰이해라는 핍박도 기꺼이 감수했다. 오직 우애라는 길을 나직한 목소리로 뜨겁게 제시했다. 동아시아의 위대한 등불로서의 역할을 해 나갔다. "국경 안에 갇히지 말자, 우애하자, 개인에 갇히지 말자, 공동선을 이룩하자"는 그의 말에 적극 공감한다.

나는 레이 찰스의 '소울 뮤직의 길', '하토야마의 우애의 길', 공자의 '예의 길' 등이 결국은 다 같은 길이라고 생각한다.

이는 하늘이 빗방울로 대지를 적실 때, 바다에 떨어지면 고래가 되고, 연못 위에 떨어지면 개구리가 뛰고, 이마 위에 떨어지면 눈물이 되고, 지붕 위에 떨어지면 고드름이 되듯이 사랑이 레이 찰스에게 임하면 소울 뮤직이 된다. 공자에게 임하면 예가 된다. 하토야마에게 내리면 우애의 길이 된다.

소울의 길이 된 레이 찰스는 자신의 고향 조지아에서 개최된 공연에 흑인들 입장이 제한된다는 말을 듣고 무대에 오르지 않는다. 이는 마틴 루터 킹(Martin Luther King, 1929-1968) 목사의 명연설 '나에게는 꿈이 있습니다.'에 나오는 "조지아의 붉은 언덕에서 노예의 후손과 그 주인의 후손이 형제처럼 손을 맞잡고 나란히 앉아있으리"란 꿈의 파괴, 우애에 대한 모독이었다.

공연취소 결정으로 인해 레이 찰스는 벌금형 735달러에 처해졌다. 레이 찰스는 이러한 폐단을 없애기 위해, 인류의 평화를 위해 1986년 레이 찰스 재단을 자신의 기부금 5천만 달러를 출연해 설립한다. 재단에서는 청각장애인과 소외된 청소년을 위한 과학교육, 도서관 개관, 예술과 역사에 접근할 수 있는 기회제공 및 레이 찰스 기념관 오픈, 레이 찰스 공연장 건립 등으로 레이 찰스의 소울의 길에서의 우애의 만남을 추구한다.

2015 무릎 사죄

하토야마가 탄 차는 더 이상 앞으로 나아갈 수가 없었다. 갑자기 나타난 12대의 일본 우익단체 차들이 하토야마의 차를 포위했다. 도쿄 도심 한복판 왕복 6차선 대로였다. 하토야마의 차를 포위한 우익 단체는 스피커 볼륨을 높여 하토야마를 향해 고함쳤다. "일본을 욕보이는 하토야마는 부끄러운 줄 알라." 이들은 그날 도쿄의 한 대학에서 개최된 중일관계 심포지엄에서의 하토야마가 강연 중 했던 말 "일본은 중국에 사죄해야 한다."를 문제 삼았다.

이 보다 앞서 두 달 전, 2015년 8월 하토야마는 서울 서대문형무소 순국열사 추모관 앞에서 무릎을 꿇고 사죄한 바 있다. 그들은 이에 대한 분노도 함께 쏟아내고 있었다. 일본의 우익단체는 그 무릎 사죄 이후 하토야마를 매국노라고 비난했다. 그 격분이 폭발한 것이다.

(일본 우익단체는 1868년부터 1947년까지의 대일본제국 시대의 군국주의, 민족주의, 전체주의에 대한 찬양단체다. 이들은 위안부 강제동원 문제는 매춘으로 몰아붙였다. 독도는 일본 땅이라 한다. 1947년 난징 대학살에 대해서는 2002년 1월 22일 일본 오사카에서 라시 나카노 우익성향 교수가 "난징에서 일본군이 20-30만명 중국인을 학살했다고 하지만 그 증거가 없다."면서 20세기 최대의 거짓말이라 부정한

바 있다. 그날 우익집회장 밖에서 중국인들의 항의시위가 있었다.)

2015년 10월 4일 오후 5시경 도쿄 도심 지오다규에서 약 10분간 하토야마가 탑승한 차의 진행을 막고 불법 위협을 가해 온 이 사건은 우익단체 '소모굿키(草莽崛起)의 모임'의 명백한 테러의 공포를 야기 시키려는 의도임에 틀림없었다.

물론 이 날 직접적인 신체적 가해를 가져오는 등의 극렬행위는 천만다행으로 없었다. 하지만 이는 인류애에 입각한 양심적 우애정신에 대한 심각한, 절대 있어서는 안 될 위협 이었다.

이날 예측불가능의 10분간 도로 위에서의 우익단체 차량에 의해 포위된 상황은 하토야마는 물론 함께 탑승한 사람들에 대한 강제적 시간의 약탈이었다. 인류의 평화와 우애의 역사와 미래에 대한 심리적 테러였다. 1948년 12월 10일 UN에서 발표한 세계인권선언을 무력화하려는 비난 받아 마땅한 악행이다. 이제 그 위협 테러가 있어서는 절대 안 되는 이유를 드러내기 위해, 세계인권선언 중에서 우애의 정신이 강조된 제1조와 제3조를 소개한다.

세계 인권 선언

제1조
모든 인간은 태어날 때부터 자유로우며 그 존엄과 권리에 있어 동등하다. 인간은 천부적으로 이성과 양심을 부여받았으며 서로 형제애의 정신으로 행동하여야 한다.

제3조
모든 사람은 생명과 신체의 자유와 안전에 대한 권리를 가진다.

이처럼 명쾌한 세계인권선언 전문을 보면 "모든 인류 구성원의 천부의 존엄성과 동등하고 양도할 수 없는 권리를 인정하는 것이 세계의 자유, 정의 및 평화의 기초"라는 말로 시작된다. 이는 곧 인간의 존엄성은 아무리 똑똑한 천재라 해도 늘 어딘가 한부분 부족한 게 있기에, 그렇듯 부족한 인간이 또 다른 부족한 인간에게 인권을 부여할 수 없다. 오직 하늘이 부여하는 축복의 인권만이 가능하다. 그 존엄성은 돈으로 사고 팔 수 없다. 자신의 존엄성이라 해도 결코 자신이 판매할 수 없다는 얘기이고, 그런 구매를 시도해서도 안 된다고 선언한다.

전문에는 이런 말도 나온다. "국가 간에 우호관계의 발전을 증진하는 것이 필수적이며"인데, 이는 제1조가 개인에 관한 것이라면 그 개인이 많이 모인 국가 간에도 분쟁이나 전쟁을 원천적으로 막기 위해 우호관계의 발전을 증진하는 것이 필요하다고 선언한다.

심리적 테러 위협에 노출됐던 당시의 하토야마는 도쿄 시내 메이지 대학에서 열린 '중일 관계 심포지엄'에서 강연을 마치고 돌아가는 길이었다. 우익단체 소모굿키의 모임 회원들은 하토야마의 심포지엄 강연 내용을 문제 삼았다. 하지만 일본 중국 간의 우호관계 증진을 위한 하토야마의 그 발언은, 세계의 자유와 정의, 우애와 평화의 보다 더 진전된, 확고한 뿌리 내리기와 전 지구적 확산을 위한 위대한 전진의 우애

역사의 중요한 진일보였다.

말

몽골을 대표하는 시인 중의 한 사람 '바오긴 락그와수렌'의 시집 (다른 이의 마음과 피가 배인 아름다운 시에서) '한 줄도 나는 베끼지 않았다'에 '말'이란 시가 있다.

진실한 말을 크게 말하면
거짓으로 들리고

거짓말을 크게 말하면
진실로 들린다

진실한 말을 속삭여 말하면
전실로 들리고

거짓말을 속삭여 말하면
전혀 들리지 않는다

  – 바오긴 락그와수렌(Bavuugiin Lhagvasuren, 1944-2019)의
    시집 '한 줄도 나는 베끼지 않았다'
    (이안나 옮김, 펴낸 곳, 문학의 숲) 중에서

진실한 말은 그 자체로 보석 같다. 듣는 이의 가슴에 언어의 진주목걸이를 걸어준다. 작은 촛불이 방안을 빛으로 채우듯 그 공간을 정화시킨다.

내용은 진실인데 그 목소리가 너무 크면 그것은 진실의 강요다, 빛의 아름다움이 사라진다. 거짓으로 오해받는다.

반대로 거짓말을 크게 계속 말하면 듣는 이가 세뇌 당한다. 그 말을 진실로 믿게 된다. 속은 자가 되고 이는 속인 자를 돕는 공범의 역할을 자청하는 자해가 된다.

하지만 "진실한 말을 '속삭이면' 진실로 들린다."고 이 시는 말한다. 이미 그 내용이 그 마음이 진실이라는 다이아몬드로 빛난다. 거짓 없는 순정한 빛의 아름다움이다.

이와는 정반대로 거짓말을 진실인 척하고 나직하게 속삭이는 가짜 싸구려 연기를 하면 그 말은 무의미한 독백, 귀신 씨나락 까먹는 소리다.

예로부터 전해오는 말에 따르면 고요한 한밤중 맑은 피리소리는 십리를 간다. 산 넘고 강 건너, 아름다운 음악소리를 듣고파하는 누군가를 피리소리 스스로 찾아간다. 그 아름다움과 그 진실함, 그 선함에 감화 받은 바람이, 그 피리소리를 저 먼 십리 밖 마을까지라도 그 피리소리의 진선미를 애타게 찾고 기다리며, 여전히 잠 못 들고 뒤척이던, 그 사람의 그 몹시 기다림의 귓전에 실어다 준다.

몽골의 시인, 작가이자 국회의원 활동도 한 바이긴 락그와수렌의 시집을 살펴보면 그는 자신을 '자신이 그리워하는 몽골의 산, 강, 빗방울'이라고 여긴다. '몽골의 무지개/ 혹은 부드러운 풀'이라고 말한다. '자신의 눈물을 끌어올려/ 자라는 몽골의 꽃들에게 돌아오겠다'고 기약한다. '가을 나뭇잎을 맞추어 쓴 시로/ 겸허한 여인에게 사랑을 전하기 위해/ 몽골의 초원 보르즈긴의 갈색평원으로 스며든다'고 노래한다.

이러한 시인의 시적인 마음과 말과 2015년 10월 도쿄의 왕복 6차선 도로를 지나던 하토야마의 승용차를 강제로 가로막고 12대 차량으로 에워 싼 채, 확성기로 무례를 퍼부으며 공포 분위기를 조성한 우익테러 단체 소모굿키의 모임의, 그 언어와 태도를 대비해 본다.

나직한 작은 목소리 하지만 비아긴 락그와수렌의 그 목소리는 아름다운 파장으로 인해 안드로메다까지도 어쩌면 그 너머 우주의 저 끄트머리까지도 나아간다. 하지만 우애와 자유, 사랑과 평화와는 전혀 거리가 먼 위협과 근거 없는 백안시와 억압과 분노를 퍼부으며, 불안과 공포를 야기하려는 소모굿키 모임의 확성기 위협과 근거없는 비방은 우주의 오점, 역사의 부끄러움으로 영원히 남을 것이다.

그들은 박수로 환영하고 환호로 응원해야 마땅할 하토야마의 우애의 길을 막아선 것이다. 그 길은 하토야마의 개인의 길이 아니라 세계가 공감하고 사랑하는 꿈의 길이건만, 그들은 가지 말라고 도로를 막고 하토야마의 승용차 진로를 막아서고 위협했다. 하지만 인류의 역사는 자유 평등 평화 행복 사랑 번영 등을 향해서 달려가는, 혹은 천천히 산보하듯 걸어가며, 저마다의 보폭으로, 저 마다의 리듬으로 춤추듯 나아가는, 자유 평등 평화 행복 사랑 번영의 행진, 산책, 퍼포먼스다.

이제 북인도 바라나시에서 브라만의 사생아로 태어나 절대적 사랑의 믿음으로, 힌두교와 이슬람교를 비판적으로 통합하여 독자적인 일신교를 개척한 카비르의 시를 소개한다.

카비르
길 위에 진주알들이 흩어져 있는데
우연히 그리로 맹인이 지나간다
야그디쉬의 빛 없이,
온 세계가 그렇게 지나간다

— 카비르의 시집 '카비르의 노래' 중에서(번역 이현주, 도서출판 삼인)

인도의 시인, 성자, 철학자인 카비르(Kabir, 1398-1518)가 세상을 떠나자, 그 시신을 힌두와 무슬림이 서로 가져가겠다고 유혈극까지 갈 뻔했다. 그때 누군가 카비르에게 덮인 천을 벗기자 거기엔 한 무더기 꽃다발만 놓여있었다.

미국의 대표시인이자 자유시의 아버지 월트 휘트먼(Walter Whitman, 1819-1892)은 "지상에는 2미터가 안 되는 너무나 많은 관들이 걸어 다니고 있다"고 했다. 진실한 마음, 선한 행동, 아름다운 말이 사라진 그래서 신성함을 찾을 수 없는 사람의 마음, 경건함이라고는 두 눈을 씻고 보아도 찾을 수 없는 사람을, 죽은 사람이라 여긴 것이다.

유라시아 평화열차

베를린 마라톤 금메달리스트

1936년 6월 4일 부산에서 출발한 유라시아 열차는 손기정 선수를 태우고 손 선수의 고향인 신의주, 만주 할빈, 시베리아, 모스크바, 바르샤바를 거쳐 17일 베를린에 도착한다. 꼬박 13일간의 여정이었다. 손기정 선수는 자신이 탑승한 그 기차표를 간직했고 현재는 손기정 기념재단에서 전시 중이다. 티켓의 발행처는 일본국유철도였다.

1936년 8월 9일 베를린 올림픽 메인 스타디움에서는 수많은 관중들이 올림픽의 꽃 마라톤 우승자를 기다리고 있었다. 히틀러는 독일 마라톤 선수가 우승하길 바랐다. 하지만 메인 스타디움에 나타난 1위 선수는 손기정이었다. 깡마른 몸매 하지만 가식 없는 탄탄한, 그야말로 꼭 필요한 근육만 지닌 일장기가 그려진 유니폼의 손기정이었다.

이날 2시간 29분 19초 2의 올림픽 마라톤 신기록으로 결승선을 돌파해 금메달리스트가 된 손기정의 감격스런 순간을 일본 중계 아나운서는 "일장기여 메인마스트에 높이 높이 휘날려라!" 연호했다. 호떡을 좋아했으나 사 먹을 돈이 없었던 가난한 마라톤 선수의 승리였다.

그 순간 독일 아나운서는 "한국 대학생이 세계의 건각들을 가볍게 물리쳤습니다. 그 한국인은 아시아의 힘과 에너지로 뛰었습니다. 타는 듯한, 태양의 열기를 뚫고, 거리의 딱딱한 돌 위를 지나 뛰었습니다. 그가 이제 트랙의 마지막 직선코스를 달리고 있습니다. 우승자 '손'이 막 결승선을 통과하고 있습니다…" 열띤 목소리로 중계방송 했다.

그날 밤 독일 베를린의 한 두부 공장에서 금메달 손기정, 동메달 남승룡등 10여명이 김치와 두부를 놓고 승리축하연을 열었다. 벽에는 태극기가 걸려있었다. 8월 13일 동아일보는 빛나는 월계관을 머리에 쓴 손기정 선수의 금메달 시상대 사진을 게재하면서 일장기를 지워서 내 보낸다. 이로 인해 동아일보는 조선총독부로부터 네 번째 무기정간 처분을 당한다.

한일 가왕전

그로부터 88년 후, 2024년 서울에서는 종편 TV MBN에서 주최한 '한일가왕전'이 방송된다. 한일 양국의 여성가수들 각각 7명씩이 선의의 불꽃경쟁을 벌인다. 한국가수 린이 일본 엔카 '북녘의 숙소'(원곡가수 '미야코 하루미')를 일본 여가수 아즈마아키(東亜樹)가 한국의 전통가요인 '목포의 눈물'(원곡가수 '이난영')을 한국말로 불렀다. 한일문화교류가 TV음악프로그램을 통해 최초로 성대하게 이뤄진 것이다.

한일가왕전을 지켜보면서 뜨거운 게 솟구쳤다. 가수들에겐 국적이 있지만 음악엔 국경이 없다. 가사의 뜻은 외국어라 잘 모른다 해도 가수의 음색과 메이저, 마이너 등의 음조에 따라 희노애락을 느낄 수 있다. 2024년 봄의 한일가왕전으로 인해 많은 한국인들이 "일본 가수들은 저런 스타일로 노래하는 구나."하고 나름대로 저 마다 평가도 하고 새로운 감성을 접했다. 이는 음악이 본디 지니고 있는 원초적 평화의 순진무구한 마음을 새롭게, 고개 끄덕이며 받아들이는 시간이었다.

이는 일본에서도 마찬가지다. 일본국민들도 한일가왕전은 한국가수들에 대한 새로운 이해도와 친밀감, 매력 같은 것을 더 간직하게 됐지 싶다. 한일가왕전 여가수들의 노래 스타일을 짧게 비교하자면 일본 여가수들은 전반적으로 또렷한 감성의 노래를 불렀다. 한국 여가수들은 뚜렷한 감정의 노래를 불렀다.

이렇듯 자유롭게 한일문화교류가 이뤄지기까지 역사적으로 참 많은 난관이 있었다. 한국에서는 일본 대중음악을 방송에서 전혀 들을 수 없었다. 이제 한일가왕전으로 인해 베를린 장벽이 아닌 현해탄 장벽이 무너진 셈이다. 일본 NHK에서 2003년 드라마 겨울연가가 방영되고, 겨울연가 주제곡 'Ryu(류)'의 'My Memory'가 거침없이 방송됐듯이, 한국에서도 너무 두려워하지 않고 일본 드라마, 일본 음악 등의 문화예술이 방송되길 바란다. 2000년대 초 2천석 이하의 공연장에서 일단 일본 가수의 공연이 가능해졌으나 여전히 일본 노래의 방송은 불가능했던 지나간 시간을 되돌아보면, 2024년 한일가왕전은 거의 기적 같은 한일 간의 동아시아의 봄을 예고했다.

한일가왕전에서 보여 준 한일 양국의 여가수들과 심사위원들의 태도는 선의의 경쟁을 즐기는 우애의 장이었다. 이는 그동안의 부정적 반일 감정과 무의미한 그야말로 미래로 가는 문을 닫는 안타까운 상황에서 벗어나, 토착왜구와 죽창 등에서 벗어나 새로운 양국의 문화교류를 통한 평화번영, 우애의 시대 열기에 크게 기여한 쾌거다. 이에 가장 중요한 역할을 해 낸 역사적 진전이 바로 2002년 김대중 대통령의 일본 국빈 방문 때 한일 문화개방 선언과 하토야마 유키오 전 일본 총리의 서대문형무소 순국열사 추모관에서의 무릎사죄였다.

인류 평화와 우애의 그 역사적 전통에 있어서 반드시 언급돼야할 인물이 독일의 빌리 브란트 수상이다. 그는 1970년 폴란드를 방문해 2차 대전 당시 나치독일이 무자비한 살육을 자행했던 옛 유대인 게토 전몰자 묘역에서 무릎 꿇고 용서를 빌었다. 이를 위대한 화해라고 언론에서는 보도했다. 이후 1971년 빌리 브란트 수상은 노벨 평화상을 수상한다. 다행히 독일에서는 더 이상은 나치의 부활은 있을 수 없다는 기본 인식이 상식이다. 독일과 유럽과 세계 평화를 위한 국가적 국민적 거대한 공감대가 형성돼 있다. 물론 신나치주의자들도 있고 극단주의자들로 인한 불안감은 존재한다.

간토 대지진

일본에서는 1923년 9월 1일 11시 58분부터 10분간 지속된 간토대지진 때 한국인들이 폭동을 일으킨다며 비상계엄을 선포했고, 일본 군대가 동원돼 재일한국인들을 기관총, 일본도, 죽창 등으로 6천여명을 학살한 사건에 대해서, 계속 공식적으로 부인해 왔다. 증거가 없다는 이유를 대면서 말이다. 하지만 이미 증거는 꽤 많이 있어왔고 그 증거들을 바탕으로 한국의 김태영 감독은 다큐멘터리 영화 '6,661명 조선인들의 울음소리가 들리십니까"를 2024년 6월 개봉해 새로운 화해의 시대를 열고자 했다. 제작기간 총 3년의 이 영화는 일본의 한국에 대한 가해의 역사를 직시하고 이를 반성하고 사죄하려는 시민단체 '봉선화' '치바현 실행위원회' 등의 양심적 일본인들의 도움과 협력에 크게 힘입어 제작된다.

이 다큐영화에 하토야마 전 일본 총리의 인터뷰도 여러 차례 등장한다. 하토야마는 "제대로 된 진상규명 조사가 이뤄져야 하고 그래야만 한일 양국의 미래가 밝을 것이다"라는 요지로 간토대지진학살 사건에 대한 발언을 했다. 하지만 이처럼 학살사건의 역사적 사실을 정식으로 규명해야 한다고 권고하고 주장하는 하토야마 전 일본 총리와 같은 생각으로 일해 나가는, 일본의 시민단체들과는 달리 일본 정부나 우익단체들은 그러한 사실을 처음부터 부인하고, 아예 그런 사건 자체가 없었다고 부정한다.

따라서 독일 수상 빌리 브란트의 폴란드에서의 무릎사죄보다도 일본 전 총리 하토야마의 서울 서대문형무소에서의 무릎사죄가 더 힘든 고행과 고난의 선택이었다. 독일은 근본적으로 빌리 브란트 무릎사죄를 40% 이상 지지했고 일본은 하토야마의 무릎사죄에 대해 20% 정도로 그 지지율이 아쉽기 때문이다.

아페시스

독일과 폴란드 사이에 가장 중요했던 말은 용서다. 용서라는 단어는 그리스어로 '아페시스'(Aphesis)인데 이는 '빚을 면제해 줌'을 뜻한다.

용서가 빛난 역사가 있다. 물론 용서가 있기까지 갈등으로 인한 가해와 피해의 역사가 있었다. 18세기 독일은 폴란드 서부지역을 점령한다. 이 땅은 1919년 1차 세계대전이 끝나면서 다시 폴란드 독립과 함께 폴란드로 귀속된다. 하지만 히틀러는 1939년 독일의 옛 영토 탈환이라는 명목으로 다시 폴란드를 침공했다. 폴란드 전 인구의 5분의 1인 600만명이 강제수용소에서 학살당한다.

독일이 아우슈비츠 등에서 학살 당한 폴란드계 유태인은 200만명이었다. 2차 대전 이후 독일은 폴란드와 새로운 국경선을 정한다. 이때 독일 영토 안으로 200Km 정도가 폴란드 땅이 된다. 그러자 이번엔 그곳에 오랫동안 살아오던 독일인들 400만명의 강제 이주가 시작됐다. 그때 이를 평화적 인도주의로 추방해야 한다고 연합국 포츠담 회의에서 의결됐으나, 실제로는 독일인에 대한 잔혹행위가 있었다.

1965년 종전 20주년을 맞아 공산 치하의 폴란드 주교단이 서독 주교단에 서신을 보냈다. 서신내용은 지난 1000년간 폴란드와 독일 양국 관계사에서 두 나라가 싸우기 이전에 정치, 경제, 학문적으로 얼마나 서로 협업하고 소통했는지, 필요했는지 등에 대한 기억을 불러일으키고, 그로인해 유럽 평화에 양국이 기여한 점 등을 밝혔다.

서신은 다음과 같은 문구로 마무리됐다. "(양 국민 간의) 끔찍한 과거 때문에 괴로운 상황에도 불구하고… (과거를) 잊으려고 노력합시다. 극단을 지양하고… 이제는 대화를 시작합시다… 우리는 여러분의 손을 잡고자 합니다… 우리는 여러분을 용서하며 또한 여러분으로부터 용서를 구합니다."

나치 독일의 희생자였던 폴란드 가톨릭교회가 가해자를 먼저 용서한 것이다. 이 편지는 '감동적인 화해 문서' '폴란드와 독일의 대화를 이끈 편지', '화해의 아방가르드'로 평가됐다. 이로써 분쟁은 상생이, 죽음은 생명이, 전쟁은 평화가 됐다. 지구 역사상 특별히 위대한 이 서신은 폴란드와 서독 사이에 대화의 물꼬를 트게 했다. 그 중심에 용서라는 우애의 빛이 있었다.

이처럼 용서를 먼저 구한 평화의 편지가 있었기에 빌리 브란트의 1970년 12월 추운 겨울날 서독 총리로는 처음으로 이웃 나라 폴란드를 방문해, 바르샤바 유대인 위령탑 앞에서 나치 독일의 유대인 대학살을 무릎 꿇고 사죄할 수 있었다. 겨울비에 젖은 바닥에 무릎꿇고 속죄하는 그의 모습은 '20세기 정치사에서 가장 극적인 장면'으로 기억된다.

그로부터 50년 후, 2020년 12월 7일 프랑크 발터 슈타인마이어(Frank-Walter Steinmeier)독일 제16대 연방 대통령은 폴란드 바르샤바 유대인 위령탑 앞에서 열린 헌화식에 보낸 영상메시지에서 "독일과 폴란드 간 동반 관계는 성공적 미래를 위한 중요한 전제"라면서 "하지만, 우리는 과거를 잊지 않을 것"이라고 말했다. 그는 "폴란드인들의 고통과 속죄를 위한 역사적 용기, 우리가 이를 기억할 수 있도록 하는 무릎을 꿇었던 모습을 잊지 않을 것"이라고 강조했다.

당시 무릎을 꿇었던 브란트 총리는 나치 독일에 저항하고, 망명했던 당사자로서 폴란드나 다른 지역에서의 전쟁범죄에 기여하지 않았지만, 총리로서 짊어진 짐 중 독일의 과거사가 가장 무거웠다고 밝힌 바 있다.

브란트 총리는 이후 "독일의 비참한 과거사와 살해당한 수백만명에 대한 가책으로 했던 일"이라며 "말로는 할 수 없을 때 사람들이 하는 일"이라고 설명했다.

2065

나는 2015년 8월 하토야마 전 일본 총리가 서대문형무소 순국열사 추모관 앞에서의 무릎사죄 이후 50년 후가 되는 2065년 8월 일본의 그때의 총리와 외무성 혹은 어느 단체나 개인이 어떤 발표를 할지 기대한다. 물론 그때까지 살아있을 자신은 없지만 말이다.

이런 상상을 해 본다. 2000년 6월 김대중 대통령은 북한의 평양 순안공항에 내려 당시 영접 나온 김정일 국무위원장과 평화의 악수를 나눈다. 이후 김대중 대통령은 한반도 종단 열차 복원과 이를 통해 서울부터 런던까지의 유라시아 평화열차의 꿈을 꾸었다. 그래서 한때 경의선이 복구되기도 했으나 현재는 또 다시 기찻길은 여전히 막혀있다.

그러나 앞으로 50년 후, 2065년 8월 일본 도쿄에서 출발한 유라시아 평화열차가 일본 하가타, 가라쓰 해안도시를 거쳐 부산까지 해저터널을 달리고, 이후 육로로 남북한이 연결되고, 다시 중국을 거쳐, 러시아로 다시 유럽으로, 기왕이면 아프리카 남아연방까지 한번에 달려가는 노선이 확정 된지 이미 오래이길 바란다.

인터뷰

정대철
대한민국 헌정회 회장

2024년 8월 26일 늦더위가 서서히 물러가는 여의도 대한민국 헌정회장실에서 정대철 헌정회장과의 인터뷰가 진행됐다. 정대철 회장의 답변을 정리했다.

1. 정의를 실행하는 용기

하토야마 총리와 2015년 8월 11일 이부영 의원 등과 함께 저녁식사를 했다. 회합을 마칠 무렵 내가 말했다. "나는 일본정부와 일본사람들에게 이런 불만이 있습니다. 그 누구도 시원하게 일본말로 '아싸리'하게 한국인들에게 사죄하거나 사과하는 사람이 없습니다. 용기 있게 크게 사죄하는 것이 더 훌륭한 모습일 텐데요." 하토야마 총리는 내 말에 이렇게 답했다. "전적으로 동의합니다. 진정으로 사과해야 합니다. 마음으로부터 사죄하는 마음을 전달해야 합니다. 가해자는 피해자가 괜찮다고 할 때까지 사과해야 합니다." 놀라운 말씀이었다. 그리고 우리는 헤어졌다. 다음날 오후 하토야마 총리는 서대문 형무소에서 무릎사죄를 했다. 놀라운 일이었다.

하토야마 총리는 정의롭고 소신 있는 분이다. 정의를 실행하는 용기 있는 분이다. 소외된 사람, 핍박 받고 사는 사람들과 더불어 살며 공정한 사회를 만들려고 노력하는 분이라고 느꼈다. 일본의 총리를 지낸 분이 배신자, 역적, 매국노 소리까지 들어가면서도 우애철학에 바탕을 둔 그의 발언 "일본인은 한국인이나 식민통치를 받았던 분들에게 마음으로부터의 사죄하는 마음을 전달해야 한다"에 놀라움을 금할 수 없었다. 하토야마 총리는 물질보상 이전에 심적 보상이 더 중요함을 행동하고 있는 것이다.

2. 세계발전의 중심축 동북아시아

당연히 한일 양국은 공동의 발전을 도모해야 한다. 반일감정, 혐한 감정을 지워버리거나 약화시키는 노력을 해야한다. 각 분야 지도층 인사들의 끝없는 노력과 캠페인이 필요하다. 신 냉전은 한/미/일, 북한/러시아/중국과의 대결 대치 상황으로 진전되고 있다. 따라서 한일간의 긴밀한 유대관계가 필요하다. 세계발전의 중심축이 동북아로 오고 있다. 이를 위해 EU, NATO처럼 동북아 협력체가 필요하다.

3. 문화교류 확대

다행스러운 것은 한일 양국의 젊은이들 사이에는 반일, 혐한 감정이 거의 없다. K-POP, J-POP 문화교류가 활발하다. 2024 상반기 일본가수 열네팀이 콘서트를 열었고 대부분 표가 매진됐다. 연말까지 J-POP 콘서트가 20개 넘는다고 한다. K-POP은 이미 일본 젊은이들 사이에서 쥬류 음악이다. 문화적 국경이 무너져가고 있다. 정치상황이 한일 양국 문화교류에 영향을 끼치기 힘든 상태로 접어들었다.

4. 일본과 친밀해질 필요가 있는 신 냉전체재

건국절 논란이 벌어지면서 윤석열 정권을 친일밀정정권이라 하고, 조국혁신당은 윤 대통령을 조선총독부 제10대 총독이라고 까지 한다. 현재는 일제치하가 아니다. 문화교류를 놓고 볼 때 이는 시대착오적이다. 신 냉전체재에서 일본과 친밀해질 필요가 있다.

5. 유난히 큰 배꼽

나는 부친 정일형 박사님께서 항일독립운동을 하다가 서대문형무소에 수감생활하던 중인 1944년 1월 4일 태어났다. 1943년 12월 말경 감리교 신학교 교수이셨던 부친이 수감되면서 신학교도 강제 폐쇄됐다. 어머니와 누이가 길바닥에 세간살이를 놓고 갈 곳이 없었다. 나를 밴 만삭의 어머니께서는 울고 계셨다. 그때 한 할머니가 나타나 냉천동 10번지 자기 집에 빈 방으로 들어와 몸을 풀라고 했다. 하늘에서 천사가 내려온 것이다.

나중에 알고 보니 그 할머니가 우리가족을 집에 들인 이유는 얼마 전 점을 쳤더니 학병소집 영장 받은 아들이 일본 군대에 가지 않으려면 적선을 해야 한다고 했다. 그래서 어떤 적선을 할까 궁리하다가 우리 어머니를 만난 것이었다. 그 집에 들어 간지 얼마 안돼 내가 태어났다. 외숙모가 나를 받았는데 가위나 칼이 소독이 안된 것 같아서 탯줄을 치아로 끊었다. 그 덕분에 배꼽이 커져서 내 별명도 배꼽, 내 책 제목도 '정대철, 유난히 큰 배꼽'이 됐다. 숨어살던 일본군 학병 기피자 김성수씨는 훗날 교장선생님이 됐다. 그 할머니와 김성수씨에게 큰 감사를 드렸다.

6. 한일중이 나란히 세계발전에 기여할 것이야

부친 정일형 박사님은 일제하에서 독립운동하시며 21번 체포에 4번 옥고를 치루셨다. 이렇게 말씀하시곤 했다. "일본이 몹쓸 짓 우리민족에게 했다. 하지만 그들이 진정 반성하고 더불어 잘 살겠다고 하면 용서하고, 함께 이웃 동료국가로서 동북아시아의 발전과 세계발전에 함께 노력해야 한다. 앞으로 동북아시아에 한국 일본 중국이 함께 어깨를 나란히 하고 세계발전에 필히 기여할 것이야." 그 말씀이 아직도 귀에 생생하다.

7. 새로운 한국사 발전의 주역은 여성이 될 것이야

일제하에서 나의 어머니 이태영 박사님은 감옥에서 병까지 걸리신 아버님 옥바라지 하시느라 손수 누비이불과 치마저고리를 만들어 종로, 노량진 단골가게에 위탁판매로 생활비까지 책임지셨다. 당시 가위가 좋은게 없어서 어머니 손가락이 휠 정도로 고생을 하셨다.

어머니는 대한민국 최초 여성 변호사이셨다. 억울하고 천대받는 주로 여성들을 위한 무료 가정법률상담소를 여셨다. 법의 혜택을 알리고자 법의 생활화, 법의 서민화 운동을 하셨다. 39년간 42만건 넘는 무료상담으로 어려운 이웃, 불쌍한 사람들을 도우셨다. 가족법 제정, 가정법원설치 제안, 어머니 학교, 할머니 할아버지 학교, 기러기 교실 등을 여셨고, 호주제도 폐지, 남녀재산분할청구권 인정, 이혼모의 친권 인정 등 업적이 정말 많으셨다.

어머니는 세상의 절반이 여성이기에 여권신장은 너무나 당연하셨고 특히 여성인권, 여성의 재능이 무시당하거나 사장당하지 않도록 그래서 국가발전에 크게 기여할 수 있도록 초인적인 노력을 하셨다. 지금은 법조인 성적이 여성이 상위 톱10 중 대부분을 차지할 정도다. 어머니는 새로운 한국사는 여성들에 의해 경쟁대신 상생으로, 투쟁대신 평화적 방법으로, 포용하는 여성 특유의 힘에 의해 한없는 발전을 해 나갈 것이라고 내다보셨다. 이를 위해 반드시 남녀평등사회가 와야 한다고 앞 장 서신 것이다. 이러한 여성운동 평화운동 민주화 운동은 결국 하토야마 총리의 우애사상의 실천과 그 맥을 같이하는 인류애의 실현이지 싶은 것이다.

8. 일본에 대한 나의 감정

초중고에서 배운 일제에 의한 이땅의 피해, 항일 독립운동가 이신 아버님 등으로 인해 일본에 적대적이기 까지 했으나 김대중-오부치 선언을 보면서 '일본에 이런 정치지도자가 있구나' 하고 새로운 면을 보게 됐다. 그리고 흠모하고 존경하게 된 하토야마 총리를 만나면서 '이렇게 훌륭한 정치지도자가 있구나' 하고 다르게 일본을 보게 됐다.

여기에 원조 받던 나라에서 이제는 85개국에 원조를 주는 나라가 됐다. 삼성이 애플을 상대로 소송을 할 정도로 한국의 창조적 발전은 눈부시다. 언젠가 이뤄져야할 동아시아공동체를 위해 일본과 보다 더 지혜롭게 가까워질 필요가 있다.

9. 음악은 인류애를 지향한다

일본의 J-POP 스타들이 세계로 나가기 전에 한국에서 먼저 성공을 거두는 것이 여러모로 유리하다고 한다. 나는 한국가수 조영남의 '모란동백'이나, 이수미의 '내 곁에 있어주' 같은 가요도 좋아하지만 일본의 정서가 담긴 프랭크 나가이의 '제2국도의 밤안개' 같은 노래도 좋아한다. 음악에는 국경이 없고 그런 음악은 인류애를 지향한다.

10. 한일 양국의 젊은이들에게 주고 싶은 말

한국의 젊은이들이여 용서하라. 심신이 건강해진다. 자기통제권을 회복한다. 창의성을 자극한다. 기독교에서는 하나님의 명령이고 하나님의 정의실현이고 하나님과의 관계회복이다. 불교에서는 자비다.

일본의 젊은이들이여 감사하라. 소망을 이루어준다. 관계를 치유해

준다. 삶을 쇄신시켜 준다. 성공적인 육아법이다. 감사하는 아이는 삶을 사랑한다. 긍정적인 생각은 도파민, 옥시토신 호르몬을 생성시켜 안정감, 행복을 준다. 위기로 인한 충격, 분노, 흥분, 우울, 절망의 감정에서 벗어나 새로운 가능성을 찾게 한다.

11. 나의 소망

북한 출신인 나는 남북통일이 됐을 때 단일정부가 되면 그때 집권자가 되어 정말 많은 일을 해내고 싶다. 도전적인 삶이 될 것이다. 그렇게 가장 이상적인 남북한이 공동선을 이루고 더 나아가 동아시아공동체의 공동선의 시대가 올 것이다. 그래서 나는 감리교 신자로서 기도한다. "하나님이시여 정의롭게 정직하게 남을 위해서 살 수 있도록 도와주시옵소서."

내가 33살 젊은 나이로 국회의원이 됐을 때 부친께서 화의죽정(花意竹情)을 써 주셨다. 꽃은 정이지만 뜻도 있다. 대나무는 뜻의 표상이지만 정도 있다. 일면성만 보지 말고 다면성, 다양성을 보라는 폭넓은 시야를 주문하신 것이다. 이는 하토야마 총리의 할아버지 하토야마 이치로 총리께서 우애라는 두 글자를 자손들에게 지속적으로 일본 사회에 써서 내 걸은 것과 같다고 생각한다.

하토야마 총리가 추구하는 동아시아공동체를 위해서 인적교류, 경제교류, 문화교류, 사회과학적 교류, 교통과 통신 및 환경보호를 위한 다각적 교류를 통해 평화와 번영이 증진되고 정착되길 바라고 반드시 이루어질 것이다.

12. 한국과 일본

한국을 한마디로 표현하면 Rising Star, 떠오르는 별이라 말하고 싶다. 일본을 한마디로 표현하면 "조심스러운 이웃, 선린."이라 말하고 싶다.

13. 대한민국 헌정회와 일본 의회

일본에는 한국 같은 전직 국회의원 모임이 없다. 있다면 교류에 큰 힘이 되고 진전이 있고 한일 양국민에게 좋은 일이 많아질 것이다. 하지만 일본 현역의원들과 헌정회가 공동 세미나를 2022년에 개최한 바 있다. 앞으로도 공동관심사에 대한 세미나와 심포지엄을 지속적으로 해 나갈 예정이다.

14. 하토야마 총리에게 드리는 말씀

2025년은 대한민국 광복 80주년입니다. 한일국교정상화 60주년입니다. 하토야마 총리님이 계획하시는 한일양국과 동아시아 평화번영을 위한 이벤트에 적극 참여하고 협업하겠습니다. 계속 정의롭게 용기 있게 동아시아의 미래를 위해서 건강하게 나아가시고 그로인해 동아시아 공동체의 꿈이 이뤄지길 갈망합니다.

화룡점정(畵龍點睛)

용이 여의주를 얻고
범이 바람을 탐과 같다

- 한국 속담

2024년은 푸른 용의 해. 새해에 뉴스보이 캡 모자를 선물 받았다. 선물을 준 출판인 연용호는 자신이 용띠라면서 푸른 용의 기운을 받으라고 악수를 건넨다. 그의 축복의 우애에 감사했다.

용은 하늘을 마음대로 날고 물속이건 땅위건 자유롭게, 별 다른 라이벌 없이 세상을 지배한다. 용은 뱀의 형상에 비늘이 있다. 머리엔 사슴뿔이 왕관처럼 솟아나있다. 다리는 새 모양, 움직일 때는 강 같다.

용의 옛 한국말은 '미르'. 미르의 어원 중에는 '미륵'(彌勒)이 있다. 미륵은 백성들을 구원할 미래불을 뜻하는 범어 마이트리야(Maitreya)에서 왔고, 미륵의 중국발음 또한 '미르'다.

1986년 2월 19일 소련이 카자흐스탄으로부터 임대해 사용하는 바이

코누르(Байконур) 기지에서 발사돼, 2001년 3월 23일 지구 대기권에 재진입하면서, 소멸되기까지 다양한 실험에 사용된 우주 정거장 이름도 미르였다. 러시아어 미르(Мир)의 뜻은 '평화'.

개방된 청와대 뒷산 북악산 큰 바위 얼굴

용의 두 눈과 코처럼 보이는 청와대 뒷산 북악산 큰 바위 얼굴이 있다. 왕조시대 임금 얼굴은 용안, 의자는 용좌, 비단옷 정복은 용포, 그렇다면 북악산은 용의 얼굴을 연상케 하는 용안산(龍顔山)이지 싶다.

용에 관한 사자성어에 화룡점정이 있다. 옛 중국 양나라에 장승요라는 화가가 있었다. 어느 날 그가 두 마리 용을 그렸는데, 그 중 한 마리 용의 눈에 점을 찍어 눈동자를 그리자, 갑자기 천둥 번개가 치며 용은 하늘로 올라갔다. 눈에 점을 찍지 않은 용은 그대로 남아 있었다. 이후 용의 눈을 그려 마침내 용을 날아오르게 하듯이 화룡점정은 모든 일의 완성, 도약, 비상, 고난으로부터의 자유해방을 뜻한다.

우주 퍼즐

나는 우주를 하나의 퍼즐로 생각한다. 수많은 별들과 그 별들의 덩어리인 은하, 그 은하의 덩어리 은하단들, 블랙홀과 암흑 에너지 등 그리고 태양계 그중에서도 지구와 동아시아, 한국 일본 중국의 모든 나무,

호수, 강, 바다, 배, 도시, 마을, 자동차, 사람, 그들 저 마다의 꿈, 사랑, 연인, 결혼, 행복, 웃음, 눈물, 도전, 성취, 번영 등의 사연들 그리고 지구촌 모든 역사, 문화, 경제, 여행 등 모든 우주의 구성 요소들, 물론 거기엔 원자, 쿼크, 입자 등도 있다.

그 모든 조각조각의 퍼즐들 그 숱한 조각들이 모이고 모여, 보이지 않는 허공 속의 산소, 수소, 헬륨 등의 무수한 퍼즐 조각까지도 모두 모여, 동아시아, 지구, 태양계, 은하계, 우주를 이룬다.

이러한 거대한 풍경의 목적에 대해 나는 성경에 나오는 공동선을 이룩하라는 말씀으로 해석한다. 공동선은 왕따, 소외, 이지메, 학교폭력, 전쟁, 분쟁, 테러 등의 악한 언행과 관계없는, 그와는 정반대의 공동체적 협력과 연대를 통한 인류의 보편적 가치의 실현 그리고 개인과 개인 사이의 존중으로 살아가는, 사랑의 사이라는 희망, 기쁨, 감사, 기도를 지속적으로 나누고 만들어나가는, 퍼즐 맞추기다.

그 퍼즐 맞추기의 마음은 우애. 그 퍼즐 맞추기의 태도와 자세 또한 우애, 그 퍼즐 맞추기를 위한 언어와 이야기 역시 우애를 기반으로 한다. 그 모든 퍼즐 맞추기를 위한 생각도 다시 또 우애. 그래서 만들어지는 동아시아의 평화, 지구촌의 평화, 우주의 평화는 우애라는 손길로 만들어진 우애의 동아시아, 우애의 지구촌, 우애의 우주라는 꿈과 이상의, 그야말로 천국 같은 최고 최선 최상의 우애 세상의 완성 즉, 우애로 살아가는 우주의 우애인들의 세상이, 우애시대가 될 것이다. 따라서 동아시아 평화퍼즐, 지구촌 평화퍼즐, 우주의 평화퍼즐의 완성은 우애라는 화룡점정의 마지막 퍼즐 한 조각이 필요하다.

위대한 싱어송라이터 하토야마의 우애

평화의 그림을 완성시키기 위한 우애의 마음, 영혼, 정신, 생각, 본능, 행동은 불굴의 의지로 다시 부활하고 일어선다. 우애는 이미 천부의 축복이고 생명이고 그 자체가 진리이기 때문이다. 가장 위대한 에너지이고 가장 거룩한 시너지를 생산해 내고 창조해 낼 수 있기 때문이다. 그로인해 공동선을 이루며 평화, 자유, 사랑, 행복을 향한 진정한 길이 우애의 길이다.

"우애는 화룡점정이라는 평화의 퍼즐 맞추기"의 "마지막 눈빛을 그려내는 위대한 손길이자 눈길"이다. 또한 그 길을 향하거나 이미 걸어가고 있고 그 길을 함께 동아시아 모두, 세계인 모두, 국경과 국적을 초월해 우애인이 되어 함께 나아가자고, 역설하고 행동하는 하토야마는 동아시아와 세계를 평화로 이끄는, 우애의 노래를 부르는 위대한 싱어송라이터인 것이다.

인터뷰

이낙연
전 총리

광화문 부근에서 인터뷰를 드릴 수 있었다. 모든 것이 빛으로 변화하는 위대한 곳이다. 그 답변을 기록한다.

1. 부드러운 카리스마

하토야마 총리님 첫 만남은 2010년대 초였습니다. 유니크하고 신념이 강한 분, 하지만 부드러운 배려의 사람이었습니다. 그것이 굉장히 인상적이었습니다. 정치 명문가 출신이고 따라서 내가 1990년 2월부터 93년 3월까지 동아일보 주일특파원 시절 당연히, 당시 중의원이던 하토야마 의원을 주목했습니다. 그 시절 그는 신기하게도 '유토피아 정치연구회'를 조직해 참여하는 모습을 보였습니다. 그로인해 정치현실은 물론이고 더 먼 미래의 이상까지도 추구하는 하토야마 의원에게서 신선함을 느꼈습니다.

신당 사키가케 참여 때도 아마 자민당에 문제의식을 느꼈을 것이고 염증도 있었지 싶은데, 그때도 사실상의 주역이었습니다. 하토야마 총리는 의원시절부터 늘 틀에 박힌 정치 이미지가 아니라 호소카와가 일본신당을 만들어 정권교체를 이루고 총리가 됐듯이, 당시 하토야마 의

원도 유토피아정치연구회, 신당 사키가케를 거쳐 민주당을 기반으로 마침내 정권교체를 이루고 총리가 됐습니다.

2. 계란으로 바위치기

하토야마 총리의 정치역정은 계란으로 바위치기 같습니다. 얼마든지 편안히 살 수 있었지만 그러지 않았습니다.

3. 행동하는 양심

서대문형무소 순국열사추모관에서의 하토야마 총리의 무릎사죄는 대중정치인으로서 대단히 어려운 일입니다. 투표권을 가진 대중을 기본적으로 의식하는 것이 정치인입니다. 더구나 일본인 대다수의 반응이 어떨지 이미 예측할 수 있었음에도 불구하고 무릎사죄를 했다는 것은 진정한 용기입니다. 김대중 대통령 탄생 100주년 명사초청 강연회 때 하토야마 총리의 강연도 있었습니다. 한결같은 그런 모습의 언행을 보면서 행동하는 양심의 살아있는 증표다! 이런 표현이 하토야마 총리에게 맞습니다.

4. 작은 코끼리의 지혜

반일감정, 혐한감정 모두 정치적으로 악 이용해서는 안 됩니다. 대중은 늘 감정을 갖게 마련입니다. 하지만 감정으로 해결 될 일은 없습니다. 김대중 대통령이 일본 중/참의원 연설에서 역설한 이야기 즉, 한일 교류는 1,500년이다. 근대에 들어서서 한일간의 불행한 역사는 50년이다. 따라서 지난 1,500년 역사를 무시한다는 것은 어리석은 일이다. 나는 이 말이 매우 중요하다고 생각합니다. 따라서 양국정치 지도자들이 대중들의 감정을 선동하거나 이용하는 일이 없길 바랍니다.

지금의 이 시점은 세계사적 전환기입니다. 미국과 일본이 동맹이고 한국과 미국이 동맹입니다. 1991년까지 미소 냉전시대가 있었습니다. 이후 미국 일극체재가 시작되면서 한국은 편안했습니다. 일본도 마찬가지였습니다. 탈냉전시대였습니다. 한국이 중국과 가까워도 미국에서 큰 신경을 안 써도 될 때였습니다. 하지만 이제는 미국과 중국이 경쟁하는 시대입니다. 새로운 냉전시대입니다. 새로운 세계질서로 개편되는 시점입니다.

미국과 중국이라는 큰 코끼리 두 마리가 잔디밭에 있습니다. 작은 코끼리 두 마리, 한국과 일본이 같은 잔디밭에 있습니다. 이때 어떻게 한국이 슬기롭게 대처하고 풀어나가고 더욱 더 국가를 발전시켜 나갈지에 대한 진지한 고민과 지혜를 모아야할 때입니다. 무엇보다도 중요한 것은 일본과 으르렁거리고 작은 코끼리들끼리 다투는 비협조적 상황을 막아야합니다. 양국 국민이 서로에 대한 이해의 폭과 깊이를 더해야 합니다.

동북아 평화안정을 위해서는 반드시 중국과의 관계도 잘 풀어나가야 합니다. 한미일 공조만 갖고만 되지 않습니다. 그런 대결의식만 갖고는 군사, 경제의 힘만 갖고 해결되기란 쉽지 않습니다. 힘보다 더 위대한 지혜의 시대를 한국이 구체적으로 실체적으로 하나하나 만들어 나가야 합니다.

5. 역사를 인정할 때 미래로 나아갈 수 있다

일본에 대해서 이런 의문을 갖고 있습니다. 일본은 어떤 사회인가? 일본을 끌고 가는 힘은 무엇인가? 일본은 오랜 세월 직인사회입니다. 라면집 하나를 깊이 팝니다. 오뎅 가게 하나를 100년, 200년 가업으로 잇습니다. 일본사람들 약속을 잘 지킵니다. 인간관계 중요시합니다. 하지만 집단이 될 때 뜻밖에 잔인해집니다. 캄보디아에서의 킬링필드 역시 자국민 수백만명을 죽였습니다.

어느 일본 언론인은 집단화될 때 잔인해지는 일본에 대해서 이런 말을 했습니다. 개인의식이 약하기 때문이다, 심지어 개인의식이 없다고까지 스스로 성찰하고 비판하는 말을 들은 적이 있습니다.

일본이 세운 만주 괴뢰국 기념관이 중국 장춘에 있습니다. 거기 보면 중국은 자신들의 모든 치부를 다 드러냅니다. 중국의 대단한 힘입니다. 일본은 그에 비해 지난 과거를 왜곡하거나 역사를 부정합니다. 그렇다고 해서 어두웠던 과거 역사가 없어지는 게 아닙니다. 역사를 제대로 알고 인정하고 잘못을 얘기할 때 인간의 의식체계가 넓어지고 미래로 나갈 수 있습니다. 주변국으로부터 신뢰를 받을 수 있고요. 그런 의미에서 하토야마 총리의 끝없는 한국에 대한 가해국 일본을 대표하는 사죄는 큰 울림으로 다가옵니다.

6. 한일 풀뿌리 문화교류

한일문화교류, 특히 MBN 한일가왕전 같은 경우 일본노래가 일본말로 그대로 한국에서 방송되는 것을 보고 또 그에 대한 거부감이 전혀 없는 것을 보고 굉장히 놀라웠습니다. 김대중 대통령의 일본문화개방 이후 20여년이 흐른 지금 몇 달이 지나도 여전히 그 연장선상의 이벤트가 진행되는 걸 보고 이제는 조금 과잉스럽지 않나라는 생각도 하게 됩니다만 기본적으로 국가관계는 풀뿌리 시민들에 의해서 이해가 제고되고, 그런 가운데 편향되지 않게 균형을 맞춰 나간다는 의미에서 한일가왕전은 좋은 영향을 줍니다.

주일특파원으로 일본에 가게 됐을 때 내게 일본어를 가르치는 일본분이 일본가수 '이시하라 유지로' 노래만 20곡정도 담긴 녹음테잎을 선물하며 이 노래들을 알고 일본에 가면 소통이 잘 될 것이다라고 도움을 주었습니다. 실제로 그 노래에 대한 이야기를 통해 서먹한 관계, 처음 보는 긴장관계가 풀어졌습니다. 한국가요는 양희은, 정태춘의 노래를 좋아합니다.

7. 한일양국의 젊은이들에게

아버지 세대보다는 국제인이 됐으면 좋겠습니다. 지구인이 됐으면 좋겠습니다. 각자 자신들의 나라 그 정체성은 갖되 국경을 초월하는 인류애라는 보편적 가치를 추구하는 가운데 성장해 나가길 바랍니다.

8. 다시 태어난다면

언론인으로 진짜 멋있게 일하고 싶습니다. 언론계가 제 역할을 다 못하고 있습니다. 양측 진영의 포로가 됐습니다. 정치인보다 더 멀리 더 길게 내다보고 국민들께 말씀 드리는 언론이 돼야합니다.

9. 한국의 역할

미국과 동맹인 한국은 미국에게 동맹국으로서의 신뢰를 바탕으로 맹목적 추종보다는 자율성을 얻어내야 합니다. 한미일 공조만으로는 동아시아의 평화가 어렵습니다. 동아시아의 평화와 안정을 위해, 긴장완화와 미래발전을 위해 중국이 보다 더 포용적으로 그리고 세계무대에 건설적 공헌을 할 수 있도록 유도하고 이끄는 역할을 한국이 해 내야합니다. 이를 위해서라도 한국과 일본이 좀 더 교류하고 지혜를 모아야 합니다. 한국과 일본이 함께 말하고 요구하면 중국도 무시 못 합니다. 이것은 미국과 중국이 날카롭게 대립할 때 매우 필요한 한국의 역할입니다.

한반도는 냉전시대 미소 양국의 최전선, 최전방이었습니다. 이제 미국과 중국이 대립하는 이 시기에 한일 양국의 친선과 특히 한국의 선한 영향력의 국제적 역할이 중요합니다. 그래야 신냉전시대 대신에 평화시대를 만들 수 있습니다. 한반도가 또 다시 최전선, 최전방이 되어선 절대 안 됩니다.

10. 진흙탕에서 연꽃을 피워 올리는 정치

나는 인터뷰에서 영국 수상 처칠이 한 말 "정치인이란 상대방의 눈을 똑바로 바라보면서 서슴지 않고 눈 하나 깜박 안하고 거짓말을 할 수 있어야한다."고 했는데 이낙연 전 총리가 생각하는 정치인은 어떤 사람인지를 물었고 다음의 답을 들었다.

김대중 대통령은 정치란 진흙탕에서 연꽃을 피워 올리는 것이다라고 했습니다. 정치인은 일반시민들보다도 더 높은 도덕성과 더 폭넓은 통찰력을 필요로 합니다. 하지만 현재 상황은 일반시민들보다도 도덕성은 낮고 통찰력은 의문시됩니다.

나는 "총리님께서도 이미 진흙탕에서 연꽃을 피워 올리지 않으셨나요?"라고 물었고 이낙연 전 총리는 "나는 이름에 '연'자가 들어가 있긴 하나 아직 연꽃을 피우진 못했습니다."라고 유쾌하게 답했다. 이어서 정색을 하고 "진흙탕을 외면하지 않을 것입니다. 최근 여러 뜻있는 시민 분들과 함께 역사공부를 하기 위해 역사 강의의 장도 마련했습니다. 지속적으로 해 나갑니다. 한국은 대략 40년마다 중요한 전환기가 있었습니다. 을사늑약이 1905년, 8.15 해방이 1945년, 1987년 6.29 민주화 선언이 있었습니다. 이제 2027년은 제21대 대통령 선거가 있습니다."

11. 동아시아공동체

EU도 영국 탈퇴 등으로 삐걱거립니다. 동아시아의 여러 나라가 문화, 경제, 사회, 정치체재가 많이 다르고 그 발전단계의 격차도 있습니다. 신냉전시대의 우려도 실재합니다. 하지만 결국 인간이 역사를 만듭니다. 희망적으로 봅니다. 우리 모두가 올바른 방향으로 함께 끝없이 나아가야 합니다.

한일 양국은 물론이고, 한일중 북한 등 다자간 협력도 추구해야합니다. 작은 평화번영의 미래발전의 씨앗을 확대해 나가야 합니다. 중국도 G2라고 해서 조공을 받아야겠다는 식의 태도는 지양해야 합니다.

앞서 말했듯이 한국의 역할, 분명한 역사적 세계사적 소명이 있습니다. 그럴만한 충분한 역량도 이미 갖추고 있습니다. 대국들에 비해 작지만 그 어떤 나라보다도 강한 나라가 대한민국입니다. 나를 알고 적을 알고 함께 평화합시다.

12. 일본은 단합사회

일본 특파원 때 일본사람들 보면, 여럿이 모였을 때, 예를 들어 그 중 한사람이 "날씨가 많이 선선해 졌네." 말하면 이구동성 한 결 같이 "소-데스카"(그렇습니다.) 맞장구를 칩니다.

한국의 경우, 여럿이 모였을 때 그중 한 사람이 "날씨가 많이 선선해 졌네."하면 "아직 멀었네, 어제 밤도 덥더군."하고 저 마다 반론을 내는 경우가 많습니다. 이를 두고 날씨 하나도 통일이 안 된다는 우스개소리도 있습니다.

　1871년 일본 메이지 유신 때 일본은 젊은 일본인들 50명을 구미 선진국 시찰단으로 내보냅니다. 이것이 '이와쿠라 사절단'입니다. 이들은 1년 10개월간 새로운 과학문물을 관찰하고 공부합니다. 그 변화의 동력이 일본을 선진국으로 근대화로 이끕니다. 신의 한수였습니다.

　이러한 진취성, 선진문명 수용성이 일본의 장점입니다. 또 한편 일본은 천황제를 중심으로 일본인 모두 그 안에 모여있습니다. 이는 획일성, 균질성입니다. 새로운 것을 적극 받아들이는 수용성과 기존 체재를 유지하는 보수성이 서로 상충되지만 이를 조화롭게 극복해 하나 되는 일본입니다. 물론 그 수용성, 진취성과 획일성이 어우러져 일본은 제국주의 열강에 합류했고 식민지를 만들고 한국 등에 피해를 주었지만 결국 일본은 패배합니다.

　일본의 그 수용성과 진취성이 인류 정신문명의 보편적 가치인 평화를 수용하는 확장성까지 발전하지 못했기 때문입니다. 하지만 우애정치가 하토야마 총리의 우애사상을 바탕으로 한, 동아시아공동체라는 평화적 확장성의 이상을 추구하고 있기에 우애사상은 일본과 동아시아의 미래발전을 위해 진정한 고귀한 에너지가 될 것입니다.

　일본의 진취성에 대해 한마디 보태자면 언젠가부터 일본의 진취성이 부족해졌는데, 그 원인 중 하나가 고령화 사회 때문이지 싶습니다. 사람은 35살 이후의 나타난 신기술은 받아들이기 힘들다고 합니다. 이와쿠라 사절단 당시 평균 나이가 32세였습니다. 현재 일본 평균연령이

46세입니다. 일본은 해외 유학생 숫자도 한국보다 적은 비율입니다. 기업의 해외진출도 둔화됐습니다.

13. K-POP의 힘

2017년 모로코로부터 초청받아 갔을 때 사드에딘 엘 오트마니 총리의 두 딸에게 선물을 갖고 갔습니다. K-POP을 좋아한다고 해서 큰 딸에게는 SG워너비 사인 CD, 작은 딸에게는 BTS 사인 CD를 주었습니다. 그 결과 총리의 두 딸이 아버지 총리에게 '한국에게 잘 대해주세요'라고 말했다고 해서 문화외교를 실감했습니다.

K-POP의 K는 한국 특유의 문화에너지입니다. POP은 보편주의입니다. J-POP 시대도 있었습니다만 J-POP은 국경을 넘지 못했습니다. 이제 달라지고 있습니다만… K-POP은 이미 다국적입니다. 멤버들도 태국, 중국, 일본인들이 함께 합니다. 작사, 작곡, 연주자들 또한 미국 유럽인들입니다. 세계의 축소판이고 인류애의 축제현장입니다. K-POP은 K만의 K 특유의 매력을 갖고 가야합니다.

미국 휴스턴 대학에 강연하러 갔는데 제2외국어 신청이 한국말이 가장 많았습니다. 인도계 미국인 교수가 K-컬처를 가르치는데 나 보고 K-POP이 사랑받는 원인이 뭐냐고 물어서 앞서 이야기한 것 등을 포함해 K-POP 힘의 비밀을 다국적, 초국적 국경을 뛰어넘은 것 등 해서 일곱 가지 비밀을 말해 주었습니다.

14. 하토야마 총리에게 보내는 이낙연 총리의 말

이낙연 총리는 하토야마 총리에게 성경말씀을 선물하고 싶다고 했다. 디모데후서 4장 7절이었다.

나는 선한 싸움을 싸우고
나의 달려갈 길을 마치고
믿음을 지켰으니

이낙연 총리는 "하토야마 총리가 일본 정치인으로서 좁고 어려운 길을 걸었습니다. 믿음을 지키기 위해 고난을 피하지 않았습니다. 예수의 사랑이 현재진행형인 것처럼, 하토야마 총리의 우애사상 역시 현재진행형 인류애입니다."

우리들의 이야기

천지인

어느 날 하늘을 보다 자유를 느꼈다. '하늘 1'하고 연작시를 1년 6개월 정도 써 나갔다. 깨달음이 왔다. "하늘은 우러러만 보는 멀고 높은, 다가가기 힘든 존재가 아니라, 지구를 품고 있는 사랑의 가슴이자 손길이구나"

그래서 하늘이 사랑한 지구 즉, '땅'에 대한 연작시를 썼다. 땅은 혼란스러웠다. 자유, 평화, 사랑, 행복에 대한 정의가 나라, 민족, 사회, 시대, 개인마다, 개인도 어제 오늘, 오전 오후 변덕이 죽 끓듯이 순간마다 달랐다. 하늘에서 비롯된 연작시 중에서 가장 힘든 테마가 '땅'이었다. 나는 이를 6개월 정도 썼다.

또 깨달음이 왔다. "아하, 땅은 '사람'을 위해 존재하는구나. 사과, 바나나, 백화만발, 오곡백과, 숲 산, 바다, 호수, 평야 모두 사람을 품기 위해 먹여 살리기 위해 존재하는구나. 잠든 영혼을 일깨우고, 지친 정신에 휴식을 주고, 외로운 마음을 기대게 하기 위해 자연을 선물했구나"란 생각을 했다.

하늘은 땅을 품고 땅은 사람을 품었으니 이번엔 세 번째 테마 연작시 '사람'을 썼다. 2년 정도 썼다. 깨달음이 왔다. "사람은 혼자 존재할 수 없구나. 누군가 사랑하는 사람을 만나서, 소통이 가능한 사람을 만나 공동선을 이루기 위해 '이야기'가 필요 하구나"란 생각을 했다.

드디어 하늘, 땅, 사람까지 자연스럽게, 의도치 않았던 '천지인'(天地人) 연작시가 완성됐다.

다시 연작시 '이야기'로 이어졌다. 사람과 사람 사이에 대화가 없으면 그건 사람의 삶이라 하기 어렵다는 생각을 했다. 1년여 이상 '이야기'를 썼다. 깨달음이 왔다. "아하, 이야기는 '사랑'의 마음으로 해야 해"란 생각을 했다. 사랑이 빠진 이야기는 무의미한, 그야말로 소리 나는 구리와 울리는 꽹과리.

이번엔 '사랑'이란 연작시를 꽤 긴 기간 썼다. 그러다 "사랑은, 일시적이거나 자기 이익을 위한 것만이 아닌 '진실한 삶을 위한 것'이다. 사랑엔 희생과 책임이 항상 따라야만 해. 그래야 사랑다운 사랑"이란 생각을 했다.

그래서 '진실'이란 테마로 연작시를 썼다. 그러자 어느 날 진실이 충만하게 내 몸과 마음속으로 들어왔다. "진실로 몸과 마음이 가득 차오르면 그 기쁨으로 '노래'를 하는 구나"란 생각을 했다. 이번엔 '노래'라는 연작시를 썼다.

그러다 "노래가 익을 대로 익으면 더 이상 못 견뎌 춤을 추는 구나"란 생각에 도달했다. 그래서 '춤'이란 연작시를 썼다. 그러자 또 어느 순간 "춤을 추면 온 세상과 우주와 하나가 되는 구나"란 생각에 "그래서 그 세상을 다 가보고 싶어서, 그곳에 사는 모든 세계인들을 다 만나보고 싶어서 세계 '여행'을 떠나는 구나"란 깨달음이 왔다.

연작시 '여행'을 썼다. 이 역시 1년여 이상을 썼고 그러다보니 어느 날 문득 여행에서 만난 모든 세상과 그 모든 사람들의, 그 자연풍경, 도시풍경, 마을풍경, 마음 풍경을 그려내고 싶어서 연작시 '풍경 1'하고 또 써 나갔다.

이렇게 하늘, 땅, 사람, 이야기, 사랑, 진실, 노래, 춤, 여행, 풍경이란 10개의 테마로 2천여 편의 연작시를 장기간 쓰다 보니 15년이 흘렀다. 그 모든 각 테마의, 본질에 대한 바라보기, 그리워하고 생각하기에 이어서 다가가기, 말 걸기, 그 대답에 귀 기울이며 대화를 통해 어떤 깨달음, 새로운 생각, 소중한 이미지, 특별한 느낌 등 이런 것들이 내게 스며 들어왔다.

언제라도 난 안 잊을 테요

이제 그 여러 테마들 가운데 하나였던 '이야기'에 대한 '노래 이야기'를 하자.

1970년대 한국모던포크의 주요 히트곡 중 하나인 통기타 남성 듀엣 트윈 폴리오 출신 윤형주의 솔로 히트곡 '우리들의 이야기'(윤형주 작사, 작곡)가 있다. 우리들의 이야기 노랫말을 살펴보면 긴 머리, 웃음,

라일락꽃 향기, 교정, 별, 바람, 비, 눈길, 찻집, 낙서 등이 등장한다. 이 노래의 맨 마지막 가사를 보면 "언제라도 난 안 잊을 테요."가 나타난다. 노래 속 화자가 사랑하는 이의 어여쁜 모습과 그녀와 나눈 우리들의 이야기들이, 더구나 그 이야기들은 밤하늘의 별만큼이나 많다. 바로 그 이야기들을 언제라도 안 잊겠다는 따뜻한 눈빛의 '우애의 다짐'이 바로 우리들의 이야기인 것이다.

이 노래가 만들어지기 까지는 긴 세월이 필요했다. '별 헤는 밤'의 시인 윤동주의 6촌 동생 윤형주는 경희대 문과대 학장이었으며 시인, 수필가, 일본 메이지대 영문학 학사이자, 모토가 Under God's Power She Flourishes, 하나님의 권능 하에 번성할지어다)인 미국 프린스턴 대학교 영어영문학과 석사인 아버지 윤영춘(1912-1978)으로부터, 어린 시절 라일락 나무 한그루를 생일선물로 받는다.

이후 윤형주가 연세대 의대 시절 어느 해 5월 귀가해, 이제는 매혹의 향기 짙은 키 큰 라일락 나무 우거진 자신의 방 창가에서 나무와 봄과 청춘, 햇살 바람, 음악 등 그 모든 것들이 문득 너무나 평화롭게 가슴에 잔잔히 와 닿는 가운데, 삶의 솟구쳐 오는 어떤 감흥과 감동의 '우애의 향기' 속에서 '우리들의 이야기'를 작사 작곡했다는 노래전설이 있다.

2500년전 공자의 우애도, 2000년전 예수의 우애도, 100년전 쿠텐호프 칼레르기의 우애도, 70여년을 맞이한 하토야마 가문의 세계평화를 위해 추구해 온 우애도 그러한 라일락 향기를 닮았다. 그래서 하토야마의 우애의 이야기가 우리들의 이야기가 되길 바란다.

그가 추구했던 우애정치를 위한 우애사상과 우애의 동아시아, 우애의 지구촌을 위한 우애의 삶을 하나의 라일락 향내 같은 그러한 '우애의 노래'로 들으며 나는 우주의 향기로 느낀다. 그 노래는 그 향기는 생각만 해도 마음 환해져오는 새벽 빛 같은, 고요한 숲속, 평화의 노래.

라오스 스님들

라오스의 어느 도시에서는 관광객들이 아침 일찍 사찰 앞을 찾아가 그곳에서 판매하는 음식을 사서 아침 탁발 나온 스님들에게 공양을 한다. 스님들은 받아 든 그 음식의 일부를, 빈 통을 들고 줄지어 선 아이들에게 나누어준다.

작은 선의지만 따뜻한 기부의 선순환이 이뤄지는 우애의 풍경이다. 그래서 "아, 아직 희망이 있구나. 우애가 저렇게 지구 한 모퉁이에서 행해지고 있구나."란 생각에 안도의 한숨을 내 쉬게 되고 마음이 또 다시 말랑말랑 유연해진다.

미네소타 프로젝트

한국의 6.25 전쟁 이후 서울대 재건을 돕기 위한 서울 의대, 공대, 농대 교수들 226명이 1955년부터 1961년까지 7년간 첫해 12명을 시작으로 미국 미네소타 프로젝트 연수를 다녀왔다. 의대 교수는 모두 77

명이 다녀왔다. 각종 선진 의료기술을 배워올 수 있었다. 이는 오늘날의 의료 강국 대한민국을 만드는데 가장 중요한 우애의 기회였다.

미네소타 프로젝트 연수가 한창이던 1959년 뉴욕대 부총장을 지낸 조지 스토다드 교수가 한국을 찾았다. 그는 보고서에 이렇게 썼다. "금속활자나 고려자기 등 여러 예술과 기술 분야에서 그랬듯이 머지않아 한국은 다른 나라에 새로운 상품과 사상을 수출하는 나라가 될 것이다." 그의 예언이 맞았다. 이제는 해외 의사들이 한국에 매해 1천여명 이상이 찾아와 연수를 받고 자신들의 나라로 돌아가 인명을 살린다. 이 또한 우애의 선순환이다.

이처럼 라오스 스님들의 탁발공양과 스님들의 어린아이들 보살핌 그리고 미네소타 프로젝트는 우애의 빛이다. 프랑스의 철학자 바슐라르(Gaston Bachelard, 1884-1962)는 모든 과일을 등불이라고 했다. 바나나는 노란 등불, 사과는 빨간 등불, 포도는 검정 보라 등불, 배는 밝은 갈색 등불, 수박은 초록검정 등불이라 여겼다.

이런 식으로 생각한다면 가을 들판 벼이삭은 황금빛 축제, 가을날 감나무에 주렁주렁 매달린 감들은 주황색 빛의 황홀한 샹들리에. 빵집의 맛있어 보이는 빵들도 갈색 등불. 배추나 무, 홍당무도 초록 등불, 하얀 등불, 주황 등불이다.

우애의 대합창

나는 하토야마가 걸어가는 우애의 길, 그가 들려주는 우애의 이야기를 우애의 노래로 듣는다. 그의 길이 그의 이야기가, 동아시아에 거처하는 우리 모두의 나아갈 길이다. 그 길에서 서로 만나 우애의 광장에서의, 미소 짓는 미래비전의 평화 이야기, 우애 대합창이 되길 바란다.

더 나아가 아시아와 유럽, 남북 아메리카와 아프리카, 남태평양의 섬들과 호주, 남극과 북극의 그 우애의 이야기들이 빛의 꽃, 빛의 나무, 빛의 숲, 빛의 바다가 되어 모두에게 기쁨이 되길 바란다.

윤형주의 '우리들의 이야기'의 그 노랫말처럼 밤하늘의 별만큼이나 무수한 우애의 이야기들이, 우애의 입술들에 의해 도란도란 두런두런 합창하는 가운데, 언제 어디서나 늘 영원히 빛나길 소망한다.

그래서 한 세대가 떠나더라도 "바람 같이 간다고 해도 언제라도 난 안 잊을 테요"라고 노래한 그 우애의 이야기들을, 그 시간들을, 마주보던 그 순간의 눈빛과 서로를 향한 존중의 마음과 태도를, 어떤 사랑의 약속들이, 영원히 잊히지 않길 바라는 것이다.

그래서 어느새 "우리 우애의 얘기나 하지, 우리들의 우애의 이야기를…"하고 따뜻이 다가서는 지구촌 80억명의 인사말이 자연스레 오가는 세계의 일상이 되길 바란다.

위험한 동거

사랑에는
더 사랑하는 것 외에는
치료약이 없다

- 헨리 데이비드 소로우(Henry David Thoreau, 1817-1862, 철학자, 수필가)

템스강의 부활

19세기 중반 템스강이 썩었다. 1858년 런던에서 발행되는 어느 잡지에 '거대한 악취' 그림이 실렸다. 해골이 된 사람이 조각배 노를 젓는다. 강물 위에는 둥둥 동물들의 사체가 떠다닌다. 끔찍한 참상이다. 산업혁명과 도시화로 인해 런던의 인구밀도는 높아만 갔다. 그에 적극 대응했어야 할 하수시설 처리는 미비했다. 가정과 공장의 폐수가 정화처리 과정 없이 그대로 템스강을 침범했다. 강은 썩어갔고 콜레라 등 수인성 질병과 악취로 펜데믹 상황이 발생했다.

수만 명이 목숨을 잃었다. 템스강가에 위치한 의사당(웨스트민스터

사원)에서, 의원들은 코를 찌르는 악취 속에서 하수 시스템의 전면적 개편을 결정할 수밖에 없었다. 그제 서야 뒤늦게 6년간 하수 시스템을 위한 대공사가 시작됐다. 콜레라 암흑시대에서 벗어나기 위해 강물에게 뒤늦게 존중의 악수를 청하는 인간과 강물의 우애의 시작이었다.

아프리카 강의 부활

아프리카 어느 마을 사람들이 각종 병에 시달렸다. 처음엔 원인을 알지 못했으나 마을을 샅샅이 조사한 결과, 강으로 빠져나가는 하수구를 죽은 돼지 한 마리가 가로막고 있었다. 그로인해 강물이 썩어 들어갔다. 그 물을 마시고 마을에 병이 범람했다. 물론 그 돼지 사체를 치워낸 뒤, 마을에 병도 사라지고 사람들은 건강을 회복했다.

굿바이 플라스틱

강물이 썩으면 사람 몸에 병이 생긴다. 강을 살리고 잘 모시고, 이웃으로 존중하고 사랑해야 사람도 살 수 있다. 괜찮겠지 하고 무심코 버린 플라스틱 때문에 바다 물고기들이 미세 플라스틱을 먹는다. 사람이 생선을 먹으면 그 미세 플라스틱도 같이 사람 몸에 들어온다. 플라스틱 생수병 그 안에 미세 플라스틱 조각들이 생수 마실 때 마다 몸으로 들어 온다. 이에 대한 연구결과가 미국 컬럼비아대학 연구진에 의해 미국 국립과학원회보(PNAS)에 게재됐다. 그에 따르면 "생수병 1ℓ 에서 7종류의 플라스틱 입자 24만 개가 나왔고, 그중 나노 플라스틱이 90%에 달했다."는 발표가 있었다.

이처럼 위험한 플라스틱과의 동거 대신 이별이 필요하다. 어떡해서든 플라스틱 사용을 줄여야 한다. 가능한 한 플라스틱과 영원히 이별해야하는 것이 인류의 숙제가 됐다. 그래야만 강물도 이웃, 산도 이웃, 바다도 이웃이고 세상 모든 도시와 사람들과 자연까지도 이웃처럼 존중하고 제대로 대접함이 된다. 이러한 '우애의 꿈'이 마침내 '전 세계에 이뤄지는 평화시대'가 어서 활짝 열렸으면 좋겠다.

존중의 삶, 우애의 시대, 우애의 세계를 위한 하토야마의 우애의 노래는 그의 강연과 인터뷰 등에 의해서 동아시아는 물론 세계를 향해 선창되고 있다. 이를 동아시아의 모두가 세계의 모두가 합창하며, 자연을 벗 삼고, 우애의 태도로 모든 사람이 모든 사람을 존중하는 21세기가 언젠가 마침내, 너무 늦지 않게 열리게 될 것이라고 확신 한다.

Chapter 3

그러므로 너희가 더욱 힘써
너희 믿음에 덕을, 덕에 지식을

지식에 절제를, 절제에 인내를
인내에 경건을

경건에 형제 우애를
형제 우애에 사랑을 더하라

– 베드로 후서(1:5-7)

꿈은 이루어진다

우리에게는 존재하지 않는 것들을
꿈꿀 수 있는 사람들이 필요하다

- 존 F. 케네디(John Fitzgerald Kennedy, 1817-1963,
  미국 제35대 대통령)

문득 떠나고 싶을 때 세계 그 어디든 마음 가는대로, 발길 닿는 대로 훌쩍 떠날 수 있다면 그런 시간, 돈, 건강이 넉넉하다면, 그런 삼박자 자유의 춤을 삼박삼박 출 수 있다면, 무척 행복할 것 같다.

이밖에도 마귀, 사탄, 잡귀, 좀비 같은 일생 도움 안 되는 양의 탈을 쓴 악마들 일체 안 마주치고 그 대신에 늘 좋은 사람들, 좋은 길, 좋은 일로만 주구장창 안내하는 즉, 천사 같은 사람들만 만나 함께 협업하고 우애를 나누고픈 꿈은 누구에게나 있다.

록 밴드 봄여름가을겨울의 '어떤 이의 꿈'이 있다. 누군가는 자신의 꿈을 꼬옥 품고 살고, 어떤 이는 꿈을 베푼다. 누군가는 꿈을 성취하기 위해, 또 누군가는 꿈을 잃어버렸거나 잊은 채, 누군가는 타인의 꿈을 뺏고 착취하고 작살낸다. 누군가는 아예 '꿈은 세상에 없어'라고 주장한다는 내용 등이 흘러간다. 그런 가운데 노래하는 화자는 자신을 성찰한다. "나는 도대체 누구인가? 내 꿈은 뭐지?" 나는 이 노래가 빼어난 봄여름가을겨울의 최고 작품이지 싶다.

80억개의 꿈

세상엔 다양한 꿈이 있다. 2022년 11월 15일 UN 인구부는 세계인구가 11년전 70억명에서 80억명을 돌파했다고 발표한다. 이후 예측은 2037년에 세계인구 90억명 돌파, 그렇다면 2024년 4월 현재 최소한 80억명 이상의 80억 개 이상의 꿈이 지구 위에 존재한다.

꿈은 사라지지 않는다. 꿈을 향해 달려갔건만 어느 순간 "아, 난 안 돼. 여기까지가 내 한계야" 하고 풀썩 주저앉아 버린다면, 그래서 그 자리에서 죽어 거기서 무언가 그 사람 꽃이 전설처럼 피어난다. 이윽고 그 꽃잎들이 어느 날 빗속에 다 떨어진다. 다 사라져, 문득 밤하늘 별로 떠오른다 해도, 여전히 그 이루지 못한 꿈은, 그 꿈이 정당하다면 그 꿈이 공적으로도 가치 있다면 그 꿈의 빛은 여전히 자신이 도달해야 할, 이뤄내야 할 꿈의 성취를 '꿈의 성공을 위해' 그 꿈을 향해 달팽이보다 더 느리더라도, 여전히 언제까지나 나아가고만 있을 것 같다. 심지어 이루지 못한 꿈도 어딘가에서 영원히 떠돌 것만 같다.

꿈은 결코 죽지 않는다. 예를 들어 그 꿈을 꾼 그 사람이 세상을 떠나도 만약 아직 이루지 못했다면, 그 꿈은 그 사람을 따라 죽지 않고 여전히 반짝이며 꿈이 꿈꾸는 그 꿈을 향해, 마침내 이뤄지는 그 순간을 향해, 파도처럼 빛처럼 시간처럼, 불굴의 개척자처럼 나아가고 또 나아가고, 더 나아간다.

최소한 이 정도 돼야만, 근성이 있어야만 꿈이 꿈답지 않을까 생각한다. 때로 부딪히는 절망의 환경 속에서 좌절의 순간에서, 꿈을 놓치거나 빼앗기거나, 잃어버리거나 지쳐버려 잊어버리거나, 심지어 내 꿈을 내가 외면하기도 하지만, 그럴 때마다 꿈은 나 보다, 꿈꾸는 사람 보다 훨씬 더 강인한 정도가 아니라 승리 그 자체이기에, 누군가 그러한 엄살이나 슬픔에 젖은 꿈의 자포자기나 패배의식 따위를 결코 인정하지 않는다.

오직, 꿈의 본능과 꿈의 권능은 기어코 모든 절망 따위 훌훌 크게 웃으며 떨쳐내고 다시 전진한다. 결코 꺼지지 않고 그 누구도 꺼뜨릴 수 없는 위대한 소망의 불꽃, 거대한 희망의 불빛을 이미 원초적으로 지니고 있기에, 늘 소스라치듯 그 사실에 사람은 새삼 불현 듯, 몹시 매우 감동 먹는다.

말하자면 내가 꿈의 주인이 아니라 꿈이 나의 주인인 것이다. 주인이란 표현이 마음에 안 든다면 나의 꿈이 우애의 친구이고, 그 꿈은 불사조다.

아메리칸 드림

아메리칸 드림, 이는 미국사회가 지향하는 이상적인 꿈, 자유와 평화를 향한, 전진을 통한, 그 혁혁한 이룸의 성취와 그로인한 지속가능한 꿈의 미래를 위한 끝없는 과학, 예술, 정치, 경제, 종교, 교육 등 모든 분야에서의 부단한 노력 그리고 그런 분야에서 그런 행진에서 단연코 두각을 나타내 그 분야 최고가 되어, 1인자가 되어 자신의 삶을 획기적으로 바꾸고 세상을 바꾸고(감옥 같은 안정이 아니라 변화하는 자유로!) 많은 사람들로부터 존경과 사랑을 얻어내, 그로인한 성공적인 부와 명예와 자존감을 획득하게 되는 꿈을, 이루기 좋은 나라 미국의 꿈을 상징한다. (물론 요즘은 미국도 언제부턴가 과도한 정치적 진영논리에 휩싸여 "미국이 왜 저러지?" 하고 불안해 보이기도 하지만 그래도 아직은 세계 1등 국가다.)

아메리칸 드림이 현실적으로 가능한 이유는 아무리 가난한 사람이라 해도 아무리 비천한 사람이라 해도, 그가 위대한 꿈을 갖고 있고 그 꿈이 세상을 밝게 하고, 세상에 꼭 필요한 꿈이라면 그 꿈을 이루는데 방해되는 모든 것들을 불법으로 비상식으로 규정하고, 그 꿈을 이루는데 미국이란 국가가, 제도가, 사회가 그 꿈을 꾸는 사람에게, 그 꿈을 실현할 재능을 갖춘 사람에게 적극적으로 기회를 주고 그 꿈을 이루는데 있어서 열렬히 지지하고, 기대하고 용기주고 박수치고 그 꿈의 완성을 통해서 미국사회가 더 성장할 수 있고, 더 좋게 더 자유롭게 더 평화롭게 변화하고 혁신될 수 있도록, 돕겠다는 확고한 사회적 공감대와 정치적 의지 등으로, 이를 뒷받침하는 시스템의 확립이라는 전제가 있어왔기 때문에, 그리고 이를 무너뜨리지 않도록 끝없이 감시하고 이를 보호하기 위해 최선을 다해, 모든 국가적 국민적 역량을 모조리 동원하는, 궁극적이고도 본원적 태도와 정신이 존재하기에 가능한 것이라 생각된다.

하지만 누군가 그 나라를 그 사회를 획기적으로 바꿀 수 있는 발견, 발전, 발명의 방안이 있는데도 그 꿈을 이루고 싶은데도 기존의 기득권의 낙후된 생각들이, 권력의 잘못된 제도들이 발목을 잡고 소수의 이익을 위해서 다수의 발전이 저해된다면 그래서 소수의 귀족 권력과 다수의 천민 노예가 살아가는 감옥 같은 나라, 감옥 같은 사회가 된다면 그것은 죽음의 도시, 죽음의 나라, 죽은 시인의 사회다.

'오시다 미와'와 '나카무라 마사토'의 꿈

세계인들에게 다시 꿈꾸기의 응원가 같은 노래가 있다. 일본의 2인조 혼성듀엣 Dreams Come True의 Dreams Come True다. Dreams Come True는 보컬, 작사, 작곡을 하는 여성멤버 요시다 미와(吉田美和), 베이스, 작곡, 편곡을 하는 남성멤버 나카무라 마사토(中村正人)로 이뤄졌다. 이들은 나카무라 마사토가 아직 여고생이었던 요시다 미와의 목소리에 반해 매니저를 자청했으나 요시다 미와가 연예활동에 대해서 "난 싫어. 안해."하고 회피하고 거절하는 바람에 아예 자신 스스로가 밴드 멤버가 되겠다고 자청하며 굳게 약속했다. 그제서야 비로소 요시다 미와의 결심을 이끌어 냈다.

너를 사랑해

그 꿈의 여정의 첫 곡 Dreams Come True의 내용은 연애시절 연인을 오토바이로 데려다 준다. 이후 시간이 흘러 나이가 들고 취직하고 돈도 벌면서 드디어 승용차로 바래다준다. 그래서 애틋한 마음으로 데이트 마치고 배웅 받으며 모퉁이를 돌아 승용차가 사라지기 전, 승용차 후미등을 다섯 번 깜박인다. 그 신호는 '너를 사랑해' 다섯 글자. 오토바이 데이트 시절엔 서로의 헬맷을 다섯 번 부딪혀 '너를 사랑해' 고백했다.

그 시절부터 현재까지 순수한 마음으로 지속적인 사랑을 해 왔다. 그 사랑이 잘 이루어지도록 사랑 꿈 꾸어왔다. 앞으로도 그렇게 잘 이뤄질 것이라는 행복한 꿈의 미래예상도가 바로 Dreams Come True의 Dreams Come True. 이 노래는 초기엔 안 팔렸으나 이후 100만장 이상 판매가 됐다.

요시다 미와(1965~)가 라이브 콘서트 무대에서 무대 위 공중 높은 그네를 타고 노래 부른다. 그녀의 붉은 드레스는 길이가 10미터 이상 폭은 20미터 이상은 족히 돼 보인다. 거대하고 풍성한 드레스다. 머리엔 꽃송이 꿈의 화관을 쓰고, 꿈의 드레스를 입고, 꿈의 콘서트에서 꿈의 노래를 부른다. 나카무라 마사토(1958~) 역시 무대 위로 솟아오른 돌출 무대에서 이따금 화음을 넣으며 묵묵히 베이스 기타를 치며 요시다 미와를 돕는다. 꿈을 향한 '우애의 혼성 듀엣'이다.

관객은 환호하고 환상에 젖는다. 아마도 자신들의 저 마다의 미래예상도인 꿈을 그 노래에, 그들의 모습에 대입시키며 다시 한 번 그 꿈을 향한 전진을 다짐한다. 좋은 기운 받아, 더 빠르게 더욱 확실하고도 확고하게 자신들의 꿈에 진입하고, 그 꿈을 만나고 그 꿈과 하나가 될 것이다. 이것이 바로 선한 영향력의 Dreams Come True의 행복 나누기,

우애의 실천이자 실현이다..

우애 인사법

이런 제안을 하고 싶다. 하토야마의 우애의 꿈, 동아시아는 물론 전 세계인들이 우애하여 마침내 저 마다 자신의 Dreams Come True 평화를 이루고, 자유 춤추고, 사랑 노래 부르는 행복한 삶을 모두가 한사람도 빠짐없이 이루기 위해 듀엣 Dreams Come True 스타일의 우애 인사법을 제안한다. 예를 들면 엄지손가락을 중지에서 출발해 검지를 스쳐가며 '딱!'하고 소리 내는 손가락 박수를 '딱! 딱!'하고 두 번 소리 내면 그것이 '우애라는 두 글자'를 상징한다던가.

혹은 연인과 다음 데이트를 기약하고 헤어져갈 때, 승용차를 타고 가는 사람이 배웅하는 등 뒤의 사람에게 후미등을 두 번 깜박이면 그것이 곧 세계인들과 함께 사랑과 평화를 꿈꾸는 공동선을 위한 '우!' '애!'를 상징하는 신호다. 혹은 윙크를 보통은 찡끗하고 한번 하는데 윙크를 두 번 깜박이면, '우!' '애!'를 눈짓으로 대신 전하는 보디랭귀지가 된다.

혹은 반가운 사람을 만났을 때 두 번 짝짝 박수를 치고 그래서 '우!' '애!'를 먼저 표현하고 이어서 양손의 엄지손가락을 추켜세운 손 모양으로 상대방을 향해 두 번 내밀면 '우! 애!' '최! 고!'를 뜻한다.

그밖에도 노래 Dreams Come True에서처럼 헬멧을 두 번 부딪는 모습도 멋지고 아름다울 것 같다. 헬멧 한번 부딪히기에 '우!' 헬멧맷

두 번째 부딪히기에 '애!'하는 뜻으로 말이다.

　하토야마의 우애의 마음을 이러한 상징적 인사법의 진심어린 마음으로 함께 기원하고 나눌 때, 더 빠르게 지구촌 사랑과 평화의 우애는 실현될 것이다. 이는 동아시아의 미래예상도,. 세계인들을 위한 행복한, 꿈의 미래예상도이다.

　런던에서 헬맷을 두 번 부딪는 우애의 연인들이 심심찮게 보이고 승용차 후미등을 두 번 깜박이는 뉴욕의 우애의 연인을 상상한다. 손바닥을 두 번 소리 내어 박수치고 엄지손가락을 추켜세운 손 모양으로 '우애 최고'를 상대방에게 선물하는 인사가 서울, 도쿄, 평양, 베이징, 타이베이, 우크라이나, 러시아, 이스라엘, 팔레스타인 사람들의 일상의 풍경이 되길 꿈꾼다.

　윙크를 두 번하는 태국 방콕의 연인들, 우즈베키스탄 타슈켄트의 연인들, 프랑스 파리의 연인들, 튀니지 튀니스의 연인들, 브라질 리오데자네이로의 연인들, 호주 시드니의 연인들, 티베트 라싸의 연인들, 이집트 카이로의 연인들을 상상한다.

　이제 하토야마 총리의 우애의 꿈은 혼자만의 꿈이 아니다. 이미 오래 전부터 그리 해 왔지만 세계우애재단만의 꿈이 아니다. 동아시아 우애의 꿈, 세계 우애의 꿈이다. 그 우애 나눔을 몸소 실천하기 위해 "나는 한국을 우애합니다."라는 뜨거운 격정과 열정, 순정의 지극히 고결한 순도의 표현으로 하토야마 총리는 무릎사죄를 했다. 이는 우애의 꿈이 마음 속, 생각만의 꿈이 아니라 행동하는 꿈이라는 것을 의미한다. 동아시아 평화미래예상도를 위해서, 세계의 우애미래예상도를 위해서 하토야마 전 일본 총리 그가 먼저 했다.

그로인해 그는 일본 우익들로부터 위협을 당했으나 그 모든 것들을 의연하게 늘 후회 없이, 두려움 없이 지혜롭게 사랑으로 평화롭게, 우애의 정신, 마음, 영혼과 이야기로, 소통을 위한 제안과 대화로 처음부터 끝까지 초지일관 꿋꿋이 극복해 내고 있다.

하토야마 총리는 우애라는 꿈을 꾸었다. 그 꿈을 우리들에게 말했다. 우리들과 나누었다. 함께 우애하자고. 이는 하토야마의 우애의 늘 영원한 최초의 만찬. 이는 사랑받으려는 사람이 아니라 사랑하는 사람이라는 우애의 태도. 그는 일본인에서 벗어나 동아시아의 우애를 꿈꾸는 사람이자 세계의 우애를 꿈꾸는 사람이다.

더 늦기 전에 너무 지루하게 기다리기만 하지 말고 동아시아의 모두가 저 마다의 이기주의, 민족주의, 우월주의라는 어둡고 습한 감옥과 동굴에서 벗어나 우애를 통한 동아시아의 평화, 세계의 사랑을 함께 이뤄내야 한다.

베트남의 국부 호치민

호 아저씨라 불리는 베트남의 국부 호치민은 생전에 베트남 독립운동을 위해서 수백 개의 이름으로 수백 개 여권을 만들어갖고 다녔다. 그는 사유재산이 없었다. 옛 수도 베트남 후에(Hue)의 그가 거처하던 집을 갔었다. 평범한 작은 집. 하지만 그의 마음은 베트남의 모두를 사랑했다.

독립운동 하던 시절 호치민은 모든 베트남 사람들에게 독립운동 동참을 권유하며 이렇게 말했다. "베트남 사람들이여. 돈이 있으면 돈을 내시오, 재능이 있으면 재능을 내시오. 만약 아무 것도 없다면 목숨을 내 놓으시오."라고 말했다. 그가 베트남의 독립과 통일을 이루고 나서 한 말이 있다. "베트남과 전쟁했던 나라들, 우리에게 상처를 줬던 그 나라들에게 지난날의 책임을 묻지 마라. 그 역사문제 따지느라 베트남은 미래로 한발자국도 못 나간다."

독립과 통일의 가장 큰 목적은 복수나 원한 풀기가 아니라 그러한 역사바로세우기 이전에, 궁극적이고도 원대하고도 실질적인 목적은 당대에 그리고 미래에 베트남 국민들 잘 먹고 잘 살게 하고 더 위대한 생각을 하고, 이웃나라와 화합하고 세계를 평화롭게 하는데 베트남이 기여하는 데 있는 것이다. 그 큰 목적은 놓아둔 채 역사 따지고 거기에 골몰하고 수시로 열 받고 함몰되는 순간 베트남의 진정한 발전과 행복한 미래는 없다는 걱정에 호치민이 남긴 유훈이었다.

한국의 어느 정치가가 베트남 방문 때 어느 베트남 정치인에게 "베트남 전쟁 때 한국군이 베트남에 피해를 입힌데 대해 사과합니다."라고 말했다. 베트남 정치인이 답했다. "사과할 필요 없습니다. 우리는 승전국입니다." 이는 말하자면 한국군은 당시 월남전에서 미군과 함께 패전국인데 무슨 패전한 나라가 승전한 나라에 어울리지 않게 사과를 하느냐는, 많은 생각을 갖게 하는 발언이었다.

베트남 행복미래예상도

호치민은 베트남의 행복미래예상도를 위해 베트남의 꿈을 위해 지난 날 흘러간 역사에 매몰되지 말라고 했다. 역사가 분노의 연료가 되어 베트남 미래의 발목을 잡고 감옥이 되고, 과거역사라는 우물 안에 갇힌 개구리가 되어 베트남의 꿈을, 호치민의 꿈을 절대 방해하지 말라는 부탁이었다.

동아시아, 세계는 화해하고 이해하고, 우애의 꿈을 실현하기 위해 그 첫 단계로 동아시아와 세계의 하늘을 함께 이고 살아간다는 우애의식을 가져야 할 것이다. 그것이 하토야마의 우애의 꿈이다. 우애하는 세상, 우애하는 지구촌 80억명의 자유 평화 사랑 행복미래예상도를 현실로 만들어 나가는, 그것만이 우애의 첫 발자국을 떼는 일이다.

Dreams Come True 그 꿈은 모두에게 이루어질 것이다. 공동의 큰 꿈과 감사하게도 이 글을 읽는 지금 당신의 개인의 꿈도 그로인해 더 빨리 더 드넓게, 더 깊게 이루어지길 기도한다. 그것이 곧 우애의 힘, 우애의 비전, 우애의 과학이다. 우애의 믿음 소망 사랑이다. 그렇다면 이쯤에서 잠시 책을 내려놓고 함께 우애만세 삼창을 외치자. 우애만세, 우애 만세, 우애만세!!!

인터뷰

황 희
국회의원, 전 문화체육관광부장관

전 문화체육관광부 장관을 역임했으며 현 더불어 민주당 양천 갑 국회의원 황희 의원을 의원실에서 인터뷰했다. 그는 가을하늘처럼 밝고 맑았다. 그의 답변을 기록했다.

1. 글로벌 리더

2023년 12월 20일 이 책의 제작발표회 때 처음 하토야마 총리를 만났습니다. 그때 축사를 했고 강한 포스를 느꼈습니다. 물론 대단히 조용한 말투였지만 단호함이 있었고 상대방에게 매우 부드럽다는 생각을 했습니다. 하토야마 총리는 일본 총리를 넘어서서 글로벌 리더입니다, 강직한 내면으로 잘 알려져 있고 외유내강이란 말이 딱 들어맞는 분입니다. 사람을 많이 만나는 정치인으로서 그런 품성과 평판을 국제적으로 유지하기 쉽지 않습니다. 흔치 않은 글로벌 리더입니다.

2. 무릎사죄의 의미

하토야마 총리의 무릎사죄는 일본국민과 일본에 대한 품격을 엄청 드높였습니다. 1970년 겨울비가 내리는 가운데 독일의 빌리 브란트 총리가 폴란드 바르샤바 유대인 위령탑 앞에서 차갑게 젖은 바닥에 무릎을 꿇고 속죄하는 모습에 전 세계가 환호했습니다. 독일의 이미지를 완전히 바꿔 놓는 순간이었습니다. 하토야마 총리의 서대문 형무소 순국열사 기념관 앞에서의 무릎사죄도 그러한 진정성으로 느껴졌습니다.

그 자체가 사실은 일본의 국익에 결과적으로 도움을 주었습니다. 한일 양국의 관계가 우호적으로 결정적으로 바뀌기 시작했습니다. 존경할 수 있는 일본 분이 나타난 겁니다. 세계인들이 일본과 일본인을 바라보는 시선이 바뀐 것입니다. 물론 그 이후에도 한결같은 하토야마 총리님의 우애의 언행이 지속되고 있습니다. 하토야마 총리님은 일본을 넘어서 동아시아를 넘어서 세계의 희망입니다.

3. 나처럼 남을 사랑하라

하토야마 총리님은 우애란 사람이 사람을 존중하는 것이다라고 말씀하셨고 날 사랑한 만큼 남을 사랑하라고 했습니다. 남이 나처럼 소중하고 귀중하다는 얘긴데 이게 평화의 말입니다. 상생이고 공존이고 공생입니다.

4. 민간교류 문화교류의 중요성

일본 방문을 했었습니다. 작은 골목길에서 공사 중인 풍경을 봤는데 지나다니는 행인들이 전혀 불편함이 없도록 공사현장이 거칠지 않고 못하나 안 빠져 나왔을 만큼 깔끔했습니다. 기본적으로 일본인들이 남에게 피해주지 않으려는 그런 친절과 배려가 집약된 현장이다 그런 생각을 했습니다. 한국에서도 일본 음식 좋아하는 사람이 많습니다. 일본 우동을 먹기 위해서 일부러 우동 여행을 간다는 얘기도 들었습니다.

한일 양국의 미래를 위해서 정치, 외교 물론 중요하지만 양국 국민들의 민간교류, 문화교류가 중요합니다. 이를 위해서 정치와 외교가 뒷받침 해야합니다. 상대방 나라를 여행하고 양국민이 만나고 그러면서 좀 더 이해하고 공감대를 형성하면서, 이를 발전 시켜 나가므로서 양국의 미래발전과 공동번영이 가능합니다. 한마디로 양국 국민들에게 맡기자, 그래야 양국 국민들이 행복합니다. 이제는 충분히 그런 시대이고 이미 그렇게 역사는 흘러가고 있습니다.

5. 내 인생의 책 '역사 앞에서'

내 일생에서 가장 중요했던 책은 '역사 앞에서'라는 얇은 책입니다. 서울대 김성칠 교수가 지은 책인데 일기문 형식으로 1945년 해방 이후 격변기를 담담하게 기술 했습니다. 절대 호떡집에 불난 것처럼 과장되거나 호들갑 떨지 않고 인민군들이 서울을 점령하고 등의 그런 사건을 영원의 시선으로 바라보았습니다. 백범 김구에 대한 기록도 나옵니다. 생생한 현장감이 느껴지는 책입니다. 읽으면서 어쩌면 이렇게 위기 상황에서 냉정하게 표현했을까, 생각을 잘 정리했을까 많은 배움이 있었습니다.

('역사 앞에서'의 저자 김성칠은 1913년 경북 영천에서 태어났다. 1934년 큐우슈우 토요꾸니(豊國)중학을 졸업했다. 1942년 경성제국대학 법문학부 사학과에 입학했으나 강제징용 됐다. 1946년 경성대학을 졸업하고 1947년 서울대 사학과 전임강사로 부임했다. 1951년(39세) 영천 고향집에서 괴한의 저격으로 사망했다. 저서로 조선역사(1946), 국사통론(1951)과 번역서로는 펄벅의 대지, 강용흘의 초당, 박지원의 열하일기, 용비어천가 등이 있다. '역사 앞에서'를 바탕으로 1994년 6월 24일 KBS TV가 '역사 앞에서'라는 6.25 특집 드라마를 제작방송했다.)

6. 문화교류는 가치관의 공유

문화의 근간인 말과 글도 중요합니다만 100마디 말보다 사진 한 장이 더 많은 이야기와 감동을 전해줄 때가 있습니다. 일찍이 열 살이었던 사람들과 앞으로 열 살이 될 사람들을 위한 일본 애니메이션 '센과 치히로의 행방불명' O.S.T도 한국과 전 세계인들이 공감했습니다. 일본 재즈, 록 뮤직 들을 때 특별한 세계적 감성을 느낄 때가 있습니다. 문화의 힘입니다.

'문화라는 것은 그 국가공동체가 오랫동안 경험하고 함께 축적 해 온 가치관의 총합'입니다. 문화를 교류하고 양국이 공감한다는 것은 가치관의 공유이기에 갈등이 일어날 수 없습니다. 차이를 줄일 수 있습니다. 양국의 음악성과가 뛰어나니까 음악교류가 이에 큰 역할을 할 것입니다.

K-POP 또한 전 세계에서 사랑받고 있습니다. 문화는 국가공동체를 뛰어넘어 문화공동체를 경험하게 합니다. 서로가 배울 가치가 있는 지혜를 더 많이 공감하기 위해 모든 분야에서 문화교류가 보다 더 활발해지길 바랍니다.

(2001년 감독, 각본 '미야자키 하야오'에 의해 발표된 '센과 치히로의 행방불명은 2016년 영국 BBC 선정 '21세기 위대한 영화 100편에서 4위에 올랐다. 2003년 아카데미 장편 애니메이션상, 2002년 베를린 영화제 황금곰상을 수상했다.)

7. 내가 좋아하는 노래

한국 가수는 김광석 좋아합니다. 자전거 탄 풍경도 좋아합니다. 일본 대중음악 중에서는 우리 세대 때 X-JAPAN의 ENDLESS RAIN 좋아합니다. 되게 잘 부릅니다.(웃음) 록커를 꿈꾼 적도 있습니다.

8. 내가 다시 태어난다면

최근 가장 크게 감동 받은 분은 남수단에서 봉사하던 이태석 신부님입니다. 의대를 나와서 신부가 됐는데 어머님은 의사가 돼서 아들이 잘 살겠지 하셨겠지만 천막학교 짓고 아이들, 사람들 치료하다 암에 걸려 한국으로 돌아왔습니다. 그 이야기를 영화 '울지마 톤즈'로 보고 처음엔 무책임하다는 생각도 했습니다. 남수단 어쩌라고⋯ 하지만, 이튿날 보좌관 중 한사람이 낯이었는데 "그거 아세요? 남수단에서 이태석 신부님이 만든 천막학교 학생들 가운데 58명 의사가 나왔습니다." 그 순간 울컥했습니다.

이태석이란 밀알 하나가 58명의 의사를 만들었구나. 이태석 신부가 암에 안 걸렸다면 아이들이 의사가 안 됐겠구나. 남수단에 의대가 없어요. 하지만 아이들은 내가 의사가 돼서 이태석 신부님 병을 고쳐야겠다가 계기가 된 거죠. 제2의 이태석 신부가 되겠다 한 거죠. 이태석 신부님의 삶은 필연인가 그런 생각도 했습니다. 앞으로 그 58명 때문에 더 많은 의사가 나올 겁니다.

내가 다시 태어난다면 의료인, 사회봉사자가 되고 싶습니다. 저는 어렸을 때부터 선교사들을 많이 만났습니다. 갈등과 차이를 줄이는 일에 내 삶을 투신하겠습니다.

9. 동아시아의 평화

나는 문화체육관광부 장관 시절에 IOC 토마스 바흐 위원장에게 올림픽 때 특히 패럴림픽 때 내가 만든 말인데 '컬추럴 올림픽'(Cultural Olympic)을 하자, 문화 올림픽, 문화 패럴림픽하자고 제안했습니다. 산업혁명이 고도화되면서 생산성이 도약적으로 증가하고 인류가 풍요로워지는데 왜 더 많은 전쟁, 더 많은 갈등, 더 많은 빈부격차, 더 많은 환경오염, 더 많은 분열이 있을까?

그래서 바흐 위원장에게 올림픽이 평화를 지향하는데 심지어 전쟁 와중에도 올림픽을 했는데, 지금 올림픽은 갈등을 줄이는 데 기여가 부족한데 인류의 오해와 차이를 줄이기 위해 문화 올림픽을 하자했습니다. 문화올림픽을 통해 인류의 가치관이 공감될 것이고 그 가치관의 알맹이는 문화입니다.

한일중 문화장관들끼리 당시 코로나 때여서 비대면 영상회의했습니다. 그때도 정치가 앞서지 말고 각국의 국민들이 앞서게 하자 국민들이 원하고 소통하는 가운데 문화교류 우선적으로 활발하게 유도하자는 제안을 했습니다.

10. 동아시아공동체

동아시아공동체 나도 주장했습니다. 한일중, 북한, 러시아 등 동아시아공동체하게 되면 미국이 긴장합니다. GDP가 미국이 20조 달러, EU가 16조 달러 이게 몇 년 전 하바드 강연 때 가서 한 얘긴데 동아시아공동체 5개국 GDP를 합하면 21조 달러입니다. 미국을 능가하게 됩니다. 군사력도 그렇고 시장도 인구가 다 합하면 중앙아시아까지 들어오면 내수시장이 어마어마해집니다. 그래서 국제정치적으로 굉장히 민감한 문제가 있습니다. 그래서 내가 주장한 것은 미국까지 6개국 공동체 하자입니다. 기본적으로 하토야마 총리님 동아시아공동체 찬성입니다.

11. 우애사상이 더 절실한 이 때

하토야마 총리님 철학을 대하고 감탄했습니다. 일본은 장인정신이 있습니다. 자신이 의사가 될 수 있어도 집안이 오랫동안 해 온 가업을 잇습니다. 하토야마 총리님은 정치명문 집안이어서 그 철학이 오랜 우애사상이고 따라서 총리님 철학이 그런 바탕에서 나올 수밖에 없구나 생각했습니다.

마침 이번 이 책이 나와서 다행인데 하토야마 총리님 철학이 많이 알려졌으면 좋겠습니다. 나의 감동받은 책 '역사 앞에서'처럼 많은 후배들이 갈등도 심해지지만 찬란한 도약도 앞두고 있고, 이 시기에 하토야마 총리님의 이런 철학이 더 절실하게 필요할 때입니다.

그래서 바쁘고 힘드시더라도 좀 더 많은 강의도 하시고 더 많이 책도 쓰셔서 많은 사람들이 총리님이 가지고 가시는 생각에 공감하고, 더 나아가서는 총리님의 철학이 더 크게 더 발전될 수 있게 하는 후배들이 나올 수 있도록 노력해 주시면 저도 열심히 총리님 뜻 쫓아서, 한일양국 관계개선, 동아시아, 세계평화 위해서 많은 협력하겠습니다.

젓가락

주여
나를 당신의 도구로 써 주소서

미움이 있는 곳에 사랑을
다툼이 있는 곳에 용서를

분열이 있는 곳에 일치를
의혹이 있는 곳에 신앙을

그릇됨이 있는 곳에 진리를
절망이 있는 곳에 희망을

어둠에 빛을
슬픔이 있는 곳에
기쁨을 가져오는 자 되게 하소서

위로 받기보다는 위로하고
이해 받기보다는 이해하며

사랑 받기보다는 사랑하게 하여 주소서

우리는 줌으로써 받고
용서함으로써 용서 받으며

자기를 버리고 죽음으로써
영생을 얻기 때문입니다

- 성 프란치스코(Francesco d'Assisi, 1181-1126)의
  기도문 중

기원전 1,150년경 중국 상나라의 폭군 주왕(紂王)은 상아로 만든 젓가락으로 식사했다. 코끼리로서는 어이가 없었다. 코끼리는 상아를 노린 밀렵과 서식지 파괴로 멸종위기에 처해있다. 코끼리의 앞니(엄니)인 상아는 코끼리가 나무껍질을 벗기거나 땅을 파서 무기염류나 지하수를 찾기 위해 사용된다.

상아는 피아노 건반, 당구공, 도장 등으로 이용된다. 상아 밀매상은 아프리카 밀렵꾼에게 한 마리당 100달러를 주고 코끼리를 사냥하게 하는 학살도 서슴지 않는다. 심지어 총알 값을 아낄 목적으로 코끼리 척추를 끊고 아직 살아있는 코끼리 얼굴을 전기톱으로 잘라내는 악행을 저지른다. 코끼리 살을 훈제로 만들어 팔기 시작한지도 꽤 됐다. 진짜 상아보다 천배만배 더 좋은 품질의 인공상아가 생산되어야만 코끼리의 비참한 비극이 그제서야 막을 내릴 것인가? 중국에서는 코끼리 가죽으로 만든 핏빛 구슬 모양의 액세서리가 액운을 쫓고 질병을 예방해, 건

강에 좋다는 미신이 번져 코끼리를 독화살로 쏘아 죽이고, 숨을 거두기 이전에 가죽을 벗겨내는 범죄가 기승을 부린다.

주왕(기원전 1075-1046)의 상아 젓가락 사용에 대해 어느 신하가 건의했다. "임금이시여. 당신의 젓가락을 상아로 하셨으니, 다음은 국그릇을 질그릇에서 옥그릇으로 바꿀 것이고, 그 다음은 콩이나 채소를 귀한 고기로 바꿀 것입니다. 음식이 사치스러워지면 다음은 사는 곳과 입을 옷도 사치스럽게 할 것입니다. 그것을 반복하면 천하의 모든 재물을 동원해도 부족할 것입니다." 하지만 주왕은 사치를 멈추지 않았다. 상나라는 주왕을 끝으로 깔끔하게 망했다.

빈민의 벗 제정구 의원

한국의 제14대, 15대 국회의원을 지낸 정치가 제정구는 민주화 운동 일선에서 학생운동을 하다가 서울대 정치학과를 제적당한 후 본격적으로 도시빈민운동에 나섰고 빈민의 벗, 빈민의 대부라 불렸다. 그 자신도 가난했다. 국회의원이 된 어느 날 부인이 결혼 후 처음으로 냉장고를 샀다. 귀가 후 냉장고를 본 제정구의원은 부인에게 "여보. 이 냉장고 당장 집에서 치웁시다." "왜요?" "냉장고를 샀으니 앞으로 여기 채울 음식을 사야하고, 그 음식을 맛보다보면 더 좋은 음식 생각나고, 그러다보면 내가 정치가로서 양심에 어긋나는 일을 하고 싶을 만큼, 우리가 사치스러워질 수도 있습니다." 그의 말에 부인도 고개를 끄덕이고 냉장고를 치웠다.

상 나라 탕왕의 기우제

상(商)나라를 세운 태조(太祖, 기원전 ?-기원전 1589)는 주왕과 극명하게 대비된다. 그가 집권 후 어느 해부터인가 7년간 가뭄이 들었다. 태조는 목욕재계를 하고 장식 없는 수레를 타고 들판에 나가 단을 쌓고 꿇어 앉아 하늘에 아뢨다.

"하늘이시여. 저의 능력부족과 절제하지 못함과 문란한 생활이 있어서 이 나라와 백성들에게 물 없는 고통을 주십니까? 백성들의 일자리를 보살피지 못한 탓입니까? 아니면 저의 궁전이 화려한 탓입니까? 아니면 여자 문제로 정치가 어지러워졌고 뇌물로 인해 도덕이 무너졌고 간신배들의 아첨으로 인해 어진 사람이 배척당했기 때문입니까?"라고 하늘에 하소연하며 스스로 자신의 생명을 희생양 삼으려고 했다. 태조의 정성에 감복한 하늘은 즉각 상 나라 전 국토에 비를 내려 7년 가뭄을 끝냈다.

백성을 자신의 사치와 향락의 도구를 위한 노예로만 알았던 상 나라 주왕에 비해 자신과 도시빈민과의 우애를 가장 먼저 생각하고 이를 위해 살았던 제정구 의원 그리고 스스로 번제의 제물이 되어 왕과 백성의 우애를 증거 하고자, 하늘의 재앙을 멈추고자했던 상 나라 태조와의 단박에 비교되는 즉, 사치와 향락의 이기주의와 경건과 절제의 이타적 우애주의의 극명한 대비다.

오래전 중학교 시절 소풍을 갔는데 사이다 김밥은 챙겨 갔으나 그만 젓가락을 깜박했다. 하는 수 없이 나뭇가지를 꺾어 즉석에서 젓가락 삼아 식사를 했다. 상 나라 주왕이 보면 매우 소박하다 못해 초라하다 여겼지 싶다. 동아시아, 동남아에서 주로 사용되는 젓가락은 길이도 같고 모양도 같은 쌍둥이 젓가락이다. 늘 함께 움직여야만 맛있는 식사를 할 수 있다. 이러한 젓가락이야말로 도타운 우정의 친구들이자 '우애의 상징'이다.

고흐와 테오

해바라기, 별이 빛나는 밤에 등의 화가 빈센트 반 고흐(Vincent Van van Gogh, 1853-1890)와 그의 삶을 평생 뒷바라지 했던 동생 테오의 우애도 세계적 우애. 생전에 단 두 점의 그림만 팔렸던 고흐, 하지만 그 마저도 형의 기를 살리기 위해 동생 테오가 자기 돈으로 구매했다.

성 프란치스코

어느 스님은 산길을 걸을 때 작은 벌레들이 자신의 무심한 발길에 밟혀 죽을까봐 일부러 헛기침도 하고 살살 발걸음을 옮긴다. 가난한 사람들과 형제로 살아감을 평생 실천한 아시시의 성 프란치스코의 상징은 비둘기이고 동물들과 대화했다. 그는 죽음마저도 형제라 불렀고 불을 쬐다 자신의 옷에 불이 옮겨 붙자 곁에 있던 사람이 황급히 그 불을 끄려할 때 "형제여. 놔두시오. 불도 나의 형제랍니다."라고 얘기했다는 일화가 전해질 정도로 우애 그 자체다. 그는 아시시의 평원을 지나다 문득 새떼들을 발견하자 그 새떼들을 위해서 우애의 설교를 했다. 새들이 이에 반갑게 호응했다. 이로 인해 그는 1980년 교황 요한 바오로 2세에 의해 생태학자들의 수호성인으로 선포된다.

정주영

고향에 대한 우애의 정도 있다. 1998년 6월 16일과 10월 27일 두 차례에 걸쳐 현대그룹 정주영 회장은 소떼 1,001마리와 함께 북한방문에 나선다. 정주영 회장은 젊은 시절 학교도 못가고 농사만 짓던, 가난한 집안에서 벗어나 꿈을 이루기 위해 아버지가 소 판돈을 몰래 갖고 나와 서울로 올라왔다. 그 소가 1,001마리의 소가 되어 고향을 다시 찾았다.

그의 고향은 강원도 고성 위쪽의 38선 이북 통천. 배고픈 북한주민들을 먹이고 또 그들의 농사일도 돕기 위해, 소떼를 태운 100여대 트럭 또한 북한에서 활용하라고 멋진 기부 이벤트를 벌였다. 이는 정주영 회장의 고향에 대한 우애의 소떼 방북. 냉랭한 긴장감이 늘 감도는 휴전상태 남북한 우애의 가능성을 찾기 위한 우애의 바람이었다. 이에 대해 프랑스의 문명비평가 기소르망(Guy Sorman, 1944-)은 '소떼 방북'은 "20세기 최후의 전위예술"이라고 격찬했다.

우주의 우애형제

북두칠성에게도 우애의 숨은 별이 있다. 북두칠성은 일곱별이지만 육안으로 보이지 않는 두 개의 별이 북두칠성을 보필한다. 보통 '좌보성 우필성'이라고 하는 두 개의 별은 일종의 북두칠성의 비서들이다. 이 두 별은 작은 부귀를 관장하고 지키는 보호별의 역할도 한다. 옛사람들은 이러한 별들의 정기에 의해 만물이 생성되고 그 운을 관장한다고 여겼다. 보성이라는 별과 필성이라는 이 비서 별 두 개, 보필(輔弼)성은 북두칠성을 돕는 우애의 별들이다. 매일 밤하늘에서 '우애의 빛'과 '평화의 빛'을 발산하는 우주의 우애형제.

밀레

1830년부터 1875년 사이 파리 근교 퐁텐블로 숲 작은 마을 바르비종에 밀레(ean-François Mille, 1814-1875)를 비롯한 화가들이 모여들었다. 이들은 바르비종 농촌 풍경과 농민들의 일상을 그렸다. 미술사적으로는 낭만주의와 사실주의를 이어주는 가교 역할이 바로 바르비종파 화가들이었다. 이후 인상주의 시대를 가져오는데 큰 영향을 끼친다.

바르비종이 화가 마을로 알려지면서 미국에서도 화가들이 찾아왔다. 이곳의 대표적인 화가 일곱 명을 '바르비종의 일곱별'이라 불렀다. 밀레, 코로, 루소, 도비니, 트루아용, 디아즈, 뒤프레가 바로 그들이었다. 밀레는 바르비종에 가장 먼저 터를 잡았는데 그곳을 향했던 결정적 이유가 있었다. 밀레는 '만종'이라는 세계적으로 유명한 종교성 짙은 경건한 그림을 그리기 이전의 파리 시절에는 주로 누드화를 그렸다. 어느 날 자신의 누드화 전시장에서 어느 관람객이 "밀레는 이런 그림 밖에는 못 그리나?"하고 무심코 혼잣말을 했다. 우연히 그 말을 듣게 된 밀레는 갑자기 부끄러운 생각이 들어 곧장 바르비종으로 작업실을 옮긴다.

밀레는 바르비종에서 이삭 줍는 여인들, 송아지의 탄생, 키질하는 사람, 씨 뿌리는 사람, 빵 굽는 여인, 양치기 소녀, 이삭줍기, 땅에 속한 사람, 낮잠, 봄 등의 명작들을 연신 그렸다. 밀레는 환상 대신 흙냄새가 일상인 그곳에서, 영혼의 생명을 뿌리 내려 꽃피우고 열매 맺는 그림을 맺는 나무이자 그림 숲이 됐다.

이는 밀레와 바르비종 숲과의 우애, 그곳 농부들과의 우애, 그들의 땀방울과의 우애, 비 온 뒤 바르비종 하늘에 떠 오른 무지개와의 우애, 농로와 먼지 이는 마찻길과의 우애였다. 이를 밀레는 정갈하게, 부드럽게, 따스하게, 아름답게, 경이롭게, 신비하게, 미소를 감돌게 하는 즉, 화려함 대신 경건함과 신성함을 위해 기도하는 마음으로 사랑의 손길로 생명을 그려낸 우애의 화가다.

늘 신선한 존중

음식은 사랑의 언어다

- 페데리코 펠리니(Federico Fellini, 1920-1993,
  이탈리아 영화감독)

요리사들이 맛있는 요리의 첫손꼽는 조건은 늘 신선한 식재료. 이는 아무리 강조해도 부족하기 쉬운 철칙이다. 시든 야채, 물컹한 과일, 오래된 곡물, 부패직전 생선, 맛이 간 고기로 요리 해 봐야, 제 아무리 향신료, 양념 듬뿍 넣고 신선한 척 해봐야 결국은 금세 티가 난다. 첫째도 신선한 식재료 둘째도 신선한 식재료 셋째도 신선한 식재료가 맛을 결정한다.

인생이란 요리에 있어서 가장 중요한 첫째조건은 무엇일까? 칸트는 철학의 역사에서 철학의 저수지라 불린다. 플라톤에서 비롯된 칸트 이전의 모든 서양철학의 역사를 칸트는 엄선 집대성한다. 칸트가 이룩한 철학의 저수지에서의 그 철학의 큰물은 칸트 이후의 철학 역사에 지대한 영향을 끼쳐, 인류문화 문명 발전 에너지를 지금도 공급한다.

칸트는 자신의 저서 순수이성비판 머리말에서 자신이 이 책을 내는 이유는 자신의 학파를 만들어 으쓱거리기 위함이 아니라고 말했다. 다만 오직 한 가지 책을 쓴 분명한 의도는 사람과 사람 사이의 존중을 위해서라고 밝혔다. 이는 전 인류의 일상에서 행해지는 모든 사람과 사람 사이의 만남의 관계가 존중하고, 존중 받는 가운데 대화도 사업도 사랑도 이뤄져야하고 그러길 간곡히 바란다는 칸트의 기도 같은 선언, 존중의 세상을 위한 제안이다.

사람과 사람이 만난다기 보다는 존중과 존중이 만난다는 것이다. 이는 곧 늘 신선한 존중이라는 인생의 식재료가 인생의 멋의 품격을 높이고, 맛의 행복을 결정한다는 이야기.

존중의 사상을 통한 칸트의 인류애의 실현은 결국 나라와 나라 사이의 존중을 다룬 저서 '영구평화론'으로 발표된다. 하지만 현실 속에서의 전쟁은 나라가 나라를 존중하기는커녕 오히려 나라가 나라를 빼앗고 재산을 약탈하고 인간의 천부의 자유를 빼앗고 죽인다.

칸트는 자신의 저서 '영구 평화론'에서 전쟁은 악이며 영구평화야말로 인류가 도달해야 할 의무라고 생각했다. 전쟁이 인격의 품위를 파괴하고 자유를 손상시키기 때문이다. 이는 결코 포기할 수 없고 외면해서도 안 되는 인간에게 있어서 반드시 이룩해 내야 할, 개인적, 국가적, 세계적인 그야말로 영원한 전 인류의 과제가 곧 영구평화인 것이다. 이를 위해 칸트는 다음과 같은 제안을 했다.

a. 장래의 전쟁을 위한 재료를 은밀히 보류한 채로 맺는

평화조약은 불가하다
b. 독립국이 타국에 영유(領有)되지 말 것
c. 상비군의 점진적인 전폐
d. 대외전쟁을 위한 국채(國債)의 불가
e. 타국에의 정치적 간섭 금지
f. 전쟁 중 어떠한 국가도 암살자의 사용 등 신뢰를 배신하는 비열 수단을 취하지 않을 것.

여기에 덧붙여 영구평화를 위한 적극적 조건 또한 제시했다.

a. 각 국가가 공화 정체이어야 할 것
b. 자유로운 여러 국가의 연맹
c. 각 국민 상호간의 방문 보증

칸트의 영구평화론은 제1차 대전 후의 국제연맹과 제2차 대전 후의 국제연합 근본정신을 이미 18세기에 제안한 것이다. 하지만 1795년 독일어로 첫 발간된 영구평화론 이 책에서의 칸트의 존중과 평화에 대한 원대한, 이상적인 꿈과 희망은 여전히 짓밟히고 있다. 그 한 예가 우크라이나 전쟁터에서의 러시아 군인에 의한 우크라이나 여성들에 대한 성폭행 범죄다.

연인이 허락한 범죄

2022년 4월 12일 데일리메일은 우크라이나 정보기관인 보안국

(SBU)이 도청한 러시아 군인 통화 녹음을 텔레그램에 공개했다고 보도했다. 내용은 전쟁 중인 군인 남친에게 러시아 여친이 "네가 우크라이나 여성을 성폭행해도 이해한다. 아무 말도 하지 마. 난 이해해."라고 덧붙이며 웃기까지 한다. 그러자 러시아 군인이 "내가 성폭행해도 괜찮으니까 너한테만 말하지 말라고?" 되묻는다. 그러자 여성은 "그래 내가 모르게만 해. 왜 자꾸 물어봐?"라고 대답하며 다시 웃는다. 그러자 러시아 군인은 "정말 그럴까?"라고 말하며 함께 웃는다. 여성 또한 계속 웃으며 "그래 허락할 테니까 콘돔 잘 써"라고 대답한다. 일부 러시아군이 사용하는 보안이 취약한 휴대폰이나 아날로그 무전기는 정보기관은 물론 일반인도 쉽게 도청할 수 있다. 러시아 침공 이후 우크라이나 여성들의 성폭행 피해 호소는 계속 이어지고 있지만, 러시아 측은 "우크라이나 등의 계략"이라며 부인한다.

러시아 여성은 러시아 군인 남친에게 마치 자신이 혜택을 베풀 듯이 특권을 하사하듯이 성폭행을 허락했다. 자신들의 대화를 아무도 듣지 못한다는 방심에 휩싸여 영구평화가 아닌 영구지옥행 열차에 승차하라고 권유한다.

가족

인터넷 미디어 인사이트에 보도된 사진 한 장도 가슴 아프다. 젊은 어머니가 어린 아들과 딸을 두 팔로 껴안고 있다. 어머니는 전시 상황을 바라보며 "이걸 어쩌지?"하고 당혹해하는 표정이다. 어린 아들은 "이건 뭐지?"하는 것 같다. 어린 딸은 인생을 다 산 것 같은, 달관 혹은 체념 같은 표정의 할머니 같은 얼굴로, 공포에 쩔은 채 허공을 바라보는, 결코 어린 아이의 눈빛이라고 볼 수 없는 질린 눈빛. 사진 속 그 젊은 어머니는 러시아 군인에 의해 강간당한 뒤 살해당했다.

젊은 어머니는 결코 원하지 않은 만남 전쟁과의 만남, 러시아 군인과의 마주침과 강간으로 인해 가족과 영원한 이별을 하게 됐고 살해당한다. 결코 그녀가 원하지 않았던 철저한 비 존중의 강제 맞닥뜨림의 모독, 모멸, 치욕이었다. 인생에서 가장 중요한 것은 누군가를 만나는 것인데 그녀는 강간과 불행, 치욕과 부자유, 죽음을 만났다. 이 정도의 사례뿐만이 아님은 이 책의 독자인 당신도 나도 이미 잘 알고 있다.

러시아군이 우크라이나의 산부인과 병원을 폭격해 산모는 죽고 아이도 죽었다. 러시아군은 어린이 대피소라고 커다랗게 표시한 건물도, 도시의 아파트도 무차별로 폭격하고 미사일을 쏜다. 러시아군은 우크라이나의 강력한 저항에 밀려 정복이 쉽지 않자 민간인들을 학살하며 "너 이래도 항복 안 해?"하고 잔인함의 극치를 자행했다.

바이든 미국 대통령을 비롯해 전 세계 뜻있는 모든 이들이 러시아 군 통수권자인 푸틴을 전범이라 규정했다. 이후 블링컨 미 국무무장관도 성명을 통해 푸틴의 러시아 군대가 전쟁범죄를 저지르고 있다고 발표했다. 19세기 국제협약인 제네바협약은 전쟁 중의 부상자, 전쟁포로, 민간인을 살상해선 안 된다고 못 박았다. 이를 어기면 전범이 된다.

헤르만 괴링

2차 대전 전쟁범죄자에 대한 처벌은 전승국들이 별도의 국제법정을 만들어 재판했다. 1933년 나치전당대회가 열렸던 도시, 뉘른베르크에서 나치 전범들을 단죄하는 법정이 개설된 바 있다. 뉘른베르크 국제군사재판소는 1945년 10월부터 24명의 피고에 대해 재판을 진행했다. 전쟁의 최고위 책임자들 가운데 히틀러, 괴벨스, 힘러 등은 체포 전에 자살해 재판을 받지 않았다. 4백회가 넘는 재판은 네 가지 죄를 다뤘다.

a. 반평화적 범죄를 위한 공모죄
b. 침략전쟁을 계획하고 실행한 죄
c. 전쟁법 위반
d. 반인륜적 범죄

이러한 범죄혐의로 인해 독일공군의 총사령관이자 제국 원수였던 헤르만 괴링(Hermann Wilhelm Göring, 1893-1946) 등 12명에게 사형이 선고됐다. 괴링은 패장이지만 군인으로서 영예로운 죽음을 원한다며 총살을 요청했으나 미국, 영국, 소련 등 전승국들은 이를 허용하지 않았다. 그러자 괴링은 감방으로 밀반입한 독약 캡슐을 깨물고 자살한다. 나머지 전범들은 모두 교수형으로 처형됐다.

도조 히데키

일본제국의 전쟁범죄는 극동 국제군사재판소에서 다뤄졌다. 미군 맥아더 원수에 의해 1946년 1월 도쿄에 설치됐다. 재판은 일본 육군사관학교 건물에서 열렸다. 재판관은 미국, 영국, 소련, 중국, 인도, 필리핀

등 11개국에서 파견됐다. 이때 미 군정의 원활한 통치를 위해 천황은 기소되지 않았다. 다만 신에서 인간으로 격하된 바 있다. 일본의 군국주의화를 주도했으며, 1941년 제40대 내각총리대신 겸 육군대신 겸 육군참모총장으로 일본의 군국주의화를 주도했고 태평양 전쟁을 시작한 도조 히데키(東條英機, 1884-1948) 등 7명이 사형, 16명이 종신형, 2명이 유기금고형을 선고받았다. 사형은 군복이 아닌 죄수복을 입힌 채 교수형으로 집행했다. 이들의 죄는

a. 평화에 대한 죄. 전쟁을 기획하고 주도한 죄
b. 통례의 전쟁 범죄. 전쟁법과 전쟁 관습법을 어기고 민간인 학살 등을 저지른 죄
c. 인도주의에 반한 범죄. 민간인과 포로를 살해 또는 고문하는 등 비인도적인 행위를 저지른 죄

위 네 가지 범죄 유형 중에서 a형 전범에 대해 당시 100명이 넘었던 변호인단은 3/4이 일본인, 1/4은 미국인이었는데 이들은 국가의 침략전쟁을 기획하고 주도한 죄로 개인을 처벌할 수 있는지를 문제 삼았다.

변호인단은, 침략전쟁을 기획 및 주도하는 행위는 당시 국제법상 금지된 행위가 아니었으므로 이를 소급 처벌할 수 없다는 주장을 전개했다.

승전국 군인들이 저지른 비인도적 행위는 처벌하지 않으면서 패전국의 개인만 처벌하는 것은 형평성에 어긋난다는 주장도 했다. 공정성이 담보되는 제3자에 의한 재판이 아니라 승자에 의한 일방적인 패자 단죄 아니냐는 항변의 논리였다. 이는 법 전문가들에게 생각할 점들을 안

겨주었고 그로인해 이후 국제형사재판소가 창설됐다.

카림 칸

2022년 3월 17일 카림 칸(Karim A. A. Khan) 국제형사재판소(ICC) 검사장은 우크라이나 키이우의 전쟁범죄 현장을 우크라이나 여성검찰총장 이리나 베네딕토바의 안내로 조사했다. 그 전날 3월 16일 카림 칸 ICC 검사장은 러시아 연방에 공식 조사 요청서를 전달했다. 이는 3월 2일 ICC 회원국 39개국이 러시아의 전쟁 범죄에 대한 조사를 의뢰한 데 따른 것이다.

하지만 푸틴은 2016년 11월 16일 이미 우크라이나 전쟁 6년 전에 국제형사재판소 회원국에서 탈퇴했다. 2023년 3월 17일 ICC는 '푸틴 대통령이 우크라이나 점령지에서 아동을 불법적으로 이주시킨 전쟁 범죄에 대한 책임이 있다고 볼 만한 합리적 근거가 있다'며 17일 그에 대한 체포영장을 발부했다.

빛의 마음

2015년 하토야마 총리의 무릎 사죄 기사를 보고 하토야마 총리의 우애의 마음, 그 빛의 마음을 만났다. 나는 그 빛에 대한 감사를 전하고 싶었다. 그 빛의 마음이 곧 빛의 언어라 생각했다. 그 빛의 언어가 곧 한 장의 한국인들에게 보내는, 동아시아인들에게 보내는, 세계인들에게 보내는 인류가 전쟁의 역사에서 벗어나자는 메시지, 한 장의 위대한 평화의 편지, 우애의 편지, 사랑의 편지라 생각됐다. 그에 대한 답장을 한국인들을 대신해서, 동아시아인들을 대신해서, 세계인들을 대신해서 이 글로, 이 책으로 하토야마 총리에게 전해 드리고 싶었다.

하토야마 총리의 무릎 사죄는 일본이 한국을 존중하지 못한데 대한 사죄의 표현이었다. 독일의 빌리 브란트 총리는 1970년 12월 7일 폴란드 바르샤바의 나치에 희생된 유태인 추모지 앞에서 무릎 사죄를 했다. 이때 세계적으로 큰 감동과 호응을 불러일으켰지만 정작 브란트의 조국 서독에서는 부정적이거나 냉소적인 반응이 더 많았다. 그래서 "잘 했다" "꼭 필요한 역사적 발전을 위한 위대한 인류애의 실현이었다"는 긍정적 여론이 41%였다. 이에 반해 "쓸 데 없는 짓이다." 심지어 "멍청한 짓이다"라는 여론이 48%였다.

하지만 날이 갈수록 빌리 브란트 총리의 그 무릎 사죄는 갈 길을 잃고 몹시 헤매는 인류의 도덕적 위기 때마다, 함께 잘 살기 위해, 국경과 민족을 넘어 미래를 향해 인류가, 국가와 국가가 서로에게 어떻게 대해야하고 어떻게 과거사를 해결하고 내일의 공동의 번영과 행복을 위해, 그 누구도 소외당하지 않고 업신여김 당하지 않고, 존중하며 늘 귀중하게 대해야겠다는 새삼스런 평화적 깨달음과 우애의 절대적인 필요성에 대한, 새삼스런 자각을 하게 해주는 빛의 순간이다.

그 빛을 함께 기념하고 영원히 기념하기 위해, 전 인류가 더 이상의 전쟁이 없도록 이를 막기 위해 서로의 존중을 위해 스웨덴과 노르웨이 한림원에서는 그해 인류를 위해 가장 헌신한 사람에게 시상하는 노벨

평화상을 수여해왔다.

나는 하토야마 전 일본 총리의 서울 서대문 형무소 순국열사 추모비 앞에서의 무릎 사죄야말로 1970년 빌리 브란트 서독총리의 바르샤바에서의 무릎 사죄 이후 45년만인 2015년에 그 빛이 다시 세계를 향해 환하게 밝혀진 그야말로 반갑게 부활한 평화의 빛, 감동적인 우애의 빛, 드라마틱한 사랑의 빛, 반드시 실행됐어야 할 행복의 빛이라고 생각한다.

다빈치

빛을 싫어하는 사람도 있을까? 모나리자, 최후의 만찬 등의 화가이자 최초의 과학자라 불리는 레오나르도 다빈치가 생전에 가장 좋아했던 것은 화창한 봄날 푸른 나뭇잎 사이로 비쳐드는 봄의 햇살과 나뭇잎 사이의 그 빛의 풍경을 이루는 자연의 우애였다.

평화의 빛은 자주 꺼질 듯 바람 앞에 촛불처럼 미약하거나 위태롭다. 그래서 전쟁하는 세상이 오곤 한다. 영문도 모른 채 아이들은 작은 백팩을 메고 부모를 따라 이웃나라로 피난을 간다. 짐승보다도 더 못해질 수 있는 것이 전쟁이란 상황 속의 인간의 탈을 쓴 악마다.

이는 단란한 가정의 작은 행복, 작은 식탁 위의 작은 음식을 가족이 우애로 함께하며, 이심전심 서로의 용기를 북돋우고, 서로의 눈빛이 서로의 등대불이 되고, 서로의 어깨가 든든한 산이 되고, 서로의 손길은 나아갈 인생길이 되고, 서로의 위로가 세상 가장 우렁찬 행진곡이 되어, 서로의 꿈을 응원하는 대규모 함성이 되고, 낮에는 햇빛이, 밤에는 달빛과 별빛이 그 작은 가정의 보일락 말락 작은 행복을 지키는 수호신이 되고, 갈 길을 밝히는 등불이 되어왔었다.

하지만 전쟁은 하루아침에 아직 손도 안댄 감자 스프 접시 위로 미사일을 쏟아 붓는다. 이른 아침 학교 가고 회사 가던 그 길을 탱크가 밀려온다. 철모 쓴 적국의 군인들이 살기 등등 약탈과 강간과 살인과 억압을 일삼는다. 일상의 천국이 비상 국면의 지옥이 된다. 늑대가 양을 찢듯이, 사자가 루를 삼키 듯, 생명의 빛을 단숨에 전쟁광, 전쟁 악마들이 삼켜버리고 꺼뜨린다.

하지만 인류의 사랑의 빛은 늘 새롭게 밝아왔다. 예수, 공자, 노자, 장자, 소크라테스, 칸트 그리고 많은 그동안의 노벨평화상 수상자들인 장 앙리 뒤낭(국제적십자위원회 창설), 프레데릭 파시(국제평화연맹설립), 시어도어 루스벨트(러일전쟁 중재), 클라스 폰투스 아르놀드손(스웨덴 평화중재연맹 의장), 프레드리크 바예르(국제평화국연맹 의장), 우드로 윌슨(국제연맹 창설), 코델 헐(UN 창설에 기여), 존 롤리 모트(기독교 교육자, YMCA 회장), 랠프 번치(팔레스타인 평화 노력, 아랍-이스라엘 휴전협상 기여), 알베르트 슈바이처(인류의 형제애를 위한 기여), 유엔난민기구(난민들에 대한 정치적 법적 보호), 도미니크 피로(제2차 세계 대전 후 유럽 피난민들의 구호사업 전개), 필립 노엘 베이커(다자간 군비축소), 앨버트 루툴리(아프리카 민족회의 의장. 인종차별정책에 대한 비폭력 저항), 다그 함마르셸드(UN 사무총장), 라이너스 칼 폴링(핵무기 실험 반대운동), 마틴 루서 킹 주니어(미국 시민권 인권운동가), 유니세프(아동들 생활개선 기여), 르네 카생(UN 인권선언 기초), 국제 노동 기구(노동조건과 생활개선), 노먼 볼로그(녹색 혁명의 기초를 만들고 식량증산), 헨리 키신저(파리 평화협정), 숀 맥브라이드(인권신장), 사토 에이사쿠(비핵 3원칙 제창), 안드레이 사하로프(인권, 시민자유, 개혁, 비공산국가와의 화해 등을 위한 운동), 베티 윌리암스와 메어리드 코리건(가톨릭-개신교의 평화운동단체인 평화로운 사람들 공동체 창설. 북아일랜드 평화 운동), 국제 엠네스티(인권침해 고발, 고문 금지 운동 등 반체제 인사들의 구제), 무하마드 안와르 사다트와 메나헴 베긴(이집트와 이스라엘의 평화 정착), 테레사 수녀(인도의 가난한 사람들에 대한 사회봉사), 유엔난민기구(난민들의 이주와 정착 및 처우 개선), 알바 뮈르달과 알폰소 가르시아 로블레스(군축), 핵전쟁 방지 국제 의사회(반핵운동), 엘리 위젤(홀로 코스트 생존자이자 작가), 오스카르 아리아스 산체스(중앙아메리카에서의 평화 중재), UN 평화유지군(1956년 이래 수많은 국제적 분쟁 해결 및 평화 정착 공로), 달라이 라마(티베트 독립운동에 기여), 미하일 고르바초프(소련의 대통령, 냉전 종식 및 국제 사회의 평화 진작을 주도), 넬슨 만델라와 프레데리크 빌렘 데 클레르크(각각 남아프리카 공화국의 대통령을 역임하면서 남아프리카 공화국의 인종 차별을 종식시키고 민주화 정착을 위한노력), 야세르 아라파트, 이츠하크 라빈, 시몬 페레스(중동 평화를 위한 공로), 조디 윌리암스(국제 지뢰 금지운동), 국경없는 의사회(여러 대륙에 걸친 선구자적인 인도주의적 업적), 김대중(대한민국과 동아시아에서 민주주의와 인권을 위한 공로), UN, 코피 아난(좀 더 조직적이고 평화로운 세상을 위한 공로), 왕가리 마타이(지속 가능한 개발과 민주주의 및 평화에 헌신), 국제원자력기구, 모함마드 알바라데이(원자력 에너지가 군사적 목적으로 이용되는 것을 방지하고 원자력 에너지의 평화적 이용이 가장 안전한 방법으로 이루어질 수 있도록 노력), 무함마드 유니스, 그라민 은행(선구적인 소액대출, 마이크로크레딧을 통해 극빈층과 특히 여성의 경제적, 사회적 기회 확대), IPCC, 앨 고어(인간이 야기한 기후 변화에 관한 위대한 지식을 개발하고 이를 널리 알림으로써 기후 변화 문제 해결을 위한 조치 마련), 루샤오보(중국의 인권 신장을 위한 오랜 투쟁), 유럽연합(유럽의 평화, 화해, 민주주의, 인권 신장에 기여한 공로), 튀니지 꾸민 4자 대화기구(2011년 재스민 혁명 이후 튀니지의 다원적인 민주주의 구축), 드니 무퀘게, 라디아 무라드(전쟁과 무력 분쟁에서 발생하는 성폭력의 근절), 세계식량계획(기아 퇴치와 분쟁 지역 상황 개선), 마리아 레사, 드미트리 무라토프, 알레스 발랴츠키 (권력을 비판하고 시민들의 기본권을 보호할 권리 증진 및 전쟁범죄, 인권침해, 권력 남용을 기록), 나르게스 모하마디(이란의 여성 억압에 맞서 싸우고 모든 사람의 인권과 자유 증진) 그리고 빌리 브란트(동독, 폴란드, 소련과의 관계 향상) 등에 이르기까지 그리고 이들 노벨평화상 수상자 외에도 유럽연합의 꿈을 주도한 쿠텐호프 칼레르기 백작, 동아시아공동체를 꿈꾸는 하토야마 유키오 전 일본 총리 등이 끊임없이 인류애를 위해 전쟁 대신 평화의 빛을, 그 희망의 불씨를 꺼뜨리지 않고 늘 밝혀 왔다.

이는 인류애라는 신성한 태양빛으로 지속가능한 지구촌 전 인류의 행복한 발전과 사랑의 평화를 위해, 인류의 등불이 되어 온 이미 앞서 열거한 여러 인물들을 비롯해 많은 선각자, 선구자, 예언자, 평화정치 사상가 등이 천부의 그 사명을 만천하에 선포하여 보다 더 나은 지구촌 만들기에 기여하는, 우애의 연인, 자유의 수호자, 행복의 전 지구적 가장 겸허하고도 위대한 그리고 거룩한 안내자들이라고 말할 수 있다.

인터뷰

권노갑
김대중 평화재단 이사장

더불어 민주당 상임고문이자 김대중 평화재단 권노갑 이사장과의 인터뷰는 이메일로 진행됐다. 김대중 평화재단은 2009년 김대중 대통령 서거 이후 김대중 대통령의 정신과 업적을 계승 발전시키기 위해 2009년 10월에 창립됐다.

1. 평화통일

김대중 대통령은 북한과의 평화관계 및 남북통일에 대해서는 화해와 교류협력의 햇볕정책으로 한반도 평화를 추구했으며 남과 북이 상호체제를 인정하고 평화공존, 평화교류 하면서 서로 한민족으로 통일해서 살자고 하는 합의가 있을 때 평화적으로 통일을 이루어가자는 것입니다.

이를 위해 김대중 대통령은 미국과 일본, 그리고 EU 국가들이 북한과 수교하도록 노력했습니다. 그래서 다수의 EU 국가들이 북한과 수교하였고, 북·미, 북·일간 수교협상도 진전되었지만 안타깝게도 성사되지 못했습니다.

만약 당시 미국과 일본이 북한과 수교했다면 현재와 같은 북한의 핵개발 문제는 없었을 것입니다. 더 나아가서 국제적 평화관계 발전으로,

현재와 같은 미국과 중국 간의 패권대결 그리고 러시아의 우크라이나 침략전쟁 등으로 인한 신냉전 양상의 세계적 위기도 일어나지 않았을 것입니다.

2. 일본과의 관계 개선 및 평화증진

김대중 대통령은 1998년 4월 일본대중문화를 개방하고, 10월 일본을 방문해서 '김대중 오부치 정상회담'을 하고, 일본 의회에서 한국과 일본의 관계개선에 대해 다음과 같이 연설했습니다.

"지금의 일본은 개발도상국에 대한 세계 최대의 경제 원조국으로서 자신의 경제력에 상응하는 국제적 역할을 충실히 이행하고 있습니다. 또한 인류 역사상 최초로 원폭의 피해를 체험한 일본 국민은 변함없이 평화헌법을 지켜왔고, 비핵 평화주의의 원칙을 고수해 왔습니다. 그러나 우리 한국을 포함한 아시아 각국에는 아직도 일본에 대한 의구심과 우려를 버리지 못한 사람들이 많습니다.

역사적으로 일본과 한국의 관계가 불행했던 것은 약 4백 년 전 일본이 한국을 침략한 7년간과 금세기 초 식민지배 35년간 입니다. 이렇게 50년도 안 되는 불행한 역사 때문에 1천5백년에 걸친 교류와 협력의 역사 전체를 무의미하게 만든다는 것은 참으로 어리석은 일입니다.

이제 한, 일 두 나라는 과거를 직시하면서 미래지향적인 관계를 만들어 나가야 할 때를 맞이했습니다.

일본에게는 과거를 직시하고 역사를 두렵게 여기는 진정한 용기가 필요하고, 한국은 일본의 변화된 모습을 올바르게 평가하면서 미래의 가능성에 대한 희망을 찾을 수 있어야 합니다."

3. 동북아시아의 평화와 미래비전

김대중 대통령은 1998년 10월 일본 오부치 수상과 "한·일 미래 파트너십 공동선언"의 정상회담을 한 다음 달 11월에 중국을 방문해서 장쩌민 주석과 정상회담을 하고 "한·중 전략적 동반자 관계"의 길을 열었습니다. 그리고 동북아에서 처음으로 한·일·중 3국 정상회담 개최를 정례화 했습니다.

이어서 1999년, 2000년에 아세안+3(한·일·중) 정상회담 개최를 정례화 하도록 했습니다. 또한 아세안+3정상회담 체제 안에 평화와 번영의 동아시아공동체 발전을 위해 동아시아 각국의 젊은 정치인, 학자들로 구성한 동아시아 비전그룹을 두도록 했습니다.

4. 세계평화에 대한 소망과 구상

김대중 대통령이 추구한 평화는 현상 유지적인 소극적 평화가 아니라 국가적, 사회구조적 폭력이 없는 정의로운 평화, 그리고 성서가 말하는 사랑과 정의가 입맞춤하는 용서와 화해에 기초한 평화입니다.

김대중 대통령은 가톨릭 신자로서 예수님의 평화의 사도가 되기를 원했고, 마하트마 간디와 마틴 루터 킹 목사의 비폭력 평화운동을 실천했습니다. 김대중 대통령의 세계평화의 길은 민주주의와 인권을 실현하고, 평화 파괴의 근본 원인이 되는 가난한 나라 빈곤문제를 해결하는 것이었습니다.

5. 무릎사죄

일본은 그동안 한국을 식민지배한데 대해 여러 차례 사죄했습니다. 대표적으로 1984년 9월 6일 히로히토 천황은 일본을 방문한 전두환 대통령에게 "금세기의 한 시기에 양국 간에 불행한 과거가 존재한 것은 참으로 유감스러우며 다시 되풀이해서는 안 된다고 생각합니다."라는 사죄를 표명했습니다.

1990년 5월 24일에는 아키히토 천황이 일본을 방문한 노태우 대통령에게 "금세기의 한 시기에 양국 간에 불행한 과거가 존재한 것은 참으로 유감스러우며 다시 되풀이해서는 안 된다고 생각합니다."라고 사죄의 말을 했습니다.

무라야마 도미이치 총리는 1995년 8월 15일 '전후 50년 종전기념일' 담화에서 한국을 특정해서 말하지 않았지만 "일본은 멀지 않은 과거의 한 시기에 잘못된 국책으로 전쟁의 길을 걷고, 국민을 존망의 위기에 빠뜨리고 식민지 지배와 침략으로 인해 많은 국가, 특히 아시아 여러 나라의 사람들에게 막대한 피해와 고통을 주었습니다. 저는 앞으로 이러한 과오를 범하지 않도록 의심할 여지도 없는 이 역사의 사실을 겸허하게 받아들이고, 이 자리에서 다시 한 번 통절한 반성의 뜻을 표명하고, 진심어린 사죄의 마음을 표현하겠습니다. 또한 이러한 역사로 인해 유명을 달리하신 모든 희생자 분들에게 깊은 애도의 마음을 표명합니다."는 사죄 표명을 했습니다.

오부치 게이조 총리는 1998년 10월 8일 김대중 대통령과 정상회담에서 "일본이 과거의 한 시기에 한국 국민에 대해 식민지 지배로 인해 많은 손해와 고통을 주었다는 역사적 사실을 겸허하게 받아들이고, 이 사실에 대해 통절한 반성과 진심어린 사죄"를 표명했습니다.

고이즈미 준이치로 총리는 2001년 10월 15일 한일정상회담에서 "일본의 식민지 통치로 인해 한국 국민에게 막대한 피해와 고통을 준 것에 대해 진심어린 반성과 사죄의 마음을 품게 되었다"고 사죄했습니다.

간 나오토 총리는 2010년 8월 10일 "저는 역사를 성실하게 직시하고 싶습니다. 역사의 사실을 직시하는 용기와 그것을 받아들이는 겸허함을 가지고, 솔직하게 자기의 과오를 뒤돌아보고 싶습니다. 아픔을 준 자는 잊기 쉽고, 받은 자는 그것을 쉽게 잊을 수 없는 것입니다. 이 식민지 지배가 초래한 막대한 피해와 고통에 대하여, 여기에서 다시 통절한 반성과 진심어린 사죄의 마음을 표명하겠습니다."는 사죄 담화를 발표했습니다.

이렇게 일본 천황과 총리들의 사죄가 여러 차례 있었지만, 하토야마 총리의 서대문형무소 순국열사기념관 앞에서 무릎 꿇고 사죄한 것은 참으로 진정성 있고, 용기 있는 행위라고 생각합니다.

6. 반일감정 혐한감정

그동안 여러 차례 일본 천황과 수상들의 사죄가 있었지만, 현실적으로는 여전히 일본은 한국 식민지배에 대한 법적 사죄와 위안부, 징용자 등에 법적 배상을 하지 않고, 1965년 한일 협정 당시 포괄적으로 개인적 인도적 보상을 했다고 주장하고 있습니다.

또 식민지 침탈을 부정하는 교과서 왜곡문제, 독도는 일본 땅이라는 주장, 재일 동포들에 대한 차별 문제 등 때문에 일본에 대한 반일 감정이 해소되지 않고 있고, 이런 한국의 반일 감정에 대해 일본에서도 혐한 감정이 있는 것이 사실입니다.

일본의 천황과 수상들이 사죄를 표명한 것이 진정성 있는 언행이라면 일본 정치지도자들이 야스쿠니 신사 참배에 대한 강조보다 억울하게 희생당한 한국인들의 마음을 헤아리는 노력을 계속해야 한다고 생각합니다. 독일은 2차 대전 전범국가로서 법적 사죄와 배상, 그리고 참회를 계속하고 있습니다.

7. 좋아하는 한일 가수

한국가수는 남진, 이미자, 최유라(목포출신 여자가수)

일본가수는 프랭크 나가이, 미소라 히바리.

8. 평화봉사자

다시 태어나면 제2의 김대중 대통령과 같은 정치인을 도와서 한국과 세계의 민주주의, 인권, 평화를 위한 봉사를 하고 싶습니다.

9. 동아시아공동체 실현가능성

하토야마 총리의 구상은 매우 훌륭합니다. 동아시아 국가들도 유럽연합처럼 안보, 경제, 평화, 공동번영을 위한 지역공동체국가 연합을 해야 합니다. 그러나 일본이 동아시아공동체 실현에 이니시어티브를 가지면 중국 등 다른 나라들이 경계할 우려도 있다고 봅니다. 지혜롭게 상호 충분한 이해를 가지고 해야 할 것입니다.

10. 동반자

일본은 과거사를 넘어 우애, 평화, 공동번영의 필연적 동반자(파트너)로 생각합니다.

11. 목포 공생원

목포의 '공생원'은 1928년 목포 양동교회 윤치호 전도사가 설립한 사회복지시설입니다. 부인인 일본 여성 다우치 치즈코(한국명 윤학자) 여사가 1968년 사망할 때까지 고아 4천명을 공생원에서 길러냈습니다. 현재도 아들인 윤기 공생복지재단 회장을 중심으로 목포와 일본 각지에서 고아와 장애인을 돌보고, 재일동포 양로원을 운영해왔습니다. 목포의 자랑이고, 한국과 일본의 감동적인 우애의 역사, 평화의 역사입니다.

나는 어려서부터 공생원에 대해 잘 알고 윤학자 여사를 존경했습니다. 그리고 다우치 치즈코(한국명 윤학자) 여사는 김대중 대통령 후원자였고, 본인에게도 도움을 주었습니다. 윤기 회장과는 지금까지 복지사업만이 아니라 한국과 일본의 우애증진에도 서로 협력하고 있습니다.

13. 한일 대중문화 개방

김대중 대통령은 1998년 4월 '일본대중문화개방'을 선언했습니다. 그러자 일본 군국주의 문화가 안방까지 침투하게 된다고 광복회를 비롯한 독립운동 단체들과 시민단체 그리고 가톨릭, 개신교, 불교 등 종교계도 반대했습니다. 야당도 절대 반대, 정부여당도 우려를 표명하며 반대했습니다. 언론도 매우 비판적이었습니다. 문화산업계는 일본 대중문화에 우리 문화산업이 무너진다고 시위하며 반대했습니다.

그러나 김대중 대통령은 "우리민족은 5,000년의 문화민족이지만 문화쇄국주의는 안 된다. 문화는 가두어 두어서도 안 되지만 가두어 둘 수도 없다. 문화는 물 흐르듯이 자연스럽게 만나야 한다. 우리는 중국에서 불교와 유교를 받아들였지만, 수용만 한 것이 아니라 해동불교와 조선유학으로 창조적인 발전을 해서 반대로 중국에 영향을 주었다.

백제문화가 일본문화의 터전이 되었다. 문화는 서로 교류할 때 더욱 풍성해진다. 특히 한국과 일본의 화해는 정치적인 문제해결로만 안 된다. 양국 국민들, 특히 젊은이들이 문화적으로 서로 교류할 때 양국은 평화협력, 미래를 향한 공동 파트너관계가 된다"고 말씀하셨고 일본대중문화 개방을 일관되게 추진했습니다.

14. 정치의 목적

김대중 대통령은 정치하는 목적은 '나라의 주인인 국민이 돈이 없어서 굶주려서도 안 되고, 공부하고 싶은데 학교에 가지 못해서도 안 되고, 아픈데 병원에 못가서도 안 되도록 하는데 있다.'고 말씀하셨고, '행동하는 양심'으로 살라고 하셨고, 용서하고 화해하고 사랑하며 살라고 말씀하셨습니다.

15. 김대중 대통령 노벨평화상 수상

김대중 대통령은 평생 민주주의, 인권, 평화를 위해 헌신하셨습니다. 이 과정에서 5번의 죽을 고비, 6년간 감옥생활, 40여 년 간 망명, 감시, 연금의 고통의 삶을 사셨습니다. 그러나 좌절하거나 흔들리지 않고 "행동하는 양심"으로 올곧게 나아갔습니다. 그리고 정적들에게 일체 보복하지 않고 먼저 용서하고 화해했습니다. 한·일 미래공동 파트너십을 맺었고, 동티모르 독립, 미얀마 민주주의 지원 등 아시아 민주주의를 위해 노력했습니다.

2000년 노르웨이 노벨평화상위원회는 김대중 대통령의 헌신과 업적을 높이 평가해서 노벨평화상을 수여했습니다. 김대중 대통령은 노벨평화상은 본인에게 영광이지만 민주주의, 인권, 평화를 위해 희생하신 모든 분들을 대신해서 받는 것이고, 이 상은 앞으로도 이 길을 가도록 하는 의무라고 말했습니다.

16. 전쟁에 대하여

지구촌의 크고 작은 전쟁, 경제적 침탈, 어린이, 노인, 여성들의 인권 침해와 생존권 박탈과 인간의 자연에 대한 무한정복이 원인이 된 기후변화 등은 인류와 지구를 공멸하게 하고 있습니다.

김대중 대통령은 지구촌 모든 사람들이 서로 평화적으로 상생하고 인간과 자연이 상생하는 '코스모 민주주의'를 주창했습니다. 김대중 재단은 이런 김대중 정신을 적극적으로 펼쳐갈 것입니다.

아, 행복한 동아시아

행복한 결혼에는 애정 위에
언젠가는 아름다운 우정이
접목되기 마련이다

이 우정은 마음과 육체가
서로 결부되어 있기 때문에
한층 견고한 것이다

- 앙드레 모루아(André Maurois, 1885-1967,
  소설 '마르셀 프루스트를 찾아서'의 프랑스 작가)

2021년 발표 중국 인구 14억1천2백6십만명, 2020년 발표 일본 인구 1억2천5백9십명, 2021년 발표 한국 인구 5천1백6십3만명, 같은 해 발표 북한(조선민주주의인민공화국) 인구 2천5백6십만명, 2016년 발표 대만 인구 2천3백4십만명, 2016년 발표 몽골 인구 3백6만명, 이 모든 인구수를 다 합하면 16억4천2백1십9만명이다.

징기스칸(Genghis Khan, 1162-1227)의 나라 '몽골'은 '용감하다'는 뜻이고 어느 부족의 이름이다. 몽골은 푸른 초원과 밤이면 별을 벗 삼는 유목민들을 자연스레 떠올리게 한다. 몽골에서는 '한국'을 솔롱고스

(Solongos), '무지개 뜨는 나라'로 부른다. 한국은 '코리아'(Korea) 옛 '고려'에서 비롯됐다. 조선민주주의인민공화국 약칭은 조선.

'일본'은 '재팬'(Japan). 마르코폴로의 '동방견문록'에서 황금의 나라 '지팡구(Zipangu)로 지칭한데서 연유된다. 중화인민공화국의 약칭 중국은 수천 년전 은 나라 때부터 사용됐다. 당시 은나라의 위치가 주변 제후 국가들의 중심에 자리했기 때문이다. '중화민국'은 자국 내에서는 '대만'(Taiwan)을 사용하고 올림픽 등 국제기구에서는 중화 타이페이(Chinese Taipei)라 부르고 있다.

동아시아는 한국, 일본, 중국, 북한, 대만, 몽골을 주로 지칭한다. 한국은 자유민주주의 국가로서 평화통일의 꿈을 갖고 있으나 남한의 민주주의와 북한의 주체사상과 선군정치 이념의 뿌리가 달라 이를 극복하기가 쉽지 않다. 하지만 동아시아의 평화 정착을 위해서 그로인한 동아시아인들은 물론 세계인들의 행복한 삶을 위해서, 동아시아의 문화교류, 경제협력 등 여러 분야에서의 보다 더 친밀한, 국가 간 공조체재의 심화와 확산은 날이 갈수록 더욱 더 요구된다.

현실적으로 북한은 2024년 1월 15일 김정은 위원장이 대한민국이 제1적대국이란 걸 자기들 헌법에 넣겠다고 했다. 또한 민족의 역사에서 '통일, 화해, 동족'이란 개념 자체를 완전히 제거해버려야 한다고 했다. 남한과의 대화창구 조국평화통일위원회를 포함해 대남기구 3개 기관을 모두 없애버렸다. 이에 대한민국 윤석열 대통령은 이런 북한의 발표가 나온 지 4시간여 만에 "북한이 도발해온다면 몇 배로 응징할 것"이라고 강경한 입장을 밝혔다.

이밖에도 동아시아 각 나라들 사이에 극복하고 해결해야 할 난제들이 많지만 하토야마는 우애의 사랑으로 그 모든 것들을 뛰어넘어 동아시아공동체를 그것이 경제공동체든, 정치공동체든, 문화공동체든 전쟁을 영원히 종식시키고 영원한 평화 속의 공동 번영의 길을 모색해 왔다.

이는 오스트리아의 쿠텐호프 칼레르기 백작이 우애의 씨앗을 가슴에 품고 본격 활동을 시작한 1920년 그로부터 74년 후인 1994년 마침내 유럽연합의 꽃이 활짝 피어났듯이, 그 꿈을 이어받은 하토야마 전 일본 총리의 조부인 하토야마 이치로 전 일본 총리가 1950년대부터 우애사상의 동아시아 전파를 꿈꾸었듯이, 이후 할아버지의 우애의 꿈을 손자인 하토야마 전 일본 총리가 이어받아, 동아시아에서의 우애사상 실현을 위해, 주로 한일중을 중심으로 동아시아의 자유 평화 사랑 행복 번영이라는 큰 그림의 동아시아공동체 꿈을 이루기 위해 애써왔다.

이제 그 진심이 그리 멀지 않은 날에 한일중이 서로의 마음을 열고 확고한 평화적 외교관계로, 영구히 이행돼 유럽연합처럼 동아시아 연합도 형성될 수도 있으리란 꿈이 결코 불가능하다고 생각할 필요는 없다. 상상해 보자. 3개국 수도인 한국의 서울, 일본의 도쿄, 중국의 베이징에서 어느 꽃피는 봄날 아름다운 5월에 동아시아 연합 동시 콘서트가 열려서, 3개국 가수들이 서로의 국가를 방문해 그 무대에서 함께 노래한다면 함께 춤춘다면, 우애의 동아시아의 행복한 미래의 문은 활짝 열리게 될 것이다. 여기에 북한, 몽골, 타이완까지 함께 할 수 있다면 지극히 어렵겠지만 그럴 수만 있다면 금상첨화다.

이는 아시아, 유럽연합, 남북 아메리카, 아프리카, 호주 등 모든 전 세계인들에게 크나큰 감동을 줄 것이다. 그로인해 지구촌은 평화 시대로 돌입하고 사람들은 다시 꿈꾸기 시작할 것이다. 이는 유럽에서 출발한 쿠텐호프 칼레르기의 우애사상이 일본을 거쳐 하토야마에 의해 한국 중국에 이어 더 나아가 북한 몽골 대만까지 나라와 나라가 존중하고, 각 국민 개개인이 타국의 개개인들을 존중하고, 이 우애가 점차 더욱 확산되어 마침내 전 세계 인류 80억명 모두가 서로를 존중하는 우애의 관계로써, 공동 번영의 길로 나아갈 수 있는 위대하고도 거룩한 꿈의 시작이 될 것이다.

하토야마는 동아시아의 16억명 누구나 저마다 스스로 끝없는 분노 대신 사죄와 이를 품는 용서와 화해로 마침내 새로운 공동체 의식의 우애의 사람들로 거듭 태어나길 바란다. 이를 위해 그는 한국을 방문해 일제강점기 피해국 대한민국에 지난날 일본의 잘못을 무릎사죄 했고 기회 있을 때 마다, 한국이 그만두라할 때까지 일본은 한국에 사죄해야 한다고 말해왔다. 또한 중국에도 일본이 사죄해야한다고 역설한다.

더 나아가 일본은 절대 군사대국이 되어서는 안 되고 적절한 미들파워의 국가로 그 기본 틀을 갖고 가야 한다는 평화 일본을 위한 국가적 정체성과 지향점을 주장하고 있다. 이처럼 개인도 국가도 우월의식을 갖지 않고, 이를 고집하지 않을 때 동아시아에는 평화의 미래라는 꿈이 현실화 될 수 있다.

동아시아 빅3

　이제 동아시아의 별칭을 '우애 동아시아 빅3'라 부르자. 여기서의 빅(Big)은 국토, 인구, 경제력, 군사력, 문화 파워의 크기와 가치가 아닌 동아시아의 우애라는 큰 꿈을 뜻한다. 그래서 세계인들이 동아시아 3개국을 떠 올리면 우애의 마음을 우애의 사랑을, 우애의 평화를, 우애의 자유를 함께 연상하는, 위대한 선물을 세계인들에게 전하고 이를 함께 나누는 것이 좋을 것 같다.

　그래서 하토야마의 우애사상이, 우애의 그 마음이, 우애의 그 커다란 꿈이 16억 동아시아인들로부터 먼저 합창이 시작되고 이심전심으로 더욱 더 멀리 번져나가 마침내 아시아 45억6천1백만명, 유럽 7억4천6십4만명, 아프리카 12억7천6백만명, 아메리카 10억2백만명 등 세계 인구 80억명이 우애를 춤추고 노래하는 존중과 행복의 축제 같은 삶을 살아가길 바라게 되는 것이다.

　그렇다. "더 이상 하토야마의 의로운 우애의 동아시아, 우애의 세계를 꿈꾸는 그 아름다운 꿈과 이상을 외롭게 하지 말자. 일제히 화답하자. 전 세계 모든 사람들이여 우애의 깃발 아래 일치단결하자." 나는 이렇게 외치는 것이다.

그래서 귀 있는 자는 하토야마의 우애의 노래 같은 그의 우애의 이야기를 듣자. 눈 있는 자는 하토야마 총리의 우애의 행동과 그 역사를 발자취를 바라보자. 그 우애의 에너지를 그 빛을 당신의 삶 속에 받아 들이자. 당신 또한 우애인이 되어 한없이 평화로운, 그 우애의 바다에 당신이라는 우애의 강이 합류하길 바란다. 그래서 바다 위에서 반짝이는 저 은물결처럼 우리 모두의 삶이 우애로 눈부시길 바란다.

우애라는 별은 이미 높이 솟아나 동아시아의 밤을 비추고 있다. 하토야마의 우애라는 태양은 이미 아시아의 대지를 밝혀준다. 하토야마의 우애의 달은 이미 전 세계의 밤하늘에 둥실 떠올라 어두운 밤길을 걸어가는 모든 이들에게, 다정한 우애의 빛으로 그 어깨 위에 흘러내린다. 그 우애를 하토야마의 그 우애의 진정성을, 그 따스함을 느끼는 이는 더 이상 외롭지 않을 것이다.

우애는 하토야마의 당신을 위한 기도, 말 건네기, 악수, 꿈과 희망, 세계인들을 위한 가장 위대한 선물이다. 이제 세상에 특별히 신성한 그 우애의 빛이 우리들 저 마다의 가슴을 통해 온 세상으로 번져나가게 하자. 우리들의 입술을 통해 우애가 이야기하고 우애가 노래하게 하자.

그 우애가 하토야마의 우애가, 쿠텐호프 칼레르기의 우애가 마침내 뉴욕의 우애가 되고 서울의 우애가 되고, 도쿄의 우애가 되고 캘커타의 우애가 되고, 파리의 우애가 되고 우크라이나의 우애가 되고, 예루살렘의 우애가 되고 가자지구의 우애가 되도록 하자. 그 우애의 눈빛이 지구촌 80억명 모두의 눈빛에 어리는, 위대한 회개와 용서와 축복의 꿈과 희망의 빛이 되게 하자.

다윗의 돌멩이 같은 우애사상

 피 한 방울의 검사로 암의 발병을 미리 예측하고 예방하는 의술 '아이파인더'(i-finder)가 있다. 이는 세계에서 가장 우수한 암 발병 예측의 정확도로 인류에 기여한다. 아이파인더를 세계 최초로 개발한 김철우 박사가 인류의 건강을 위해 자신의 회사 '바이오인프라생명과학'을 만든 건 2001년이었다. 이후 10년 넘게 끈질긴 연구를 거듭해 마침내 아이파인더를 만들어냈다.

 아이파인더는 건강한 사람이나 약간의 미세한 징후가 있거나 그러한 징후가 예상되는 사람의 암 발병 여부 및 가능성까지도 초기부터 혹은 아예 초기 이전이라도 확인하는데 활용되는 의술이다. 폐, 간, 위, 대장, 췌장, 전립샘, 유방, 난소암 등 8개 암이 아이파인더의 주 대상이다.

 김철우 박사는 세계 여러 나라 국민들이 100세 시대라는 초 고령화 사회를 맞이했지만 건강이 원활하지 않을 경우 이는 축복이 아닌 고통이자 저주가 될 수도 있기에 인류의 행복을 위한 병리학자로서 '구구팔팔이삼사' 즉, 99세까지 팔팔하게 살다가 이삼일 정도 가볍게 앓다 세상을 떠나고 싶은, 그야말로 행복한 웰 다잉을 위해, 사망 원인 1위의 암이라는 질병을 뒤늦게 알게 돼 겪는, 그로인해 본인은 물론 가족들까지의 불행까지도 예방하고 극복해내는데 도움을 주기 위해 스마트 암 진단 의술 아이파인더를 개발한 것이다.

이러한 김철우 박사로부터 70여년 역사의 우애재단 한국지부 특임고문 신부호 목사에게 어느 날 만나자는 연락이 왔다. 만남의 목적은 김철우 박사가 세계적으로 인정받고 있는 스마트 암 진단 의술 아이파인더를 세계우애재단과 함께 공동기부사업으로 펼쳐 나가고 싶다는 뜻밖의 제안이었다.

이는 건강을 위한 의술이 우애의 나눔과 사랑으로 보다 더 가치 있게 더 널리 사용되길 바라는 제안이었다. 김철우 박사는 북한의 경우 그곳 생활이 많이 어려울 테니 북한에는 이 아이파인더 의술을 아무 조건 없이 무료로 기부하고 이를 보급하는데 도움을 주겠다고 제안 해왔다. 마침 신부호 목사는 수년전 하토야마 전 일본 총리를 모시고 북한을 방문해 동북아시아의 평화증진을 도모할 계획이 있었으나, 당시 갑작스러운 코로나 팬데믹으로 인해 방북 직전에 아쉽게도 무산된 아쉬움도 있어왔기에 김철우 박사의 제안이 더욱 뜻깊었다.

남북한의 이산가족 문제 등을 풀어내 슬픔과 아픔의 분단의 현실적 장벽 고착화를 뛰어넘어 인류애를 표현하고, 그야말로 실질적 도움을 줄 수 있는 뜨거운 우애를 스마트 암 진단 의술 아이파인더를 통해 실현해 낼 수 있게 됐기 때문이다. 이는 김철우 박사가 자신이 개척한 의술의 상용화로 인한 돈벌이 보다는 고귀한 사랑의 우애정신의 실천을 우선시한 것이다. 동아시아와 세계평화라는 인류의 궁극적 본질적 가치와 목표에 보다 더 크게 뜨겁게 기여하기 위한 의술 기부인 것이다.

이로 인해 하토야마가 이끄는 우애재단의 우애정신, 평화정신의 세계적 확산이 보다 더 역동적으로 김철우 박사의 의술 기부 스토리와 함께 세계에 더 널리 더 멀리 전해질 수 있을 것이다.

이러한 김철우 박사의 제안을 일본 세계우애재단에 전달한 신부호 목사는 뜻있는 이들과 함께 여러 해에 걸친 노력 끝에 한국의 4.19 혁명과 5.18 민주화 운동의 'UN유네스코 세계기록유산 등재'를 이뤄낸 바 있다. 현재는 3.1 독립만세운동 또한 'UN유네스코 세계기록유산 등재'를 진행 중이다. 신부호 목사는 한국의 청송교도소 등 사형수 전도를 26년째 지속해 온, 잃어버린 양 한 마리를 구원해 내기 위해 묵묵히 헌신 해 온 우애의 목사다.

그는 웃으며 스스로 '우애의 전도사'로 자신을 소개한다. 내가 신부호 목사에게 김철우 박사가 북한에 무상 기부하는 스마트 암 진단 의술에 대해 탄복하자, 자신도 동감한다며 성경에 나타나는 야곱과 그의 형제들에 대한 우애에 관한 이야기를 들려주었다

여호와께서 예언자 사무엘에게 말씀하셨다. "내가 이스라엘의 왕으로 세울 사람을 보아 두었다. 그 사람은 베들레헴의 이새의 아들들 중에 하나이다." 사무엘은 여호와 하나님 계시를 따라 이새의 집을 찾아가 모든 아들들을 살펴보았으나 왠지 왕이 될 만한 재목은 도저히 눈에 띄질 않았다. 그래서 또 다른 이 자리에 참석치 않은 아들은 없는지 물었다.

그러자 "양치기하느라 들에 나가있는 다윗이란 막내가 있긴 한데 그

아들은 절대 왕이 될 깜냥이 안 됩니다. 겨우 양이나 치는 무지렁이입니다." 이런 식으로 굳이 면접을 볼 필요도 없다는 투로 하찮은 인물로 비하시키며 단숨에 왕따를 시켜버렸다.

하지만 사무엘은 그 아들을 빨리 데려 오라했고 마침내 양치기하다 불쑥 나타난 양치기 막내아들 다윗을 두고 '빛이 붉고 눈이 빼어나고 얼굴이 아름다운' 그를 두고 여호와께서 "이가 그니라"하셨다.

이후 다윗은 널리 알려진 이야기처럼 돌멩이 다섯 개와 물맷돌만을 지니고 양치기 복장 그대로 블레셋 군대 앞으로 나아가 블레셋 사람 거인 전사 골리앗의 이마 한가운데에, 물맷돌로 돌을 던져 박히게 하고 엎어지게 하고 이기고 쳐 죽인다. 그리고 우여곡절 끝에 마침내 이스라엘 왕이 된다.

그러자 그를 천대하던 형제들이 몹시 겁을 먹었다. 혹여나 지난날 자신들이 못살게 굴고 구박하고 왕따 시키던 다윗이 왕이 됐으니 엄청난 보복을 가해오지나 않을까 걱정이 태산 같았다. 하지만 왕이 된 다윗은 자신을 업신여기고 괴롭힌 형제들을 오히려 우애의 마음으로 잘 대접해 주었고 안심시켰다.

이는 축복도 고난도 연단도 모두 하나님께서 주신 은혜이자 은총이라 생각하는 다윗의 굳건한 믿음이었고, 그럴 수 있었던 것은 늘 언제 어디서나 하나님의 뜻이 그의 가슴 한복판 중심에 뚜렷이 새겨져있었고, 그 진리와 사랑의 힘으로 그가 왕으로서의 은사를 받았기 때문이었다.

나는 신부호 목사가 들려 준 양치기에서 왕이 된 다윗의 이야기를 듣고 이런 생각을 했다. 칼도 창도 없이 갑옷도 거추장스러워 벗어던지고 전쟁터 한 복판으로 나아가던 중, 어느 시냇가에서 주운 매끈한 돌멩이 다섯 개로 골리앗을 이기고 죽인 다윗, 어쩌면 그 돌멩이가 바로 인류 역사상 가장 미운 적, 가장 많은 사람들을 죽이고, 가장 많은 사람들을 슬프게 하고 아프게 하고 비참하게 만든 전쟁이라는 거대한 악마의 이마 한가운데를 맞추고 깊숙이 박혀 마침내 전쟁을 사라지게 하고, 평화를 가져오게 하는 '우애사상'이 아닌가 하고 말이다.

다시 말해서 전쟁이라는 골리앗을 우애라는 돌멩이로 새로운 평화시대를 가져오게 하는 것이 바로 서울서대문형무소 순국열사 추모관 앞에서 그리고 합천 원폭피해자들 앞에서 진정한 무릎 사죄로 한일 간에, 동아시아에 세계에 우애와 평화의 담대한 역사를 활짝 열어젖힌 일본의 제93대 내각총리대신 하토야마의 우애사상이 아닌가 생각됐던 것이다.

나는 그동안 7년째 하토야마 전 총리의 우애사상 전도사임을 자처하는 신부호 목사에게 이런 질문을 했다.

"하토야마 전 일본 총리님은 어떤 분이신가요? 신 목사님께서는 가까이서 오래 뵈어왔었기에 특별한 말씀을 기대합니다."

신부호 목사가 답했다.

"총리님은 매우 부드럽고 순한 분처럼 보입니다. 평상시 늘 한결 같습니다. 그런 모습이 말이죠. 하지만 우애 강연을 할 때 특히 UN총회에서 연설하실 때 같은 경우 총리님 모습을 뵈면 카리스마가 대단하십니다. 그 마음속의 신념이 우애사상에 대한 인류의 평화기원에 대한 믿음이 정말 대단하십니다. 그리고 우애 사상의 실현을 위해서는 절대 포기 할 줄도 물러설 줄도 모르십니다. 한마디로 사람 앞에서는 누구보다도 가장 겸손하시지만 진리를 위해서라면 세상에서 가장 용감한 분이십니다."

테일러 스위프트, 전쟁은 언제 끝나나요?

사랑은 인류의 모든 법칙 위에 있다

- 레흐 톨스토이(Leo Tolstoy, 1828-1920,
  소설 '전쟁과 평화'의 작가)

우크라이나 전쟁과 가자지구 전쟁으로 인해 더욱 더 그리운 사랑과 평화의 시대를 위해, 인류역사에서 저 모든 전쟁은 언제 끝날까? 나는 80억명 세계인 모두에게 묻고 싶다. 바이든 미국 대통령, 해리스, 트럼프 미국 대통령 후보, 리시 수낵 영국 총리, 에마뉘엘 마크롱 프랑스 대통령, 기시다 일본 총리, 베냐민 네타냐후 이스라엘 총리, 블라디미르 푸틴 러시아 대통령, 블로디미르 젤렌스키 우크라이나 대통령, 안토니오 구테후스 UN 사무총장, 하마스 이슬람 무장저항단체이자 정당, 프란치스코 교황, 윤석열 한국 대통령, 김정은 북한조선노동당 총비서를 비롯해 현재 세계최고 인기가수 미국의 테일러 스위프트, 한국의 BTS, 블랙핑크, 뉴진스, 프로듀서 이수만, 방시혁 하이브 의장, 프로듀서 박진영 JYP 대표, 프로듀서 민희진 그리고 2023년 노벨문학상 수상작가인 노르웨이의 욘 포세, 이란의 여성 억압에 맞서 싸우고 모든 사람의 인권과 자유 신장을 위해 투쟁해 온 공로로 2023년 노벨

평화상을 수상한 이란의 여성인권운동가 나르게스 모하마디에게 그리고 천국에서 새로운 평화의 노래를 오늘도 부르고 있을 것만 같은 존 레논에게, 1963년 평화염원의 노래 Blowing In The Wind를 발표했으며 2016년 노벨문학상을 수상한 밥 딜런에게 그리고 세계의 모든 지하철을 타는 사람들에게, 모든 버스를 타는 사람들에게, 모든 비행기를 타는 사람들에게, 아미시 공동체를 비롯해 모든 말을 타는 사람들에게, 승용차를 타는 사람들에게, 화물차 기사들에게, 아마존의 나무들에게, 북극의 곰들에게, 북아메리카의 벌들에게, 세계의 모든 군인들에게, 밤하늘의 모든 별들에게, 막 사랑을 시작한 연인들에게, 세상의 모든 바다에게, 도쿄의 까마귀들에게, 뉴욕의 참새들에게, 서울의 까치들에게, 베트남의 나비들에게, 인도의 원숭이들에게, 발리의 저녁노을에게, 리스본 항구의 배들에게, 지중해 연안의 포도밭 포도송이들에게, 소설 이방인의 카뮈와 단편소설 목걸이의 모파상이 사랑한, 해변의 휴양도시 시디 부 사이드의 튀니지안 블루라고 불리는, 파란창문의 하얀 집들과 푸른 파도와 하얗게 부서지는 물거품들에게, 세상에서 가장 작지만 가장 아름다운 그 어딘가의 교회 십자가에게, 갓 태어난 아기들의 울음소리에, 첫 월급을 확인한 세상의 모든 사람들에게, 첫 손님을 맞이하는 세상의 모든 상점의 점원들에게, 투표하는 손길들에게, 연설하는 정치인들에게, 헝가리의 대평원에 피어난 풀꽃들에게, 지구의 모든 것을 스쳐 온 바람에게 나는 묻고 싶은 것이다. 전쟁은 언제 끝나요? 하고 말이다.

한국도 북한도 러시아도 우크라이나도 일본도 독일도 베트남도 필리핀도 프랑스도 이스라엘도 팔레스타인도 이집트도 이라크도 아프가니스탄도 이 세상 모든 나라에 진정한 평화가 찾아오고 영구평화가 확실하게 보장되는 기적 같은 그날이 도적처럼 찾아오는 그 연도와 날짜와 시간은 언제일까? 헤이, 테일러 스위프트, 그 날은 언제일까요?

밥 딜런의 바람만이 아는 대답

그에 대한 답을 밥 딜런(Bob Dylan)은 1962년 4월 16일에 만들고 1963년 8월 13일에 발표한 Blowing In The Wind(바람만이 아는 대답)에서 일찌감치 역시 같은 질문을 던졌고 스스로 답했다.

사람은 언제나 사람다운 사람이 될까?
비둘기가 거친 바다를 건너 평화의
해변에 안착하는 날은 언제일까?

더 이상 포탄이 안 터지는 그날은 언제일까?
산이 바다가 되는 날은 언제일까?

얼마나 많은 세월이 흘러야 자유를 찾을 수 있을까?
얼마나 더 외면해야 모른 척 할 수 있을까?

언제나 사람은 하늘을 보고
얼마나 많은 귀가 있어야만
울부짖는 소릴 들을 수 있을까?

얼마나 더 많이 죽어야만

희생자가 있었다는 것을 알게 될까?

눈이 있어도 못 본다는 얘기다. 귀가 있어도 못 듣고 심지어 그 모든 문제점들을 못 본척한 채 그냥 먹고살기 바쁘다는 이유로 방관만 하는가? 라는 뼈아픈 통렬한 질문을 날카로운 비수처럼, 밥 딜런은 스물두 살의 젊은 입술로 세계를 향해 질문했다. 그 질문은 여전히 지금도 유효하다. 그 질문에 대한 밥 딜런의 자문자답은 '내 친구 바람이, 불어가는 저 바람이... 대답하고 있다'고 노래했다.

자유의 바람, 생명의 바람이 전쟁이 끝나고 평화가 시작되는 그 날을 알고 있을 것이라는 평화염원의 뜻깊은 인류의 양심을 대변한 노래 Blowing In The Wind에 대해서 밥 딜런은 단순 노동요일 뿐이라고 대수롭지 않은 듯 말했다.

거기에 덧붙여 "이 노래는 전쟁에 대한 저항의 노래가 아니다. 나는 그런 노래를 작곡하지 않는다."라고 반어법처럼 말했으나 이는 그의 지독한 겸허이자, 노래가 추구하는 평화가 모든 만물 사이에 모든 만사에 우애로 드러내는 것이 중요한 것이지, 자신의 공로가 강조됨으로서 그로인해 혹여나 만에 하나 자신이 우상화됨을 지독하게 경계하는 지혜로움의 극치다.

따라서 늘 언제나 그래왔듯이 그 어떤 위대함의 찬사도 거부하고 끝내 홀가분한 개인의 완벽한 자유를 끝없이 선택해 왔고 지켜 온 밥 딜런 스타일의 또 하나의 멋짐이다.

밥 딜런의 Blowing In The Wind를 듣노라면 그는 마치 의사 같다. 지구의 심장에, 그 심정에 기타라는 청진기를 갖다 대고 가만히 귀 기울이며 "어디 좀 봅시다. 상처가 커요. 오래된 전쟁의 상처이고 당신은 공포에 질려있군요."하고 깊은 한숨을 내 쉬는 것 같다. 이때 의사 밥 딜런의 진료실 창밖으로 미사일이 날아다닌다. 이어서 "빨리 전쟁을 멈추고 분쟁을 어서 끝내야 해요. 너무 많은 사람들이 죽어가고 있습니다." 그의 목소리가 울컥한다. 도저히 목불인견의 그 고통을 바라본다는 것이 괴롭고 피하고 만 싶다. 하지만 이제 처방전을 쓸 시간이다. 밥 딜런은 이렇게 노래한다. "내 친구 바람에게 가서 물어보세요. 그가 답해 줄 거에요. 바람이.. 저 바람이... 불어가는... 저 바람이...."하고 끝내 말을 맺지는 못한다. 그의 하모니카 소리가 당신의 가슴에 전 인류의 양심에 푸른물결로 울부짖으며 지금도 부르짖으며 달려온다.

나는 그 처방전을 통해, 그 노랫말을 통해, 기타와 하모니카와 잔뜩 불만 섞인 목소리로 웅얼거리고 울부짖는 듯한, 그의 노래를 통해 밥 딜런은 하나님의 선물, 생명의 바람이라는 그 평화의 편지를, 우애의 편지를, 전쟁과 죽음에 시달리는 모든 지구인들에게 특히 사랑과 평화를 사랑하는 모든 우애인들에게 전하고 싶었지 싶은 것이다.

그 노랫말은 어쩌면 "그만해. 이제 제발 그만하라고. 생명은 곧 하나님인데 예수님인데 성령님인데 축복인데 꿈인데 사랑인데 희망인데 기도인데 전쟁으로 사람을 죽이는 건, 곧 예수를 십자가에 매다는 것과 똑 같은 거야. 생명을 죽인다는 것은 하나님을 죽이려는 어리석고 무모하고 반드시 실패할 수밖에 없는 못난 짓, 나쁜 짓, 결국 죄의 삯 사망을 벗어날 수 없는 벌레나 먼지만도 못한 피조물의 창조주에 대한 헛

된 반항이고 방황일 뿐이야. 아무짝에도 쓸모없는 쓰레기 행위일 뿐이야. 그렇다고 생명이, 하나님이, 예수님의 사랑이 사라지지 않아. 이미 죽어버린 썩어버린 마귀의 생각으로 회칠한 무덤들이 살아있는 생명을 죽이고자 하는 그 죄와 벌로 인해 영원한 죽음에 머물게 될 거야. 무저갱의 지옥에 던져질 거야."라는 속 깊은 의미로 해석될 수 있을 것만 같은 것이다.

K-POP

K-POP은 세계적인 사랑을 받는 글로벌 음악장르가 됐다. 그 K-POP을 이끄는 최고 프로듀서들은 전 SM 대표이자 현 블루밍 그레이스 대표 이수만, 하이브의 방시혁 의장, YG엔터테인먼트의 총괄 프로듀서 양현석, JYP 대표 박진영, ADOR 대표 민희진 등이다. 박진영은 우리가 평소 사용하는 언어들 그러니까 어떤 낱말 하나하나는 개인적인 의미도 있고, 사회적으로 통용되는 상식적 의미도 있고, 사전에 규정된 해석도 있으나, 가장 중요한 언어 규정과 해석은 성경이라고 말한다. 그래서 하나님과 연결돼 있는 상태가 생명이고 연결이 끊어져 있다면 그것이 곧 죽음이라고 말한다. 그리고 보통의 일상의 대부분의 사람들은 그 연결이 하루에도 여러 차례 이어졌다 끊어지기를 반복한다고 말한다.

사람은 지옥에 가더라도, 영원히 살아서 고통 받는데 그것은 고통을 감각할 뿐, 하나님과 연결돼 있지 않은 죽은 목숨의 지옥생활이라고 말한다. (무지하게 고단할 것 같다.) 그래서 때로 누군가는 살기가 너무 힘들다고 자살을 생각하는 수가 있는데 그렇게 도피하고 싶어 하는데, 자살로 인해 자신을 이 우주에서 영원히 삭제시킬 수 있고 그로인해 고통과도 영원히 굿바이 할 수 있다고 생각하면 큰 오산이라고 박진영은 말한다. 사람은 현재 지구에서의 사람으로서의 삶과. 천국, 지옥 이 세 가지 안에 속하는 수밖에는 없다고 말한다. 이것은 영원하다고 한다. 말하자면 이승에서의 삶은 곧 하나님 축복에 속하는데 그걸 반납하고 자살을 한다는 것은 천국으로 가는 티켓을 찢어버리는 (오만방자와 경거망동의 쌍두마차를 타고 미친 듯 달리는) 결과를 낳게 되고 그로인해 곧장 지옥으로 떨어진다는 무시무시한 결론이지 싶다.

나는 박진영의 이러한 생명과 죽음에 대한 고찰이 대단히 유익한 삶에 대한 조언이라고 생각한다. 박진영은 데살로니가 5장 23절 '화평의 하나님 바로 그분께서 너희를 온전히 거룩하게 하시고 너희의 온 영과 혼과 몸이 우리 주 예수 그리스도께서 오실 때까지 책망할 것이 없게 보존되기를 하나님께 기도하노라'를 제시하면서 사람이 세상에 태어날 때는 그 부모의 죄를 이미 타고났기에 아직 하나님과 온전히 연결이 안 되다가, 살면서 복음을 받아들이고 하나님을 믿고 하나님 성령과 연결되면서, 진정한 생명의 영적 인간이 된다고 말한다.

하지만 그러한 거룩함의 삶 대신 육체적 쾌락, 정욕, 육신을 위한 잡다한 욕망 등에 사로잡혀 그쪽으로만 추구하는 육적인 삶을 사노라면, 그것은 곧 하나님의 영과 연결되지 못한 채 이미 지옥으로 가는 열차에 올라탔다고 본다고 이야기한다. 그러한 영과 육의 갈림길에서 최종 판단을 하고 운전대를 잡고 있는 것이 바로 혼이라고 말한다.

하늘에서 보내 온 이메일

나는 2016년 귀로 듣는 시의 회복이라는 그 공로로 노벨문학상을 수상한 밥 딜런의 Blowing In The Wind야말로 밥 딜런 그가 곧 하나님의 영과 평화, 자유와 연결된 상태였을 때 만들어졌다고 생각한다. 예술가들은 어느 순간 영감을 받는다. 무당의 경우는 신 내림이라고도 하는데 나는 예술가들이 영감을 받아 작품을 하게 되면 단숨에 창조 에너지를 받고 이를 발휘해, 많은 사람들로부터 공감을 이끌어내는, 위대한 작품을 발표할 수 있다고 생각한다.

이를 나는 하늘에서 보내오는 편지, 이메일, 카톡 같은 것이라고 생각한다. 하나님이 세상을 구원하시고 축복을 주시기 위해 예술가를 통해서, 사람들의 양심과 상식, 선한 생각과 행동을 회복 시켜 주는 영적 축복이, 바로 예술가들은 물론 보통사람들에게도 생의 한가운데서 문득 하늘 영감을 받는 순간이라고 생각한다.

밥 딜런의 Blowing In Tne Wind로 인해 사람들은 경탄했다. 흑인 가스펠 송에서 영향 받은 그 노래는 통기타 하나, 하모니카 하나 그리고 밥 딜런의 조금은 우울한 듯 비통한 듯, 침통한 듯 외로운 듯, 단호하듯 거친 목소리와, 날카롭게 불어가는 바람처럼 등장하는 하모니카 소리로 우리들을 침잠케 한다. 회개의 단초를 제공하는 노래다. 덧없이 무의미하게 죽어간 지구상의 수많은 전쟁 희생자들을 또 다시 생각하게 하는 추모의 노래다.

이 노래로 인해 대중음악은 평화를 노래하는 대 사회적, 대 세계적

메시지 송의 본격적 등장의 계기를 마련했다. 물론 그 이전에도 우디 거스리(Woodrow Wilson Guthrie, 1912-1967), 피트 시거 등이 자유, 평등, 평화에 대한 소망을 노래했지만, 불필요한 전쟁의 참혹함을 노래를 통해 고발했지만, 밥 딜런의 노래는 본격 저항의 이미지가 보다 더 훨씬 강했고 강렬했다. 그것은 호소라기보다는 자유를 위한 전범들에 대한 야유였다. 밥 딜런은 전쟁의 신 아레스(Ares)의 멱살을 잡아채 뒤흔들었다. 전쟁을 기획하고 획책하는 이름 모를 전쟁광들, 그들 모두에 대한 냉소와 더 이상 그런 더러운 짓하지 말라는, 너희들 모두 지옥으로 가는 특급고속열차 티켓 예매하지 말라는 담대하고도 담백한, 평화선언의 노래가 바로 Blowing In The Wind였다.

아주 젊잖게 꾸짖는 명령이었다. 밥 딜런은 현실을 받아들인 것이다. 성경의 복음을 받아들이듯 새 아침 태양 빛 받아들이듯, 전쟁의 역사를 그 고통을 그 피 흘림을 그 지옥을 전혀 외면하지 않고 못 본척하지 않고, 정면으로 맞닥뜨리고 받아들였다. (이는 영화 '황해'에서 주인공 하정우가 권투선수는 링 위에 올라가 상대방 선수 주먹에 맞을 때 맞더라도, 그 주먹이 날아오는 곳을 향해 두눈 부릅뜨고 결코 눈감지 말고, 그 주먹을 바라봐야 한다는 권투선수의 철칙과도 상통한다.) 그 전쟁이라는 죽음의 땅에서 그래도 봄이면 새싹이 연두 빛으로 돋아나고 꽃으로 부활하듯, 침묵이라는 악보 위에 생명의 음표를, 평화의 비둘기들의 날개 짓을 그려 넣고, 그 음표 위로 자신의 꿈을 노래하는, 바람의 호흡 그 평화염원의 숨결을 불어 넣었다. 우애의 손길을 새겨 넣었다.

이는 전쟁터에서 죽어간 많은 사람들, 전쟁터에서 막 죽어가고 있는 마지막 숨을 거두는 젊은 병사들, 전쟁 피해자들의 멈춰버린 심장에 인공호흡을 해대는 것과도 같은 투철한 사랑의 노래. 세계의 많은 이들이 밥 딜런의 Blowing In The Wind에 감동했다. "아, 더 이상 전쟁하면 안 되겠구나"라는 자각이 젊은이들을 중심으로 반전운동, 평화운동, 여성인권운동, 환경운동 등을 통해 장대하게 전 지구촌 세계인들의 가슴과 가슴으로 눈빛과 눈빛으로 손길과 손길 사이로 물결처럼 바람처럼 나아가고 또 나아가고 더 나아갔다.

이 노래로 인해 거세게 일었던 미국에서의 반전운동은 걷잡을 수 없을 만큼 강력한 들불처럼 번져갔고, 이 노래 발표 10년 후인 1973년 1월 27일 마침내 베트남 전쟁은 파리 평화협정을 통해 종전됐다. 이를 두고 미국 음악평론가들은 밥 딜런의 Blowing In The Wind 같은 포크 뮤직과 자유를 향한 불굴의 비폭력 평화주의 록 뮤직이 베트남 전쟁을 끝내게 했다고 규정했다.

세계의 자석

밥 딜런이 Blowing In The Wind를 만들고 부르게 된 데에는 사연이 있다. 밥 딜런은 고향에서의 미네소타 대학을 중퇴하고 통기타 하나 둘러메고, 화물열차 훔쳐 타고 모던포크 싱어가 되기 위해 뉴욕으로 올라온다. 얼마 후 그는 고향의 아버지에게 전화하며 이렇게 말한다. "아버지 뉴욕은 세계의 자석이에요. 뉴욕이 사라지면 지구상의 모든 도시가 흩어질 거 에요."

무명의 통기타 가수시절 뉴욕의 그리니치빌리지에서 밥 딜런은 지인의 아파트 소파를 빌려 잠잤고 누군가 노래하면 무대 뒤에서 백 코러스나 백 기타 혹은 백 하모니카를 연주하며(초기엔 목소리도 이상하고 노래도 너무 못한다고 무대에 무명가수로도 잘 서지 못했다.) 고난의 행군을 하던 시기에 뉴욕 시립도서관을 수시로 찾았다.

그곳에서 독일의 항복으로 끝난 제1차 세계대전(1914-1918) 중 27개국 7천만명 군인이 참전해 병사 900만명이 사망했으며, 제2차 세계대전(1939-1945) 중에는 30개국 군인 1억명이 참전해 군인과 대부분 민간인 7천만명이 사망했다는 지난날 옛 신문들을 집중적으로 살펴본다.

그 결과 스마트 폰을 만든 스티브 잡스가 존 레논과 함께 가장 좋아하고 존경했다는 밥 딜런 그는 철조망, 부상병, 폐허, 포탄, 참호 속의 군인들, 폭격기, 영웅이 된 전쟁범죄자, 전쟁고아, 불길, 휴전, 전쟁미화 포스터(격추되는 미사일, 대포, 경례하는 군인 위의 하늘로 날아가는 전투기와 폭격기, 수류탄 던지는 군인, 총알에 구멍 난 녹슨 철모가 그려진 그림 등) 상이군인 등을 볼 수 있었다. 그로인해 밥 딜런은 "세상엔 전쟁이 너무 많이 있어왔다. 이제 더 이상 전쟁은 안 된다. 인류에게서 전쟁은 완전 사라져야 한다. 정말 진정한 평화가 온 세계에 필요하다."라는 가슴 벅찬 깨달음을 얻어 Blowing In The Wind를 스스로 작사, 작곡, 노래했다.

자, 이제 이 글의 마무리를 밥 딜런이 고향의 아버지에게 전한 말에 기대어 이렇게 당신에게 전하고 싶다. "안녕하세요. 이 글의 독자님. 우애는 세계의 자석입니다. 우애가 사라지면 모든 것은 뿔뿔이 먼지처럼 흩어지고 말거에요."

인터뷰

노재헌
동아시아문화센터 이사장

노재헌 이사장 인터뷰는 처서가 지나고 2024년 8월 28일 수요일 커다란 나무 그늘 아래서 진행됐다. 매우 자연스럽게 말이다. 그가 한 답변을 정리해서 독자 여러분들과 공유 드립니다.

1. 행복합니다

5년 전 우연히 하토야마 총리님을 중국 의료산업 교류행사장에서 뵈었습니다. 오래전부터 알던 사람처럼 소탈하게 대해 주셨고 겸손하셨습니다. 동아시아 전체를 아우르는 총리님 행보는 자신의 철학의 실천입니다. 인간적 매력이 느껴졌고 자신의 사상과 철학, 신념이 일관된 분입니다. 인간적인 정치, 도의적인 정치를 했던 분입니다. 동아시아와 세계인류 전체에 대한 올바른 방향을 늘 걷고 계십니다. 특히 오키나와 축제 때도 뵈었었는데 그곳 주민 분들에게 의리라고 할까, 그런 진정성을 느낄 수 있었습니다. 하토야마 총리님을 생각하면 행복합니다.

2. 물은 낮은 곳으로 흐릅니다

대개 정치인들이 겸손한 말을 많이 합니다. 그런데 하토야마 총리님은 그 겸손이 진짜입니다. 진심입니다. 진실입니다. 물은 낮은 곳으로 흐릅니다. 그래서 세상의 목마름을 적시듯이 우애라는 물이 되어 목타는 세상을 적시는 분입니다. 쉽사리 선뜻 찾아보기 힘든 정치인을 넘어서서 이제는 우애사상가, 평화운동가로 생각됩니다.

총리님은 대부분 사람들이 생각할 때 모든 것을 다 가진 분입니다. 얼마든지 편안하게 사실 수 있습니다. 적당히 명예를 누리면서 말입니다. 하지만 우애라는 이 시대에 가장 필요한 십자가를 스스로 짊어지고 한결같이 동아시아공동체를 위해서 그 결과 세계평화를 이루기 위해서 행동하는 용기, 행동하는 양심을 실천하고 계십니다. 그로인해 저 역시 많은 감명을 받았습니다.

2018년 5월 23일 제가 5.18 광주민주묘지를 찾아 저의 부친이신 노태우 전 대통령님의 뜻을 함께 담아 참배와 사죄를 하는데 있어서도 하토야마 총리님의 영향이 있었다는 것도 사실입니다.

(당시 노재헌 이사장은 고령과 병환으로 거동이 불편한 노 전 대통령이 "5·18묘지에 참배하고 싶다"는 의사를 여러 차례 보였다면서 "아들로서 아버지 대신 이곳을 찾아 사죄의 뜻을 전하고, 사진 등으로 이곳의 모습을 아버지께 보여드리고자 한다"고 전했다. 또한 노재헌 이사장은 민주묘지 '민주의 문'에 놓인 방명록에 '삼가 옷깃을 여미며 5·18 광주민주화운동 희생자분들 영령의 명복을 빕니다. 진심으로 희생자와 유족분들께 사죄드리며 광주 5·18 민주화운동의 정신을 가슴 깊이 새기겠습니다'라고 '사죄'라는 단어를 직접 언급했다. 이밖에도 윤상원, 박관현 열사와 당시 11세의 나이로 희생된 고 전재수 유공자 묘

지를 차례로 찾아 무릎을 꿇고 헌화, 분향했으며 행방불명자 묘역과 추모관, 유영봉안소, 인근 망월동 민족민주열사묘역(구 묘역)도 방문했다.)

3. 야구선수가 되고 싶었고 정치가도 하고 싶었습니다

노재헌 이사장의 어린시절 꿈은 원래는 야구선수였으나 공부에 더 매진해야할 분위기여서 그리고 야구선수로서의 재능이 아주 많다는 생각이 안들어 그 꿈은 포기해야 했다. 한때 정치가의 꿈도 있었으나 지금은 이제는 내가 하고 싶은 일과, 내가 해야 할 일 그리고 내가 잘 할 수 있는 일을 잘 살펴보고 선택과 집중을 잘 해나가는 것이 꿈을 이루는 것이라고 말한다.

4. 내 어깨를 밟고 가세요

부친이신 노태우 대통령이 대통령 후보로 나가겠다고 했을 때 아들 노재헌 이사장은 당시 대학생이었다. 그는 친구들에게 물었고 그들 대부분이 반대하는 의견을 부친에게 가감 없이 있는 그대로 전했다. 부친은 직접 대학생들을 만나기도 했다. 그리고 이렇게 말했다. "지금은 과도기이고 전환기입니다. 나를 믿어주길 바랍니다. 보통사람의 시대를 만들겠습니다. 한명의 천재도 필요합니다. 하지만 모든 보통사람들이 필요합니다. 내가 다 해내겠다가 절대 아닙니다. 역사적 나의 몫이 있습니다. 미래는 젊은 여러분들의 것입니다. 여러분들은 내 어깨를 딛고 미래로 전진하세요. 내가 그 디딤돌입니다."

5. 대한민국 지도를 아주 크게 그리던 노태우 대통령

　노재헌 이사장의 어린 시절 그는 당시 군인이었던 아버지가 이따금 그리는 대한민국 지도를 특별하게 바라볼 수 있었다. 그 지도는 평소의 한반도가 아니었다. 그 위로 높이 드넓게 그려진 지도였다. 옛 고구려 영토 같았다. 그래서 당시 아버지에게 물었다. "왜 이렇게 대한민국이 큽니까?" 그러자 아버지는 "이게 내가 앞으로 나아갈 길이다. 대한민국이 가야 할 길이다."라고 답했다. 훗날 대한민국 제13대 대통령으로 취임한 노태우 대통령은 대한민국이 동북아시아에서의 주도적 입장이라는 아주 오랜 꿈을 갖고 있었다.

　노태우 대통령은 민족자존, 지혜로운 외교를 추구했다. 남한의 경제자립과 민주화는 물론 너무나 당연한 소명이었다. 아버지 노태우 대통령의 세계관은 아시아와 소련을 비롯한 당시 공산권 국가들과의 관계개선을 위한 북방정책이란 뚜렷한 미래목표가 있었고 이를 실현했다.

6. 한국인에 대한 무한신뢰에서 나온 노태우 대통령 리더십

　노태우 대통령의 명언이 있다. "국민은 나라의 주인입니다. 국민의 뜻은 모든 것에 우선하는 것입니다."

보통사람들의 다양성에서 대한민국의 무한한 창조적 발전 에너지를 노태우 대통령은 이미 잘 알고 있었다. 이는 노태우 대통령의 한국인들에 대한 무한신뢰로 이어진다. 노태우 대통령은 한국인 모두의 가슴 속 뿌리 깊은 한없이 순수한 애국애족 정신이라는 불멸의 존재를 굉장히 뜨겁게 믿었다. 아무리 험난한 상황이 국가적으로 찾아와도 노태우 대통령은 낙관했다. 한국인의 자정능력을 충분히 믿었다. 이는 하토야마 총리의 우애사상처럼 노태우 대통령의 보통사람 시대는 노태우 대통령과 대한민국 국민들 사이의 전폭적인 우애와 신뢰를 구축하기 위한 시기였다고 말해도 좋을 것이다.

하지만 노태우 대통령 시절의 대한민국의 국력은 21세기의 지금과 같지 않았다. 21세기를 위한 디딤돌을 놓을 때였다. 따라서 무엇보다도 시급한 것이 국제관계에서의 대한민국 신뢰를 높이 쌓아가는 일이었다. 노태우 대통령은 솔직하고 당당하게 국제외교에 임했고 한일중의 정치체재가 다르지만 정상 간의 외교에 있어서의 약속을 중요시하고 이를 실천함으로서 국제적 신뢰를 대한민국이 획득하고자 부단히 노력했다. 그로써 기존의 외국정상들이 한국에 대한 불신 같은 선입견을 불식시키고자 했다.

7. 동양평화론과 우애사상

하토야마 총리의 우애사상에 대해 노재헌 이사장은 "동아시아가 함께 공유하고 추구해야할 가치관을 옛 고전사상에서 찾을까? 혹은 현대의 종교에서 찾을까? 누구나 많은 생각을 해 왔을 것입니다. 그중 하나가 일제 강점기 일본이 주창한 대동아공영권이 있습니다. 하지만 그것은 아닙니다. 따라서 안중근 의사님의 동양평화론이 시대를 초월해 하나의 교과서가 되고 있습니다. 그리고 특별하게도 그로부터 114년이 흐른 지금 하토야마 총리님의 우애사상이 동양평화론에 너무나 잘 부합되고 있습니다. 이는 역사라는 장대하고도 도도한 강물 스스로의 정의회복, 복원능력 같은 것이라고 생각됩니다. 진리는 외롭지 않습니다. 진리는 기쁨 투성이입니다." 노 이사장은 또 이런 말을 덧 붙였다. "자유와 평등은 상충할 수 있습니다. 따라서 우애라는 균형자, 중재자가 필요합니다."

(안중근 의사는 1910년 3월 옥중에서 미완의 원고 동양평화론을 집필했다. 이 글의 논지는 동양평화를 실현하고 일본이 자존하는 길은 우선 한국의 국권을 되돌려 주어야만 하고, 만주와 청국에 대한 침략야욕을 모두 내버리는 것이었다. 그 이후에 한국, 청국, 일본 동양 3국이 한마음으로 협력하여 서양의 침략을 함께 방어하며 여기서 한걸음 더 훌쩍 나아가 동양 3국이 서로 화합해 개화발전 진보하면서, 동양의 평화를 토대로 세계평화를 위해 함께 진력하는 것이라고 설파했다. 이처럼 하토야마 총리의 동아시아의 우애공동체와 안중근 의사의 동양평화론은 "평화를 약속하자. 그리고 그 약속을 지켜 함께 공동번영 하는 가운데 행복하자"는 위대한 제안으로 해석할 수 있지 싶다.)

8. 나는 아시아주의자입니다

노재헌 이사장은 스스로를 아시아주의자라고 말했다. 그는 "그동안

서구문명이 주도하던 정치 문화 산업 등이 이제는 미국 원탑의 일극체제에서 벗어나야하고, 그런 현상을 이미 여기저기서 보이고 있고 또한 거기에 길들여져 있어 갖고는, 그 어떤 나라도 자신만의 미래를 표현할 수 없을 것입니다. 따라서 이제는 세계의 균형을 맞추기 위해서 그래야 인류의 세계평화라는 원대한 꿈도 이룰 수 있을 것입니다.

동아시아는 전 세계 GDP의 25%를 차지하고 있습니다. 따라서 그 영향력은 상상초월입니다. 따라서 제가 돕는 손길들과 함께 운영해 나가는 동아시아문화센터는 아시아 문화확산을 위함입니다. 이를 위해 아시아 여러 나라와 문화중심 교류협력 중입니다. 물론 이런 일을 해 나감에 있어서 가장 큰 힘은 역시 K-POP 등 한국문화의 힘이 그 어느 때 보다도 커졌기 때문입니다."

9. 그리면 그려집니다

반미, 친미, 친중, 친일, 반일 등의 말들이 있다. 이에 대한 노재헌 이사장의 견해는 다음과 같았다. "그런 말들을 살펴 보면 거기엔 사대주의 발상이 있다고 여겨집니다. 그 자체가 어떤 프레임에 사람을 가두는 것이 아닌가 생각되는 것입니다. 또 그러한 방향으로 정치적 이용을 하는 것도 경계해야 하고 그런 지혜가 적극 필요한 시대라고 생각됩니다. 따라서 백번 천 번 얘기해도 그리운 것은 동아시아공동체, 세계평화입니다. 그리면 그려집니다."

"역사는 반드시 짚어야하지만 미래도 봐야 합니다. 역사의 상처, 흔적 치유하고 가야되는 사명이 있지만 문제해결에 도움이 되는 게 아니라 상처를 정치적으로 이용해선 곤란합니다. 국제관계에 있어서 친하게 지내지만 할말은 하는 사이가 좋습니다. 반일감정, 혐한감정 보다는 인류애, 세계평화가 모두의 희망입니다."

10. 한국가수는 다 좋습니다

노재헌 이사장은 K-POP 전성기 이전에 한국대중음악계가 일본 J-POP 영향을 받았을 때, 야마구치 모모에, 마치타 세이코, 나카야마 미와 같은 J-POP 노래를 접했었다. 그리고 지금은 중국 대중음악 수준도 대단해졌고 J-POP도 다시 한국에서 영향력을 끼치기 시작한 것 같다고 말했다.

이런 현상을 바람직하다고 그는 말했다. 그 까닭은 주도는 하되 선의의 경쟁을 하며 함께 영향을 주고 받는 가운데 긍정적으로 더 좋은 음악을 국적에 상관없이 더 많이 들을 수 있는 삶은 한일중 국민들 누구에게나 필요하기 때문이라고 말한다.

말하자면 대중음악이 국가들 사이에 선순환을 하듯이 음악이 본원적으로 지닌 평화사상이 선한 문화혁명의 미래가 되고, 이것이 동아시아의 미래를 위해 기여하는 등의 순 작용을 일으켜 인류의 행복을 증진시킬 것이란 그의 믿음인 것이다.

거기서 더 나아가 대중음악뿐만이 아니라 전통음악의 보다 더 풍성한 동아시아 문화교류까지도 기대한다고 그는 말했다. 나는 그에게 한국가수는 누구를 좋아하냐고 물었다. 그러자 그의 답은 "한국가수는 다 좋습니다."였다.

11. 국경은 그대로 생활권은 자유롭게 하나로

나는 하토야마 총리의 한국의 지인들에게도 질문했던 100년 후의 한국과 일본에 대한 상상과 예측을 노 이사장에게도 부탁을 했다. 그 답은 "국경은 그대로지만 자유롭게 하나의 생활권으로 문화와 경제, 사회 전반에 걸쳐 많은 것들이 공유되는 시대가 될 것 같습니다. 특히 AI로 인해 언어의 장벽이 사라질 것이고 이는 양국 친선에 너무나 큰 도움이 될 것입니다."라고 전망했다. 그리고 "그때는 하토야마 총리가 꿈꾸던 동아시아공동체가 어떤 모델일지는 모르겠지만 이미 이뤄져 있을 것입니다."라고 낙관적으로 희망했다.

12. 우애의 동아시아공동체의 꿈이 이뤄지길 바랍니다

나는 노재헌 이사장에게 마지막 질문으로 하토야마 총리에게 부탁하고 싶은 말을 표현해 달라고 말했다. "하토야마 총리님의 동아시아공동체에 대한 꿈이 꼭 가능했음 좋겠습니다. 지금 누군가에게는 몽상이고 공상일지 모르지만 누군가에게는 설레는 반드시 다가 올 미래의 그 순간입니다. 분명 가능해질 겁니다. 지금 어쩌면 하토야마 총리님의 동아시아공동체의 꿈이 외로울 수도 있습니다. 고군분투하는 느낌일 수도 있습니다. 하지만 역사는 늘 이상주의자의 꿈이 세상을 바꿨습니다. 그 덕분에 많은 사람들이 좀 더 자유를, 좀 더 평화를, 좀 더 사랑을, 좀 더 행복을 간직하는 삶을 살았습니다. 지금은 일본에서 우주인이란 말을 듣기도 하지만 결코 동아시아공동체의 꿈은 공허하지 않습니다. 따라서 지금은 혼자서 우주인 하시지만 미래에 그리 머잖아 이미 지금도 제2의 우애인, 제3의 우애인들이 지속적으로 나타나고 있습니다."
"다만 하토야마 총리님 일정이 늘 너무 바쁘셔서 이제는 조금씩 쉬어가는 휴식도 꼭 가지시길 바랍니다."

(인터뷰를 마치면서 노재헌 이사장은 아시아인으로서의 자부심과 아시아의 매력을 알리는 동아시아문화센터의 수장으로서 앞으로 할 일이 너무 많다고 했고 그 말들이 생생히 귀에 남았다. 그는 철이 들면서 거대한 구상도 좋지만 할 수 있는 일을 미루지 않고 또박또박 해 나가는 삶을 이루겠다고 말했다. 특히 동아시아를 문화를 통해 하나로 아우르는 그의 꿈이 하토야마 총리의 우애의 동아시아공동체를 위해 멋진 하모니를 이루길 바라게 됐다.)

Amazing Grace

많은 자유국가가 자유를 상실하였습니다
미국에도 그런 날이 올지 모릅니다

만약 그렇게 된다면 이 나라가 나의 자랑스러운
훈장이 되길 바랍니다

내가 제일 마지막으로 도망쳐서가 아니라
결코 도망을 치는 일이 없을 것이기 때문입니다

- 에이브러햄 링컨(Abraham Lincoln, 미국 16대 대통령, 1809-1865)

1.

나 같은 죄인 살리신 주 은혜 놀라와
잃었던 생명 찾았고 광명을 얻었네

큰 죄악에서 건지신 주 은혜 고마와
나 처음 믿은 그 시간 귀하고 귀하다

2.

이제껏 내가 산 것도 주님의 은혜라
또 나를 장차 본향에 인도해 주시리

거기서 우리 영원히 주님의 은혜로
해처럼 밝게 살면서 주 찬양 하리라

'나 같은 죄인 살리신'(찬송가 405장)은 노예무역선장 존 뉴턴(John Newton, 1725-1807)이 노예들을 싣고 돈 벌이 가던 중, 한밤중 별들을 바라보다 문득 "하나님의 자녀들인 흑인들을 노예로 팔아넘기려고, 이 어두운 밤바다를 내가 가고 있구나. 너무나 불경스럽다. 내가 이 신성모독의 죄를 어떻게 씻을 수 있을까?" 하고 뉘우침이 복받쳐 이 노래 'Amazing Grace'(놀라운 은혜)를 만들었다고 한다.

이후 존 뉴턴은 영국 성공회 신부가 됐다. 평생 회개의 삶을 살기 위해 노예제도 철폐에 앞장선다. 뉴턴은 성직자를 지망하는 어느 젊은이에게 "당신이 가진 힘으로 불의와 싸우라"고 권했다. 그 젊은이는 훗날 영국 노예제도 철폐의 주역 윌리엄 윌버포스(William Wilberforce, 1759-1833)였다.

그는 "이 끔찍한 노예무역을 방치했다는 점에 대해서 영국 의회와 더불어 저 자신이 죄인임을 고백합니다. 우리 모두는 유죄를 인정해야만 합니다."라고 스스로를 죄인이라고 고백했다. 한때 영국은 무역으로 벌어들이는 돈의 3분의 1이 노예무역이었다.

영국은 윌버포스에 의해 1807년 노예무역 폐지법을 제정했다. 그가 세상 떠난 이듬해 1834년 대영제국 전역에서 모든 노예제도 자체를 완전히 없앴다.

16세기부터 유럽의 노예선이 납치한 흑인은 1,200만명. 이들은 주로 서부 아프리카 출신. 하지만 노예무역은 그 보다 더 오래전인 7세기 때부터 이슬람 제국에 의해 시작됐다. 그로부터 1천여년 간 4천만명의 노예가 고향 아프리카를 떠나 자유를 잃고 노예가 됐다.

존 뉴턴이 나 같은 죄인 살리신(Amazing Grace)을 작사하게 된 또 다른 설이 있다. 존 뉴턴이 아프리카 유럽 아메리카의 노예삼각무역에 종사하던 중 어느 날 바다 한가운데서 폭풍우를 만났다. 존 뉴턴은 파도가 너무 크고 높아서 잠시 몸을 피했는데, 자신이 조금 전까지 서있던 바로 그 자리에 다른 선원이 서 있다가, 한순간 몰아쳐 온 파도에 휩쓸려 눈 깜박할 새에 사라졌다. 이때 존 뉴턴은 자신을 구원할 수 있는 존재는 노예장사로 벌어들인 돈이 아니라, 그 돈을 쓰고 다니는 욕망과 소비가 아니라, 오직 하나님 사랑의 축복뿐이라는 걸 깨닫는다.

자신만의 탐욕으로 인한, 쾌락이라는 감옥 안의 노예로 살고 있다는 사실조차도 알 수 없었다. 하지만 폭풍우가 그치고 다시 바다가 잔잔해지고 밤하늘에 무수한 별이 돋아나는 그 순간, 그 빛이 하나님의 시선이라는 것을 느꼈다. 이기적 쾌락의 지옥에서 벗어나 별들의 천국으로 다가갈 수 있었다.

존 뉴턴 그는 비로소 많은 길을 돌고 돌아 하나의 깃발 즉 사랑의 깃발, 우애의 깃발, 자유의 깃발, 평화의 깃발, 행복의 깃발이 됐다. 성령의 축복이 하나님의 손길이 그를 일으켜 세웠다. 죽음에서 건져냈다. 헛된 욕망이라는 마귀의 집요한 유혹에서, 그 유혹에 연약한 존 뉴턴 그를 마침내 천하보다 더 귀한 한 영혼을 건져 냈다.

이쯤에서 북한 이야기를 해 보면 어떨까 싶다. 북한에서는 K-드라마가 인기다. 하지만 그 K-드라마를 봤다고 12년 노동교화형을 선고받은 16세 청소년 2명에게 수갑을 채운 채 '썩은 꼭두각시 정권의 문화(K-드라마)가 10대들에게 퍼졌다. 고작 16살인 이들은 스스로 미래를 망쳤다'면서 북한 당국은 이 소년들이 등장하는 북한 스스로 제작한 북한의 이념 교육용 영상이 있는데, 이를 영국 BBC가 방송했다. 이처럼 K-드라마를 본다는 것이 북한에서는 당국의 지시를 어긴 큰 죄가 된다. 따라서 이들 청소년 두 명의 공개재판은 같은 교복차림의 10대 학생 수백 명이 지켜보는 가운데 행해졌다.

나는 노예무역선장을 하다가 회심한 존 뉴턴처럼 지상의 모든 독재자들이 회심하고 그들이 저 마다 Amazing Grace 같은 회개의 찬송가를 만들 수 있는 날이 오길 바란다.

그들이 타고 다니는 고급승용차보다, 배고픈 자국민 어린 아기의 건강과 굶주린 위장이 더 중요하고, 그들이 소비하는 명품 백, 명품 시계보다 독재국가 청소년들의 무한한 꿈이 더 중요하고, 하나님의 형상을 한 그들의 모습을, 하나님의 꿈인 그들 내면에 존재한 재능의 창조적 발휘를 위해, 그들이 마음껏 누려야 할 자유 평화 사랑 행복을 위해 독재정권이 민주정권으로 거듭 태어나길 바란다.

 따라서 이 글은 우애의 향기, 우애 에너지, 우애의 축복을 전하고자 써 나간다. 이 책을 통해 하토야마의 우애의 생각이 더 많은 세계인들에게 전달돼, 우애의 세계가 하루라도 그야말로 단 1초라도 지구상에 더 빨리 실현되는, 자랑스럽고 사랑스러운 지구촌 풍경이 보고 싶기 때문이다.

 하토야마의 우애는 동아시아 국가들이라는 보석들을 연결하는 고리다. UN가입국가 193개국, 국제올림픽위원회 IOC 회원국가 206개국이라는, 보석으로 어우러진 목걸이의 줄이다. 하토야마의 우애의 줄로 동아시아의 마음이 하나로 이어진다면, 하토야마의 우애의 줄로 206개 국가가 하나의 목걸이로 이어진다면, 그 빛은 지상의 모든 고통의 원천인 악을 이길 것이다.

 그 대열의 맨 앞장에, 그 대오의 맨 한가운데에 동아시아의 현인, 세계의 위대한 선인 그리고 지극히 낮은 자세와 나직한 목소리의 겸허한 평화 지도자, 우애의 노래 그 자체인 하토야마의 자유의 가슴과 사랑의 눈빛, 정겨운 마음이 있다. 그래서 우애의 참맛을 매일 사과 먹듯이 바나나 먹듯이 두리안 먹듯이 포도송이 먹듯이, 그렇게 참된 우애의 맛을 지구촌 80억명 모두가, 서로가 서로에게 권하고 대접하는 가운데, 충분하고도 넉넉하게 누구나 소외되지 않고 풍성히 공급받고 정답게 나눌 수 있길 바란다.

교토와 서울의 우애

나는 1992년 도쿄 오사카 교토 등의 음악여행을 통해 일본 음악의 본질을 발견하고 싶었다. 오사카에서 가부키를 봤다. 도쿄 시부야에서 젊은이들이 춤추는 클럽엘 갔다. 신주쿠의 재즈 카페도 갔었다. 교토에서는 일본 대중음악 CD를 구매해야지 싶었다. 하지만 당시엔 스마트폰 내비게이션도 없었고 내게는 음반가게가 그려진 종이지도가 없었다. 하는 수 없이 길을 지나던 어느 20대 후반쯤 되어 보이는 일본 여성에게 음반가게 위치를 물었다.

그 여성은 나를 15분쯤 되는 거리를 함께 걸어서 찾고자 했던 음반가게 바로 앞까지 데려다 주는 친절을 베풀었다. 고맙고 미안했다. 하지만 그녀는 교토를 대표해서 한국에서 온 나를 환영한다고 말했다. 교토의 여자들은 자부심이 강해서 일본의 그 어느 도시나 지방의 여자들보다 아름답게 걷는다고 구체적인 교토 여성의 독자적 아름다움까지도 알려주었다. 음반가게 앞에서 그녀는 손까지 흔들어주며 좋은 여행되라고 축복까지 해주며 떠나갔다. 너무나 감사한 잊지 못할 추억이다.

그로부터 32년이 지난, 2024년 1월 초 약속 장소인 커피숍이 바로 눈앞에 보이는 횡단보도에 서있었다. 서울 광화문 종로 1가였다. 그때 어느 일본 중년 여성 한사람이 문득 내 앞에 다가오더니, 자신의 스마트 폰을 내밀며 일본어로 쓰여 진 지도를 보여주며 병원을 찾았다. 나는 자세히 그 지도를 살펴봤고 그 지도를 따라 그 중년의 일본여성을 안내하기 시작했다. 골목길과 빌딩 사이를 지나 그녀가 찾는 병원이 있는 건물 바로 앞까지 정확히 바래다 줄 수 있었다.

처음엔 솔직히 잠시 망설였었다. 횡단보도만 건너면 약속장소에 도착하는데, 더구나 약간 늦은 터라, 기다리던 사람 중에 하나가 어디까지 왔냐고 물어왔던 상황이었다. 하지만 나는 일본의 그 중년여성을 길 안내하기 위해, 내가 약속장소에 십여 분 더 늦게 도착하더라도 그 길을 택했다.

그 이유는 연초에 착한 일도 하는 게 좋지 싶었고, 그녀의 눈빛을 보니 내가 거절하면 추운 겨울거리에서 더 오래 헤맬 것 같았다. 무엇보다도 교토에서의 나를 음반가게 까지 바래다 준 그 여성에 대한 고마움이 32년이 지났음에도 여전히 간직돼 있었다. 그때의 고마움을 일본에서 온 그 중년여성을 위한 길안내를 통해 조금이나마 갚을 수만 있다면 갚고 싶었다.

나는 작지만 이러한 '우애의 15분'이 노란 민들레처럼 환한 빛으로, 매일 매일 동아시아 16억명 사이에, 지구촌 80억명 사이에 봄꽃 흐드러지듯, 무수히 피어나길 바란다. 진정한 좋은 음악이 이미 오래전부터 우애의 평화를 그리워해 왔듯이, 국경을 초월해, 도시를 초월해, 민족을 초월해 자주 일어나고 일상화되길 바란다.

민들레꽃 축제 같은 우애의 축제가, 친절과 배려의 축제가 낯선 도시에서 여행자가 맞닥뜨리고 극복해야할, 당황스러움에서 벗어나게 하고 때로는 삶의 어떤 고통이나 혼란에서 더 크게는 전쟁의 위협에서, 그 밖의 다양한 형태의 알게 모르게 다가오는 공포의 일상에서, '우애의 15분'의 도움으로 벗어날 수 있게 되길 바란다.

굿모닝 아마존 Rainforest

금강송

공연기획자 이상호가 평생 소망이던 한국의 경북 울진군 금강송면 소나무 숲에서 어렵사리 산림청 승인을 받아 산속 음악회를 2024년 가을밤에 안전하게 개최했다. 500명이 초대됐는데 복 받은 관객들이다. 소나무 중에서도 금강송은 가장 균열이 적어 궁궐의 기둥으로 사용돼 왔다. 애국가에도 '남산 위에 저 소나무'가 등장한다.

소나무는 한국에서 특히 사랑받는다. 집도 짓고 가구도 만든다. 도자기 구울 때 땔감으로 사용된다. 송화 꽃가루로 다식을 만들고 먹을 것이 부족하면 솔잎과 송기(어린 소나무 가지의 부드러운 속껍질)도 식용했다. 아기가 태어나면 금줄을 치고 솔가지를 달아 나쁜 기운을 물리쳤다.

엄마나무 아가나무

소나무는 엄마 소나무가 어린 소나무 묘목들을 보살피는 사랑의 나무다. 자신의 뿌리에서 버섯뿌리인 균류망을 통해 자신의 영양분을 어린나무에게 전달한다. 엄마나무 사랑 받은 그 어린소나무가 성장해 어엿한 엄마 소나무가 되면, 자신을 돌보던 엄마나무는 할머니 소나무가 되어 쇠약해져 간다. 이때 엄마나무가 된 소나무가 할머니 소나무 즉, 자신의 엄마 소나무에게 역시 영양분을, 균류망을 통해 공급하고 효도하는 우애의 나무다.

이처럼 균류망이라는 연결망을 통해 "나 영양분 필요합니다." "O.K 바로 보내줄게." 이런 대화를 주고받는 것은 비단 소나무뿐만이 아니라 이미 모든 나무들이 주고받는 생존방식이자 사랑의 시스템이다.

이렇게 소통하고 우애하는 나무들을 WOOD WIDE WEB이라고 나무학자들은 부른다. 이는 과학적으로 이미 증명이 됐다. 말하자면 버섯의 뿌리인 균류망이라는 그 연결망은 나무뿌리와 나무뿌리 사이에서 생명유지를 돕기 위해, 정보를 주고받는 통신사이자 영양분 물류유통망의 역할을, 이미 전 세계 모든 숲에서 나무들끼리 경이롭게 해내고 있다.

숲은 나무들 사이의 대화 그 소통에 의해 서로의 생명을 살린다. 하지만 지구의 허파라고 하는 아마존 우림(Amazon Rainforest)은 1분마다 축구장 보다 더 큰 크기의 숲이 사라진다. 나무들의 우애와 사랑을 사람들은 아마존 숲 대학살로 배신한다. 지금도 이전에도 무분별한 벌채와 남벌은 지속되어왔다. 앞으로도 그럴 것이다. 그로인해 수십만 년이 걸려 생성된 아마존 숲의 탄소를 먹고 산소를 선물하는 선한 영향력의 아마존의 재능이, 나무들과 함께 사라진다. 지구촌 동식물의 10%가 살아간다는 그곳 아마존의 동식물 또한, 숲이라는 그들의 집과 자신의 생명이 함께 급속도로 사라져가는 중이다.

그나마 다행인 것은 2023년 1월부터 임기를 시작한 브라질 룰라(Luiz Inacio Lula da Silva) 대통령의 지구 산소 20%를 생산해 내는 아마존 열대우림 보호정책을 기대한다. 2030년까지 룰라 대통령은 아마존 숲의 60%를 차지하는 브라질 영토 내 아마존 숲의 파괴를 완전히 종식시키겠다고, 전기톱에서 모든 나무들을 해방시키겠다고 선언했다.

이는 아마존 우림이라는 거대한 숲의 독립운동선언이다. 2010년 기아퇴치상과 2011년 세계식량상을 수상한 룰라 대통령이 아마존 레인포레스트의 눈물을 대변한 희소식이다.

2003년 금속노동자 출신으로 3번의 낙선 끝에 당선됐고, 2022년 3선 대통령이 된 룰라 대통령의 결단이 실제결과로 나타나길 바란다. 나무와 나무 사이의 버섯들, 나무뿌리들 사이의 우애의 대화를 전하는 균류망처럼, 그린피스 등을 비롯해 세상엔 많은 환경단체들의 지구촌 살리기, 지구촌 지키기 운동을 해 왔다.

이는 한마디로 우애의 정신. 이를 행동하기 위해 숲, 바다, 지구, 산소, 물을 지켜서 인류의 건강을 지키고 오늘의 행복은 물론 이의 지속가능한 미래를 지키기 위한 꿈을 지키는 것이다. 끝없이 영원히 살려나감의 진전의 이상적인 실적이, 차고도 넘쳐나 항상 풍부해져서, 결국 숲과 인간, 물과 인간, 공기와 인간이 평화롭게 공존하고 자유롭게 함께 공생하는 '우애의 지구촌'을 만들어나가기 위함이다.

하지만 이글을 쓰는 현재 연도가 2024년이니 앞으로도 6년을 더 매 1분마다 축구장 보다 더 큰 숲이 사라진다고 하니 그 아픔과 고통을 어떻게 견뎌야할지, 따라서 숲과 자연을 지키기 위한 의미 있는 페스티벌을 열기 위해 하토야마 전 일본 총리를 비롯해 모든 뜻있는 이들과 함께, 지구촌 우애정신에 입각해 '월드 페스티벌/ 굿모닝 아마존 Rainforest를 열기위한 논의가 시작되면 좋겠다.

세계의 우애인들이여

짐이 곧 국가다

프랑스의 루이 14세(재위 1638-1715)는 5살 때 왕위에 올랐다. 그는 베르사이유 궁전을 20년에 걸쳐 건축했다. 교육 담당자인 신학자 보쉬에게서 '왕의 절대적 권력은 신으로부터 받은 것이다'라는 왕권신수설을 배우며 자랐다. "짐이 곧 국가다"라고 믿었다.

5살 생일이 되기도 전에 왕이 된 루이 14세는 영토 확장을 위해 독일과 전쟁했다. 식민지 분쟁의 영국과의 세력 다툼으로 영불 전쟁도 했다. 자신의 힘을 과신한 루이 14세는 태양왕으로 한때 불렸다. 떠나며 비로소 후회가 심신에 사무쳐 루이 15세에게 당부한다. "이웃 나라와 평화를 유지하도록 힘써라. 내가 밟은 전쟁의 길을 따라선 안 된다. 인민의 고통을 덜어 주거라."

78억년 후 태양

태양왕이 아닌 태양은 지구의 모든 생명을 매 순간 구한다. 태양의 피부 온도 6천도, 태양의 심장 온도 1500만도. 그 뜨거움과 눈부심의 빛이 8분여 만에 굳이 그 누구도 주문하지 않았건만 벌써 46억년 째 지구에 하루도 빠짐없이 배송된다.

하지만 태양도 언젠가는 사라진다. 과학자들은 태양의 수명을 향후 78억년 혹은 50억년 후로 예측한다. 그로인해 태양계 행성들도 언젠가는 사라진다. 지구도 사라진다. 슬프다기보다는 당혹스럽고 황당하다. 히말라야 산맥과 캐나다 북단에서 칠레까지의 태평양 해안도로가, 자유의 여신상이 바라보던 뉴욕 허드슨 강이 사라진다. 서울의 북한산이, 런던 하이드파크가 사라진다. 몽골 대초원이, 인도의 갠지스 강이 사라진다.

그때가 되면 어떻게 될까? 우애의 마음은, 우애의 사랑은, 우애의 평화는, 우애의 자유는, 우애의 행복은? 어찌될까? 사람들이 사라지니 우애를 품었던 마음도 사라질까? 우애를 노래하던 그 목소리도 사라질까? 나는 결코 그렇지 않다고 생각한다. 우애가 그렇게 만만할 리가 전혀 없다.

자코메티

'걷는 사람'이라는 작품이 있다. 스위스의 조각가, 화가 자코메티(Alberto Giacometti, 1901-1966) 작품이다. 긴 다리로 앞으로 나아가는 형상의 조각품이다. 작품은 2019년 10월 3일 런던 소더비 경매에서 1억430만 달러(한화 1,190억원)에 판매됐다. 자코메티가 이런 말을 남겼다. "인간은 형체가 아니라 영혼이다."

나는 적극 동의한다. 많은 과학자들과 무신론자들은 사람이 죽으면 원자로 돌아갈 뿐 더 이상 그 어떤 이야기도 존재하지 않는다고 한다, 완벽한 소멸이라고 한다. 하지만 아직 영혼에 대한 과학적 탐구와 최종 결론은 아직 완벽히 내려지지 않았다. 호주의 작가이자 TV PD 론다 번(Rhonda Byrne)이 지은 성공을 위한 위대한 비밀의 책 '시크릿'(Secret)에 보면 사람은 에너지이고 그 에너지는 형태만 달리해 영원하다고 했다.

결국, 남는 건 매순간 변해가고 발전해 나가야하는 일시적 가치의 지식도 아니고, 궁극적으로 남는 건 지혜와 총명으로 인한 선한 영향력이 빚어낸 공동선의 역사와 그 핵심인 영혼의 빛이다.

영혼은 보이지 않는다고 하는데 빛이 영혼 아닐까? 인천국제공항에서 비행기 타고 예를 들어 발리로 여행을 가는데 비행기가 이륙해 구름 위로 올라가면, 갑자기 공항엔 비가 내리고 있었다 해도, 빛의 신세계 눈부신 하늘이 펼쳐진다. 완전 딴 세상. 비행기 덕분에 삶이 먹구름을 초월한다. 그 빛의 하늘로, 신세계로 비행기가 진입한 것이다. 먹구름은 내 발아래 있다.

나는 지상의 모든 고통 분쟁 전쟁이 바로 그런 비라고 하면 그 비구름, 먹구름 너머의 빛의 세계는 기쁨이고 사랑이고 우애의 세계, 영혼의 빛의 세계라고 생각한다. 분쟁과 전쟁과 고통을 바라보지 말고 훌쩍 솟아올라 우애의 세계로 진입해야 한다. 물론 과학자들의 말로는 구름 너머의 태양빛도 언젠가는 태양의 소멸로 사라진다. 하지만 예수의 부활이 있었듯이 태양도 부활할 것이다. 하나님께서 우주를 재창조하실 것이다. 아니 그 이전에 태양의 소멸을 연장하는 과학이 발명될지도 모른다.

빛의 역사 그 중심에 하토야마가 지속적으로 주창해 왔고 권유해 온 평화의 이야기 '우애의 빛'이 있다. 나는 도쿄의 하토야마 회관의 우애 기념관이 전 세계 모든 도시마다 하나씩, 그것이 백년이 걸리든 천년이 걸리든 전 세계 작은 마을마다 저 마다의 역사와 스타일로 하나씩 들어서길 바란다. 크지 않아도 된다. 손바닥만 한 아주 작은 기념표석 하나만 있어도 된다. 그냥 그 마을 입구의 작은 나뭇가지에 작은 우애의 푯말 하나 걸려있어도 된다. 세계의 위대한 사랑의 시민들이 우애로 단결하길 바란다. 그 꿈은 예수의 꿈이고 쿠덴호프 칼레르기의 꿈이고 하토야마 이치로 전 일본 총리의 꿈이었고 지금은 하토야마의 꿈이다. 또한 당신과 나의 꿈이다.

나는 세계인 모두가 영국인이든 나이지리아인이든, 베트남인이든 중국인이든, 일본인이든 인도인이든, 호주인이든 한국인이든 그 누구나 "나는 우애다."라고 말할 수 있길 바란다. "나는 우애인입니다"라고 선언하고 만천하에 선포하고, 그 광경이 전 세계 유튜브 등의 SNS를 통해 2014년 여름을 뜨겁게 달군 '얼음물 샤워' 인증 동영상 유행처럼 번져가길 바란다.

폭염이 기승을 부리던 그해 여름 포털사이트에는 낯선 단어가 등장했었다. '아이스 버킷 챌린지'였고 이는 미국 루게릭병 협회(ALS)에서 시작한 캠페인성 모금운동이었다. 모금방법은 예를 들어 A가 이 운동에 참여하면, 머리에 차가운 얼음물을 끼얹어야 하는데, 이를 실행하기 전 운동에 참여할 3명의 동참자 B, C, D를 지목한다. 이 모든 과정은 동영상으로 촬영한 뒤 이를 SNS에 올린다.

그렇게 A로부터 지목된 B, C, D 세 사람은 24시간 내에 둘 중 하나를 선택한다. A처럼 얼음물을 뒤집어쓰거나 100달러를 미국 ALS 협회에 기부한다. 이렇게 가지 뻗기를 지속하던 아이스 버킷 챌린지는 얼음물도 뒤집어쓰고 기부도 함께하는 경우가 대부분이었다. 우애의 현장이었다. 2014년 여름의 우애다. 루게릭병을 물리치기 위한 세계인들의 우애의 사랑, 우애의 빛의 노래, 우애의 빛의 춤이었다.

당시 이 아이스버킷 챌린지에 흔쾌히 동참한 유명인 중에는 조지 부시 전 대통령, 마크 저커버그, 빌 게이츠, 일론 머스크, 톰 크루즈, 저스틴 비버, 레이디 가가, 리오넬 메시, 크리스티아누 호날두, 네이마르, 데이비드 베컴 등이 참여하며 더 큰 이슈를 만들어냈다.

우애의 사랑의 빛의 챌린지를 특별한 형식 없이 저 마다 자발적으로 창조적으로, 모두가 함께 자유롭게 동참해 나갈 때 고통의 비의 세계, 먹구름의 세계를 벗어나 세상은 사랑이 될 것이다. 나는 우애다'라고 외친 사람들 누구나 '나는 태양이다'가 될 것이다. '나는 빛이다'가 될 것이다.

나는 그 옳은 방향, 태양을 그리워하고 순수한 영혼을 그리워하고, 우애를 그리워하고 빛을 그리워하는 하토야마를 비롯한 모든 분들을 존경하고 존중하고, 그 빛으로 행복하고, 자유하고, 평화하고 나 또한 그 빛으로 그 영혼으로 노래하고 춤출 것이다. 하토야마 총리가 전하는 우애의 사랑의 빛으로 모든 전 세계인들과 함께 말이다.

BTS DNA

우리의 미래는 우리의 유전자 속에 있다

- 제임스 듀이 왓슨(James Dewey Watson, 1928-,
  DNA 이중나선구조 발견자, 1962년 노벨생리학, 의학상 수상)

마하트마(위대한 영혼) 간디(Mahatma Gandhi, 1869-1948)는 평화란 전쟁이 없는 건 당연하고 거기에 정의가 모든 사람들에게 실현된 사회, 국가를 뜻했다. 평화를 2024년 3월 22일 오후 5시45분 구글에서 검색했다.(구글은 2000년 개발자들이 제안한 행동강령 Don't Be Evil, '사악해지지 말자'를 채택했다.) 5,160만개가 떴다. 평화의 대표적 상징 이미지는 1960-1970년대 많이 사용되던 피스 마크가 있다. 비둘기 발자국을 형상화한 목걸이, 반지, 티셔츠, 모자, 록 밴드 드럼 등에 자주 활용된 디자인이다. 비둘기 모습이 등장하는 경우엔 올리브 가지를 물고 있다.

나는 인류 보편적 가치의 가장 중요한 덕목 중에 하나인 인류의 평화야말로 영원히 간직되고 발전시켜 나가는 가운데 이를 함께 나누고, 많은 이들이 공동선을 이루는데 있어서 반드시 필요한 인류의 DNA라고 생각한다. 80억명 지구인 모두가 그 가치를 함께 지키고 나누고 선물할 때 비로소 진정한 인류의 행복은 마침내 실현된다고 생각한다.

세계적으로 엄청난 팬덤 Army를 이끌고 있는 방탄소년단 BTS는 진, 정국, RM, 지민, J-Hope, 슈가, V 이렇게 모두 일곱 명이다. BTS가 세계적으로 도약함에 혁혁한 공로를 세운 노래가 바로 DNA다. 이 노래는 2017년 가을 발표 후 7년만인 2024년 7월 현재 유튜브 조회수 15억회를 돌파했다.

DNA 가사는 "첫눈에 내 사랑을 알아보고, 심장에 흐르는 핏 속의 DNA가 이를 알려주었고, 우리 만남은 그래서 우주의 신비롭고 거역할 수 없는 섭리, 운명, 숙명이라고 말한다. 심지어 내 꿈의 시원 즉, 출처라고 까지 고백한다. 따라서 이 만남은 우연이 아니라 전생에 이어 이번 생은 물론 다음 생까지, 그 너머 영원까지도 우리 둘이 함께하는 것은, 곧 우리 둘만의 DNA"라고 격정과 절제의 충돌, 그 눈부심의 빛을 뿌린다.

인류의 보편적 가치 중에서도 특별히 중요한 사랑을 구글에서 평화에 이어서 검색한다. 2억3천4백만개의 정보가 떴다. 다시 자유를 검색했다. 1억5천7백만개, 생명은 1억2천2백만개, 행복은 9천8백60만개, 평등이 1천8백만개, 우애는 202만개의 정보가 떴다. 이번엔 전쟁도 검색했다. 9천3백3십만개가 떴다.

내친 김에 조선왕조실록에서 우애를 검색하자 674번의 기록이 떴고 그중 일부를 소개한다.

- 더불어 항상 같이 거처하며, 우애가 더욱 지극하여(태조실록)

- 어질고 인자하였으며, 고향 고을 사람들이 그의 효성과 우애를 칭찬하였다(태조실록)

- 다행히 전하(殿下)의 우애(友愛)의 은혜를 힘입어서(태종실록)

- 이것은 진실로 전하의 우애의 지정(至情)이십니다(태종실록)

- 상왕 전하는 천성이 우애(友愛) 하시어 차마 죽이지는 아니하시고, 그 생명을 보전하게 하신 것이 지금 19년이나 되었습니다.(세종실록)

태조부터 철종까지 472년간 기록한 조선왕조실록은 인류역사상 단일왕조로서 가장 규모가 큰 책이지만 우애는 674회만 등장한다. 구글에서도 평화, 자유, 사랑 등에 비해 우애는 그 수가 적고, 전쟁에 비해 50대 1 정도의 비율이었다.

우애는 사람과 사람 사이에 평화를 만들기 위한 태도, 말투, 눈빛, 마음, 가슴, 생각, 표현이다. 그 목적은 당연히 평화로운 만남, 상호번영의 발전을 위한 진정한 예의를 다한 존중의 관계 맺음이다.

우애의 평화로 가는 그 티켓, 자유로 가는 그 다리, 행복으로 가는 기여 헌신 친절 위로 포용 용서 기도의 열차가, 비행기가, 우주선이 바로 우애라는 인류의 보편적 가치 중에서 결코 빼 놓을 수 없는 상식적인 행동강령이다.

건강한 보기 좋은 유쾌한 삶을 살아갈 수 있도록 함에 있어서, 가장 근본적인 우애의 DNA를 인류는 보존해 나가야만 할 것이다. 노아의 방주에 지속가능한 생명의 이어달리기를 위해, 짐승과 새를 태웠듯이 말이다.

Chapter 4

모든 자유를 바쳐서
사랑하는 사람의
자유를 넓혀주지 않는 것

'그것'이야말로
죄가 되는 것이다

우리가 사랑해야할 때
해야할 것은 오직 이것

서로 자유롭게
놔 주는 일 뿐이다

― 시인 '라이너 마리아 릴케' (Rainer Maria Rilke,
1875-1926, 시집 '레퀴엠' 중에서)

새벽 비

어떤 사람이 공자에게 묻기를
'선생께선 왜 정치를 하지 않으십니까?' 하자
공자께서 말씀하셨다

'서경'(書經)에 이르기를 '효도하라 오직 효도하고
형제간에 우애하여라
효도와 우애를 정치에 베풀어라' 하였으니

효도하고 우애하는 것 또한 정치를 하는 것인데
어찌 내가 직접 정치를 하는 것만이
정치하는 것이라 할 수 있겠는가

- 공자(孔子, 기원전 551-기원전 479)

하늘에서 비가 내린다. 2024년 5월 5일 어린이날 새봄이다. 나무 숲 새들은 기다렸다는 듯이 그 비를, 저 빗방울을 온 몸으로 맞고 생명수를 마신다. 바다가 강물을 마시듯, 이는 분명 나무를 위한 빗방울의 축복. 빗방울과 대지, 숲, 새봄, 모든 기다림으로 목마른 것들과의 생명의 만남이다.

Rain Dance

나무 숲 새들은, 도시는 저 거대한 생명의 젖은 편지를 거부할 방도가 없다. 하늘의 축복은 피할 수 없는 거대한 생명 구하기의 대잔치이자 빗방울 축제. 아프리카 코끼리들은 건기로 인해 목이 탈대로 다 타던 중, 문득 우기가 시작되는 그 첫 빗방울이 내리는 지점을 영적으로 감지하고, 그곳을 찾아가는 능력이 있다. 그 지점으로 코끼리들이 이동하는 모습을 나는 레인 댄스(Rain Dance)라고 생각한다. 빗방울을 마중 나가는, 비의 축제를 위한 코끼리 워킹 퍼레이드.

이는 동방에서 아기예수 별을 보고 그에게 경배하기 위해 예루살렘에 이르른 동방박사들이 그 별을 따라, 그 별이 머무는 베들레헴을 향하는, 가슴 벅찬 그 여정을 떠 올리게도 한다. 하늘은 땅을 사랑해, 밤새도록 5월의 비를, 대지 위에, 아프리카 코끼리들의 목마름 위에 내린다.

숲은 그 비를 온 몸으로 받아들인다. 숲은 그 비를 연인의 소중한 연애편지처럼 간직한다. 푸른 나뭇잎은 '햇살 저축통장', 나무뿌리는 '빗방울 저축통장'. 숲은 '빗방울 햇살 은행'. 이처럼 비는, 값없이 하늘에서 대지, 숲, 사람, 새들을 위해 내려오는 축복.

그야말로 재즈 대중화의 선구자인 루이 암스트롱(Louis Armstrong, 1901-1971)의 '성자들이 행진하네'(Saints Go Marching In) 같은 기쁨의 빗방울 행진이자 축제다. 이 노래는 성자들이 행진하는데 나도 그 대열에 합류하고 싶다고 원한다. 매력적인 소년도, 젊은이도, 필리핀의 북치는 소년도, 아라비아의 소년들도, 아름다운 방청객들도 다 같이 이 노래를 불러 행복하다네. 시간이 없으니 그만두세 하기, 이전에 또 이 노래를 부르세. 성자들이 행진하네...

이 노래는 뉴 올리언즈 흑인들 장례식에서 다 같이 와자지껄 흥겹게 세상 떠난 사람을 위해 부르는 노래다. 재즈 대중화의 최고봉 루이 암스트롱 그리고 이 노래를 함께 부르던 흑인들은 죽음을 끝이 아니라 자신의 본향, 천국으로 가는 새로운 시작이라고 여겼다.

그래서 신이 난다. 삶의 고통에서 완전 해방, 영구 자유인이 된다. 고지서로부터, 전쟁으로부터, 차별로부터 이륙한다. 눈부신 빛의 세계로 성자가 되어 떠난다. 이처럼 위대한 음악은 죽음에서 비롯된 아픔과 슬픔을 받아 들이지만 그것을 혁신하고 개선한다. 삶으로, 자유로, 새로운 생명으로, 환희로, 죽은 자로 누워있는 것이 아니라 성자가 되어 행진한다.

그 행진을 다 같이 함께 우애의 노래, Saints Go Marching In을 합창하며 나아간다. 빗방울처럼 생긴 음표가 그려진 악보 속의 그 노래를 먹고 마신다. 서로의 가슴에 우애의 빗방울이 된다, 함께 거룩한 행진을. 위대한 기쁨을 찬란하게 나눈다. 이처럼 음악은 늘 영원한 삶과 찰떡궁합이다.

빗방울 소리에 귀 기울인다. 내 귀엔 빗소리가 하나님 목소리로 들려

온다. 하토야마의 우애의 메시지가 바로 이러한 생명축복의 길을 향한 동아시아의 모두가, 세계인 누구나 함께 그 우애의 빗방울을, 사랑의 햇살을 마중 나가자는, 하토야마의 우애의 길이란 것을 새삼 다시금 느끼게 한다.

비가 그치면 새들이 샘솟고
숲은 세수한 얼굴로
하늘에 얼굴을 묻는다

아침이 열리고 치유와 이룸의
성취와 기적이

인터뷰

황우여
전 대한민국 56대 부총리 겸 교육부장관
전 국민의 힘 비상대책위원장

황우여 전 부총리 인터뷰는 교대역 부근 그가 대표변호사로 재직 중인 법무법인 황앤씨 회의실에서 진행됐다. 황우여 전 부총리의 답변을 기록한다.

1. 투철한 크리스천 정신

하토야마 총리를 처음 만난 자리는 일본 도쿄에서 조찬기도회 모임이었습니다. 이후에도 하토야마 총리가 방한하면 김영진 의원이 함께 하는 자리를 만들었습니다. 하토야마 총리는 민주당의 승리를 이끌며 총리직에 당선됐고 크리스천 정신의 사람입니다. 하토야마 총리의 어머니께서도 한국에 대한 이해가 깊었고 부인 미유키 여사도 한국에 대한 애정이 깊습니다. 하토야마 총리의 성품은 기독교의 영향이라고 하는데 진실로 온유하고 겸손합니다. 이념적이고 선제적 생각으로 판단하지 않고 이성에 입각해 양심에 따라 행동합니다.

2. 하토야마 유키오와 빌리 브란트

하토야마 총리의 무릎사죄는 빌리 브란트 독일 총리의 유대인 희생자들에 대한 무릎사죄와 같습니다. 그로인해 한국과 일본 그리고 세계 정세에 평화적 영향을 크게 끼쳤습니다. 매우 중요한 역사적 일이었습니다. 독일은 국가체재 자체가 같은 입장이라 빌리 브란트 총리의 무릎사죄가 훨씬 더 용이했다고 보여 집니다만 일본은 상황이 달랐기에 하토야마 총리님의 용기를 높이 삽니다.

하토야마 총리는 한국뿐만이 아니라 중국에도 사죄해야 한다는 공식 발언을 이미 여러 차례 지속적으로 해 왔습니다. 이는 국제적 협력을 이끌어내는 중요한 진전입니다. 하토야마 총리의 우애사상은 한국의 안중근 의사의 동양평화론과 같은 결입니다. 모든 갈등을 극복하고 이를 발전 시켜 나가야 합니다.

3. 세계의 목표 평화

우크라이나 전쟁, 가자지구 전쟁 모두 형제간의 전쟁입니다. 남북한의 6.25 전쟁도 형제간의 전쟁입니다. 골육상쟁의 가슴 아픈 일입니다. 따라서 한국 사람들이 특히 그 어떤 나라보다도 더 그 비극을 가슴 깊이 받아들일 것입니다. 이들 전쟁은 형제간의 전쟁이라서 다른 사람이 관여하기 어려운 점이 있습니다. 가족 내에서 해결할 문제입니다. 전쟁이 끝나도 더 어려워질 수 있습니다. 따라서 그 해결을 위해 전 세계가 관심을 갖고 협력과 지원을 통해 화해와 평화를 이끌어낼 수 있어야 합니다. 어느 한편의 손을 들어주고 지지하기 보다는 양측의 화해를 우선시해야 합니다.

이스라엘과 팔레스타인은 같은 아브라함 자손들입니다. 우크라이나와 러시아는 오랜 결속 하에 동방정교회 같은 신앙민족입니다. 어느 한 나라의 일방적 승리가 아니라 함께 상생하는 평화로 가야합니다. 언젠가 손잡아야 할 형제입니다. 이것은 전 세계가 함께 찾아가야할 목표점입니다.

4. 젊은이들에게 맡기자

한국이 일본에 대한 반일감정, 일본이 한국에 대한 혐한감정이 완전히 해소되지 못한데 대한 해결은 시간이 걸립니다. 하지만 한국과 일본은 가장 가까운 사이입니다. 언어도 공통점이 있습니다. 하지만 역사적으로 섭섭한 게 많습니다. 단 기간에 정치적으로 보여주기 식으로 해서는 쉽사리 해결이 안 될 것입니다.

이제 내가 제안하고 싶은 것은 양국의 젊은이들에게 이 문제를 맡기자 입니다. 새로운 미래비전을 그들 스스로 찾게 해야 합니다. 어린 시절부터 한일 양국의 어린이들, 젊은이들이 함께 머리를 맞대고 대화하고 문화를 나누고 이미 그런 시대입니다. 긴 호흡으로 젊은이들에게 한일간의 문제를 해결토록 해야 합니다.

5. 문화는 고추장

문화교류는 침략이 아닙니다. 항상 열어놔야 됩니다. 문화개방으로 상대방 문화가 자국에 침투해 그 문화에 동화된다는 생각은 기우입니다. 특히 한국은 독창성, 창의성이 풍부합니다. 우월성이 있습니다. 한일 양국이 서로의 문화를 통해 대화하고 이해의 폭을 넓히고 서로의 감성을 즐기고 애호하고 그런 공통의 경험을 통해서 풍성한 삶을 살아야 합니다. 한국의 고추장 절대 안 없어집니다. 문화란 그런 것입니다. 자신감을 갖길 바랍니다. 상대방 문화의 영향력 즐기는 게 좋습니다.

6. 검은 장갑과 찬송가

내가 좋아하는 가요는 손시향의 검은 장갑입니다. 봄날은 간다도 좋아합니다만 가장 좋아하는 노래는 우리의 가곡, 찬송가입니다.(웃음)

7. 다양성의 풍부함

한국은 한국대로 일본은 일본대로 전통적으로 내려 온 저 마다의 아름다움이 있고 그것들을 표현한 문화가 있습니다. 한국과 일본은 아무리 가까워진다 해도 각자의 고유의 개성은 사라지지 않을 것입니다. 오스트리아, 독일이 같은 언어 쓰지만 문화가 다릅니다. 독일과 프랑스 또한 뚜렷한 개성을 간직한 채 서로 오가고 있습니다. 한국의 문화는 지금 세계가 열광하고 있습니다. 다양성을 간직한 풍부한 문화교류를 원합니다. 서로가 존중하고 사랑하고 아끼고 경험할 수 있길 바랍니다.

8. 건축가가 되고 싶다

다시 태어난다면 나는 사그라다 파밀리아(Sagrada Familia, 성스러운 가족 성당)의 가우디(Antoni Gaudi) 같은 건축가가 되고 싶습니다. 경주 석굴암을 지은 김대성 같은 사람이 부럽습니다.

9. 동아시아의 평화번영

안중근 의사의 동양평화론이 미완성이지만 이미 그 뚜렷한 원대한 꿈은 서문에 잘 나타나 있습니다. 1949년 독일 초대총리 아데나워는 유럽통합에 앞 장 섰습니다. 줄기차게 많은 사람들이 노력했습니다. 그래서 유럽연합이 이뤄졌습니다. 안중근 의사가 주장한 동양의 공동의회, 공동은행 공용화폐, 공동군대를 유럽은 유럽연합으로 완성했습니다.

안중근 의사의 동양평화론은 1910년이었습니다. 동아시아의 평화번영을 위한 꿈이 이미 잘 담겨있습니다. 여기에 하토야마 총리의 우애사상이 함께하여 동아시아라는 정원에 평화의 꽃이 백화만발하길 바랍니다. 한국의 3.1운동 독립선언문에서는 유구한 역사적 전통의 평화사랑이 잘 드러나 있습니다.

한때 중국의 공산주의, 일본의 제국주의로 동양을 통합하려는 것은 모두 낡은 생각입니다. 미국은 기독교 정신을 바탕으로 한 자유민주공화의 나라입니다. 한국도 같은 기독교 정신에서 비롯된 자유민주공화의 나라입니다. 가치공동체를 이루어나가고 있습니다. 1948년 5월 31일 제헌국회 때 개회 첫머리에 임시의장 이승만 박사의 제안으로 이윤영 의원 목사께서 하나님께 감사의 기도를 올렸습니다.

10. 어머님 기도에 대한 하나님의 응답

내가 중학교 3학년 때 기도의 여인 나의 어머님은 성령체험을 하신 분이고 정말 뜨겁게 기도하시는 분인데 어느 날 내게 "하나님께서 나라와 민족, 황우여라는 기도를 하게 하셔서 이 기도 세 마디를 눈물로 외치게 하시더니 1년이 지나더니 그치게 하시더라." 어머니께서는 늘 하나님께 기도로 응답 받으신 후 행하셨던 분으로 내게 큰 모범이셨습니다. 내가 부족하지만 어머님의 그 기도에 하나님께서 응답하셔서 쓰시는 대로 쓰임 받아 내 삶이 이루어진 것 같습니다.

3.1 독립선언서

우리가 만세를 부른다고
당장 독립이 되는 것은 아니오

그러나 겨레의 가슴에
독립정신을 일깨워 주어야 하기 때문에
이번 기회에 꼭 만세를 불러야 하겠오

- 독립운동가 손병희 선생(1861-1922)이
  3.1 독립선언을 앞두고 천도교 간부들에게 다짐한 말

1919년 3월 1일 서울 등 7개 도시에서 만세시위가 일어났다. 독립선언서가 낭독됐다. 독립선언서 첫머리다.

우리는 오늘 조선이 독립한 나라이며, 조선인이 이 나라의 주인임을 선언한다.

단순하다. 이 백성 모두가 이 땅, 이 나라의 주인이라고 만천하에 밝힌다. 힘세다고 억압하고 지배하고 자유 빼앗고, 이를 어기면 가두고 죽이고 해서는 절대 안 된다는 자유 평등 평화 선언이다. 그 선언의 에너지를 독립선언서에서는 5천년 이어 온 '역사의 힘'이라 했다. 그 목적은 민족의 '영원한 자유를 향한 발전'이었다.

이는 시대적 흐름, 세계변화의 흐름을 함께한다는 세계사적, 인류사적 독립선언임을 만천하, 전 우주, 전 세계를 향해 우렁차게 드러내는 순간이었다.

하지만 현재 식민지배 체재 아래서 창조와 발전의 기회는 막히고 꿈을 빼앗기고 잃어버린 나라의, 억압받는 민족의 고통으로 인해 '세계 문화에 기여할 기회가 사라졌다'고 아파한다.

따라서 모든 자유, 행복을 되찾기 위해 일단 독립을 선언했다. 그 길이 순탄치 않음을 독립선언서를 기초한 육당 최남선은 이렇게 표현했다.

오늘, 우리 이천만 조선인은 저마다 가슴에 칼을 품었다. 모든 인류와 시대의 양심은 정의의 군대와 인도의 방패가 되어 우리를 지켜 주고 있다.

어찌 보면 애잔하다. 당시 갖고 있는 게 아무 것도 없다시피 하니 인류와 시대의 양심에 의지한다.

우리는 일본이 1876년 강화도조약 뒤에 갖가지 약속을 지키지 않았다고 해서 일본을 믿을 수 없다고 비난하는 게 아니다. 일본의 학자와 정치가들이 우리 땅을 빼앗고 우리 문화 민족을 야만인 대하듯 하며 우리의 오랜 사회와 민족의 훌륭한 심성을 무시한다고 해서, 일본의 의리 없음을 탓하지 않겠다.

스스로를 채찍질하기에도 바쁜 우리에게는 남을 원망할 여유가 없다. 우리는 지금의 잘못을 바로잡기에도 급해서, 과거의 잘잘못을 따질 여유도 없다. 지금 우리가 할 일은 우리 자신을 바로 세우는 것이지 남을 파괴하는 것이 아니다. 양심이 시키는 대로 우리의 새로운 운명을 만들어 가는 것이지 결코 오랜 원한과 한순간의 감정으로 샘이 나서 남을 쫓아내는 것이 아니다. 우리는 단지, 낡은 생각과 낡은 세력에 사로잡힌 일본 정치인들이 공명심으로 희생시킨 불합리한 현실을 바로잡아, 자연스럽고 올바른 세상으로 되돌리려는 것이다.

이처럼 평화적인 평화의 선언이 독립선언이다. 착해도 너무 착하다. 이러한 높은 도덕성이 자랑스럽다.

과감하게 오랜 잘못을 바로잡고, 진정한 이해와 공감을 바탕으로 사이좋은 새 세상을 여는 것이, 서로 재앙을 피하고 행복해지는 지름길임이 분명하지 않은가!

분명한 우애의 길을 열어가자는 권유가 참으로 젊잖게 제안된다.

동양의 안전과 위기를 판가름하는 중심인 사억만 중국인들이 일본을 더욱 두려워하고 미워하게 하여 결국 동양 전체를 함께 망하는 비극으로 이끌 것이 분명하다. 오늘 우리 조선의 독립은 조선인이 정당한 번영을 이루게 하는 것인 동시에, 일본이 잘못된 길에서 빠져나와 동양에 대한 책임을 다하게 하는 것이다.

이렇듯 일본을 좋게 권유하고 잘 타이르듯 한다.

세계 평화와 인류 행복의 중요한 부분인 동양 평화를 이룰 발판을 마련하는 것이다. 조선의 독립이 어찌 사소한 감정의 문제인가!

이처럼 3.1 독립선언서는 일본으로부터 무시당하고 나라를 빼앗겼으면서도 동양에 대한 선한 영향력의 책임을 일본에게 권한다. 그 까닭은 세계평화를 이룩하기 위함이라고, 세계사적 거대하고 위대한 시선으로 일제강점기의 암흑시대를 끝내자고 말한다. 힘의 시대가 아니라 도의가 이루어지는 시대가 오고 있다. 우리 민족의 인도적 정신이 새로운 문명의 빛을, 인류 역사에 비춘다고 선언한다.

우리는 원래부터 지닌 자유권을 지켜서 풍요로운 삶의 즐거움을 마음껏 누릴 것이다. 원래부터 풍부한 독창성을 발휘하여 봄기운 가득한 세계에 민족의 우수한 문화를 꽃피울 것이다.

이처럼 그 어디에도 일본을 향한 저주나 원망이나 복수나 전쟁 선포가 없다. 다만 밝은 빛을 향해 힘차게 나아갈 뿐이라면서 만세시위운동에 동참하고 3.1 독립선언서를 대하고 접한, 모든 이들에게 다음의 세 가지 약속을 제안하고 지켜 줄 것을 당부하면서 독립선언서는 마무리된다.

하나, 오늘 우리의 독립 선언은 정의, 인도, 생존, 존영을 위한 민족의 요구이니, 오직 자유로운 정신을 드날릴 것이요, 결코 배타적 감정으로 함부로 행동하지 말라.

하나, 마지막 한 사람까지, 마지막 한 순간까지, 민족의 정당한 뜻을 마음껏 드러내라.

하나, 모든 행동은 질서를 존중하여 우리의 주장과 태도를 떳떳하고 정당하게 하라.

3·1독립선언서는 1919년 2월 27일 인쇄, 2월 28일에 전국 배포, 각처에서 3월 1일 낭독됐다. 독립선언과 만세시위 운동을 주도한 민족대표 33인 종교지도자들(천도교 15명, 기독교 16명, 불교 2명) 중 대표자는 천도교 3대 교주 의암 손병희였다. 그는 당시 이 땅에서 가장 교인이 많았던 3백만명 신도의 천도교인들에게 10원씩을 건축헌금으로 내길 권했다. 모금된 돈에서 기독교 만세시위 운동을 이끌라고 기독교계에 5천원을 보냈다.

나는 독립선언서 맨 마지막 세 가지 약속의 당부 중, 첫 번째 당부의 말 중에서 결코 '배타적 감정으로 함부로 행동하지 말라'에 주목한다. 이는 독립만세시위에 참가한 한국인들이 일본인들에게 함부로 행동하지 말라는 얘기다. 일본인에게 피해를 입히고, 일본 총독부나 경찰서 법원이나 이런 데를 불 지르지 말라는 결코 폭도가 되지 말라는 당부다. 이처럼 독립선언서는 처음부터 끝까지, 시종일관 분명한 이 땅 이 나라의 이 민족의 평화 선언이다. 분노대신 지혜로 풀어나갔다.

이 땅을 점령당하고 강제통치 당한 한민족은 일본의 노예가 됐음에도 불구하고, 여전히 젊잖게 일본이 스스로의 양심을 깨우쳐 다시 이 땅에 자유가 도래하길 바란다. 일본 스스로 자국으로 돌아가길 희망한다. 이는 일본을 인류애의 대상으로 인정한다는 것이다. 일본은 한국을 인정 안 해도 한민족은 일본을 인류애로 그 근본적 인정을, 수평적 사고를 결코 거두지 않는다. 이는 한민족의 착한 심성의 발로이고 위대한 우애 사상, 평화사상, 자유사상의 실천이다.

　그로부터 96년 후, 2015년 8월 하토야마 유키오 일본 제93대 총리는 서대문 형무소 독립운동 역사관을 참관 한 다음, 순국열사 추모관 앞에서 무릎사죄 했다. 이는 1919년 독립선언에 대한 진정한 인류애의 양심적 표현의 답변이다. 3.1 독립선언서를 한국이 일본과 세계에 보내는 편지라 볼 때, 그에 대한 하토야마의 96년만의 무릎답장이었다. 그리고 지금 이 글은 그로부터 다시 9년 후에 쓰여 지는 바로 그 무릎사죄라는 3.1 독립선언서에 대한 하토야마의 답장에 대한 또 하나의 답장, 일본에 대한 답장, 동아시아에 대한 답장, 평화를 갈망하고 우애가 차고도 넘치는 세상을, 시대를 끝없이 애타게 그리워하는 모든 전 세계 인류에게 띄우는 답장이다.

　하토야마의 무릎사죄는 지난날 어두운 한일간의 반목과 질시의 시대를 끝장내고 자유 평화 사랑 행복 번영 공존 기쁨의 빛의 시대를 활짝 열기 위함이다. 그 빛의 영원함을 기리고 구하고 나아가는, 그야말로 1919년 3월 1일 독립선언서의 맨 마지막 부분인 "수천 년 전 조상의 영혼이 안에서 우리를 돕고, 온 세계의 기운이 밖에서 우리를 지켜 주니, 시작이 곧 성공이다. 다만, 저 앞의 밝은 빛을 향하여 힘차게 나아갈 뿐이다."의 답장 같은, 하토야마의 인류사적 세계사적 진정한 우애의 빛의 전진이다.

　2024년 현재 104세이신 김형석 연세대 철학과 명예교수는 시인 윤동주의 친구다. 그는 CBS TV 새롭게 하소서 프로그램에 출연해 인생에서 가장 좋았던 순간을 이렇게 말했다. "해방되기 직전 꿈을 꾸었는데 일본사람들 시체가 창고 두 개에 가득 쌓여있었습니다. 아버지가 그 꿈 이야길 들으시더니 평양엘 가보라 하셨습니다. 평양 시내에서 전차를 타고 가던 중 거리에서 라디오소리가 들려왔습니다. 무언가하고 전차에서 내려 귀기울여보니 천황의 무조건 항복 선언이었습니다. 그 순간이 인생에서 가장 황홀했습니다. 8.15 해방이 되자 한국사람 누구나 이렇게 말했습니다."

"아, 이제 죽어도 한이 없다."

인터뷰

김영진
전 농림부 장관
3.1운동 UN유네스코 세계기록유산 등재기념재단 이사장

이미 4.19혁명과 5.18민주화운동을 UN유네스코 세계기록유산으로 등재시킨데 이어 3.1운동을 등재시키기 위한 기념재단 사무실에서 김영진 전 장관은 직접 작성한 답변서를 내게 주셨고 육성 인터뷰도 함께 했다. 그 이야기를, 인류공영, 한국농민, 세계평화에 대한 애정과 하토야마 총리의 우애사상과 동아시아공동체에 대한 꿈을 향한 그의 따뜻한 응원을 기록한다.

1. 인연

하토야마 총리 재임시절 한일기독교의원연맹 회장 자격으로 도쿄 회의에 참석했습니다. 일본 중의원 3선 의원이자 목회자인 도이 류이치 의원이 그때 내게 고백했습니다. 자신이 서울 동대문에서 태어나 초등학교를 3개월 정도 다니던 중 일본의 패망을 예견한 당시 조선총독부 고위관리 아버지를 따라 중국을 거쳐 일본으로 귀국했었다는 것을 말입니다. 그는 가해국 고위관리의 아들로서 내게 사죄했습니다. 이후 한일기독교의원연맹의 일본 의원들이 한국에 올 때마다 모두 한복을 입고 왔습니다.

하토야마 총리와는 여러 차례 한국에서 만났습니다. 한국 국회의원으로서는 내가 첫 수상자였던 세계평화상시상위원회(창설자 존 F. 케네디 전 미국 대통령)가 수여하는 '2018 세계평화상' 시상식에도 함께 참석해 축사를 했습니다. 내가 이사장으로 봉직하는 국회법인 '3.1운동 UN유네스코 세계기록유산 등재기념재단' 제1회 평화대상에 국내부문 유관순 열사와 함께 해외부문 수상자로 하토야마 총리가 선정돼 시상했습니다.

하토야마 총리의 첫 인상은 순수하고 인자하며 항상 웃음 띤 얼굴로 대해주며 상대방의 눈높이에서 대화하는 부드러운 인격의 소유자입니다. 그러나 정의롭고 옳다고 생각되는 부분에서는 소신을 굽히지 않고 꿋꿋하게 결과를 이루어내는 외유내강의 소유자입니다.

(집권 민주당의 원내대표를 맡고 있던 도이 목사는 한일기독의원연맹의 일본 측 대표 자격으로 한국을 방문 당시, '일본 정부는 독도 영유권을 주장하지 마라'는 내용의 공동선언문에 서명했다. 일본 각료의 야스쿠니 신사 참배 반대, 사할린 동포와 위안부 문제 해결도 촉구했다. 이로 인해 도이 목사는 일본 내 반 도이 여론에 밀려 결국 탈당했고 2012년 총선 출마를 포기했다. 하지만 그는 탈당 후 기자회견에서도 "한·일 관계는 중요한 문제"라며 "굴하지 않고 일본과 한국의 막힌 담을 허물기 위해 힘쓰겠다"고 말했다.)

2. 사죄는 피해자가 그만하라! 할 때까지

하토야마 총리는 일제강점기 수많은 독립 운동가들이 고문, 투옥됐던 서대문 형무소에서 무릎사죄를 했으며 "사과는 피해자가 그만하라! 할 때까지 계속해야 하는 것"이라며 경남 합천 원폭피해자 앞에서도 역시 무릎사죄를 했습니다. 부산 일제강제동원역사관 등을 찾아 고개를 숙이는 등 올바른 한일 관계의 지향점을 몸소 보여준 하토야마 총리는 평화의 사람입니다. 하토야마 총리는 평소 참된 역사의 교훈이 희망의 미래를 만든다는 신념으로 동아시아와 지구촌 평화를 위해 매진하고 있습니다.

3. 우애는 평화

우애는 박애(Fraternity)라고도 번역되는데 자신의 자유와 자신의 존엄을 존중하는 동시에 타인의 자유와 타인의 인격을 존중하는 사고방식을 뜻합니다. 즉, 자신과 타인의 차이를 이해하고 존중하며 상호부조하는 정신입니다. 세계평화를 지향합니다. 하토야마 총리는 아시아도 유럽연합처럼 사랑의 공동체가 되길 꿈꾸고 이를 행동합니다.

5. 김대중 대통령과의 인연

김대중 대통령은 평민당을 통해 나를 국회의원에 나가게 했습니다. 처음엔 동지들과 의논하겠다고 사양했습니다. 5공 청문회 때 나는 노무현 전 대통령 당시 국회의원과 함께 청문회 스타가 됐습니다. 김대중 대통령은 '남북이 평화공존하고 평화교류하고 평화통일을 이룩해야한다는 평화통일론은 주장했습니다. 이를 위한 화해 협력 변화 평화가 햇볕정책의 키워드입니다.

6. 우호적 관계형성

한국은 임진왜란과 한일합방으로 35년간 나라를 빼앗긴 일제강점기 그리고 독도 영유권 주장 등으로 반일감정을 갖고 있습니다. 2019년 무역 분쟁으로 일본상품 불매운동도 있었습니다. 못지않게 일본의 한국에 대한 혐한감정도 있습니다. 그 혐한에는 한국의 국력상승에 대한 과도한 피해의식도 내재돼 있지 않나 싶기도 합니다.

반일과 혐한을 뛰어넘기 위해 일본은 강제징용재판, 일제강점기 위안부 문제 등에 대해 반성과 사죄를 마무리해야 합니다. 예를 들면 단순히 K-POP, J-POP의 문화교류만이 아니라 일본이 한국 식민지 지배에 대한 책임을 지고 진심어린 반성을 할 때 우호적 관계형성이 가능하다는 생각입니다.

7. 개방과 협력이 유용한 생존법칙

김대중-오부치 선언은 과거사에서 벗어나는 계기가 됐습니다. "좋은 일본 문화는 받아들이자"라는 문화교류 활성화가 반일감정을 누그러뜨리게 했습니다. 김대중 대통령은 문화대통령이었습니다. 한국의 문화산업을 위기에서 기회로 바꾼 결단이었습니다. 방어보다 개방과 협력이 훨씬 유용한 생존법칙입니다. 김대중 대통령 때 마련된 정부의 문화산업 지원제도와 시스템은 K-컬처의 세계적 발전 기반입니다.

8. 일본의 일반국민들과 잘 지내야 한다

내가 국회의원이 됐을 때 아버지께서 국회로 찾아오셔서 내 머리에 손을 얹고 "일본 사람을 미워하지 말라. 일본 일반 국민은 우리와 같은 선량한 사람들이다. 그들과 함께 잘 지내야 한다."고 하셨습니다. 아버지는 일제 때 강제징용으로 끌려가 군함도에서 구사일생으로 불구자가 되어 겨우 고향으로 돌아오신 분입니다. 결국은 동아시아가 하나의 공동체가 되어 가깝게 지내는 이웃이 될 것입니다.

9. 소외계층을 위한 정치

나는 다시 태어나도 소외계층을 위한 정치를 하고 국민들에게 사랑받고 싶습니다. 아내와 자녀들을 돌보며 함께 미래로 나가는 행복하고 평범한 가족의 가장이 되고 싶습니다.

10. 시공을 초월한 문화교류 증대

한일중 3개국이 서로 다른 국가 형태입니다. 동아시아공동체를 위해 정치적으로 해결할 일이 많습니다. 3국의 경제공조가 활발해져야 합니다. 유투브 등의 SNS 문화교류와 AI가 문화를 선도하는 시대입니다. 시공을 초월한 문화교류로 세계에 동아시아의 영향력이 증대되길 바랍니다. 결국 유럽연합 같은 동아시아공동체 창설로 많은 갈등이 해소될 것입니다.

물론 낙관적으로만 볼 수는 없겠지만 현실적 한계가 통합을 막고 있지만 예를 들어 한국은 대통령제, 일본은 의원내각제, 중국은 공산당 일당 독재 체제 등으로 정치적 차이를 극복하기 쉽지 않습니다만, 이러한 난제를 해결하고 동아시아공동체가 이뤄지길 바랍니다.

11. 한국과 일본을 한마디로 표현한다면?

한국은 너그러운 한국, 일본은 반성하지 않은 일본입니다.

12. 한국 농업과 농민을 위하여

1993년 우루과이 라운드로 인해 미국산 농산물이 대한민국에 전면 유입될 위기에 처해서 협상이 매조지(일의 끝을 단단히 단속하여 마무리하는 일) 되고 있던 스위스 제네바로 날아가 유럽공동체 공관 앞에서, 쌀시장 개방에 항의하기 위해 제네바 GATT 본부 앞에서 삭발하며 문민정부의 성급한 협상을 성토하며 단식농성을 벌인 일이 기억납니다.

5공 때 자정부터 새벽 4시까지는 농민들이 통금에 묶여 폭우가 와도 논밭에 나가 농작물을 돌볼 수가 없었습니다. 일제강점기 때 조선총독부가 만들어 놓은 통금 제도를 없애는데 앞장 섰습니다.

13. 내 인생의 나침반

성경 말씀에 "베드로와 요한이 대답하여 가로되 하나님 앞에서 너희 말 듣는 것이 하나님 말씀 듣는 것 보다 옳은가 판단하라 우리는 보고 들은 것을 말하지 아니할 수 없다하니 관원들이 백성을 인하여 저희를 어떻게 벌할 도리를 찾지 못하고 다시 위협하며 놓아 주었으니 이는 모든 사람이 그 된 일을 보고 하나님께 영광을 돌림이러라"(사도행전 4:19-21절)가 내 인생의 나침반입니다.

내 부모님은 나에게 늘 "영진아. 너는 하나님의 사람으로서 반드시 하나님의 영광을 위해서 일해야 한다"라고 말씀해 주셨습니다. 부모님을 통해서 얻은 가장 좋은 유산은 돈도 명예도 아닌 신앙유산이라는 사실을 깨달았습니다.

저는 지금도 어렵거나 무엇을 선택해야할 때 무릎 꿇고 "주께서 지혜와 총명을 주시고 또 건강을 주시고 또 제가 선한 양심에 따라서 저에게 맡겨주신 일을 잘할 수 있도록 도와주십시오"라는 간절한 기도를 드립니다. 고난에 부딪힐 때마다 기도할 수 있어서 감사하고 이 기쁨을 3대에 걸친 아름다운 신앙유산으로 물려주려 합니다.

14. 하토야마 총리에게

　지금 같이 이웃의 친구처럼 건강하게 오랫동안 함께 이야기 나누며 한국과 일본을 오가며 친하게 지냈으면 합니다. 하토야마 총리가 펼쳐가는 동아시아공동체가 우애사상을 바탕으로 서로 사랑하고 존경하는 일들만 가득했으면 합니다. 공의롭게, 꿋꿋하게 본인의 사고방식으로 너그럽게 행복했으면 합니다. 감사합니다.

I Want To Hold Your Hand

음악은 영적 세계와 현실 세계의 중재자다

– 베토벤(Ludwig van Beethoven, 1770-1827)

구글 번역기로 Rhythm(리듬)을 검색하면 한글번역이 '율'이다. '율'(律)은 장단, 박자. 따라서 가락 즉, 멜로디 진행은 그 정해진 율, 리듬을 타고 질펀하게 잘 노닐어야한다.

리듬은 음악의 뿌리. 천지만물 중에서 대지. 비틀즈의 경우 '링고 스타'(Ringo Starr, 1940-)의 드럼. 그 뿌리에서 뻗어 오른 나무 기둥은 폴 매카트니'(Paul McCartney, 1942-)의 베이스 기타라는 파도치는 바다. 그 나무 기둥에서 뻗어나간 나뭇가지가 존 레논'(John Lennon, 1940-1980)의 리듬 기타이자 하늘. 그 나뭇가지에 매달린 바람에 춤추는 나뭇잎 그 너머로 빛나는 밤하늘 별들은, 비틀즈 애비로드 앨범에서 자작곡 Something과 Here Comes The Sun을 노래한 세계적인 리드 기타리스트이자 보컬 '조지 해리슨'(George Harrison, 1943-2001)이다.

(기존 비틀즈 사운드에 인도의 명상을 도입해 사이키델릭 사운드를 창조해 낸 조지 해리슨은 더 많은 노래를 비틀즈 시절 작사, 작곡하고 자신이 부를 수도 있었지만, 비틀즈 명성에 걸 맞는 세계최고의 기타연주를 위해 그럴 시간을 아예 차단한 우애의 아티스트)

1964년 비틀즈의 I Want To Hold Your Hand를 라디오에서 처음 들었다. 반했다. 경천동지. 완전 딴 세상. 거기엔 가난도, 전쟁도, 차별도 없었다. 약동하는 젊음의 향취가 진동, 뜨겁고 신선한 태양의 폭발. I Want To Hold Your Hand는 "내게 뭔가 느낌이 올 때 너의 손을 잡고 싶고, 잡으면 행복해" 노래한다.

비틀즈라는, 네 개의 심장이라는 별들이 붉게 폭발, 순수한 열정, 마치 내게 "얘들아. 일상에서 벗어나 비틀즈라는 축제의 별로 서서 날아와. 같이 노래하고 같이 춤추자. 모든 책들은 궁극의 노래와 춤과 진실과 사랑과 행복한 이야기를 나누기 위해서, 소통하기 위해서 필요한 도구일 뿐이야. 봄은 흘러가고 여름은 타버리고 가을은 멀어지지. 우린 겨울에 웅크리고 꿈꾸고 다시 봄의 즐거움에 도취해. 우린 그 도취를 함께 노래하는 거야."라고 현재를, 지금을 즐기라고 말해주고 있었다.

비틀즈는 동네 형들보다 훨씬 더 멋있었고 다정했다. 나를 아주 깊숙이 이해해 주는 것 같았다. 뭐랄까. 약간 껄렁한 듯싶다가도 단정해 보였고, 노는 아이들 같다가도 어느새 할 일은 다 해내는 친구들 같았다.

손을 잡고 싶다는 것, 손을 마주 잡는 다는 것은 바로 우애의 표현, 물론 이 노래 I Want To Hold Your Hand는 남녀 간의 사랑의 감정이지만 그 또한 바람직한 사랑의 우애가 아니겠는가.

이처럼 I Want To Hold Your Hand에는 가난 대신에 사랑의 풍요가 넘실, 전쟁 대신 평화로움, 마치 살바도르 달리(Salvador Dali, 1904-1989)의 그림 '기억의 지속'(The Persistence of Memory, 1931)에서 시계가 녹아 내리 듯 평화라는 시간이 초콜릿처럼 흘러내렸다.

그것은 빛의 새로운 세계. 그것은 백인들만의 교회 찬송가 멜로디와 목화 따던 흑인 노예들의 리듬이 만나, 꿈과 갈망과 하소연이 블루스 음악을 탄생 시켰듯이 그 씨앗에서 발화된 부활의 새봄이 엘비스 프레슬리의 로큰롤이었듯이, 전 세계 젊은이들의 막연했던 꿈과 소망이라는 씨앗이 비틀즈의 창조력을 만나 I Want To Hold Your Hand라는 꽃의 폭발로, 새롭게 태어났고 날아올랐다.

그로인해 나는 재빨리, 나도 모르게 빨려들 듯이 비틀즈가 전 세계 젊은이들과 함께 제조한 I Want To Hold Your Hand라는 사랑과 열정의 별로 선뜻 이주했다. 그 별의 빛을 제조해내는 링고 스타의 드럼 소리, 그 리듬에 흥겨웠고 즐거웠고 행복했다.

그즈음 숱한 리듬들이 터질 듯 쏟아졌다. 벤처스(Ventures)의 파이프 라인, 와이프 아웃 등이 바로 그 중 하나인 트위스트 리듬. 곧 이어 윌슨 피켓(Wilson Pickett, 1941-2006)이 노래한 '횡키 브로드 웨이' 등의 소울 리듬과 베트남 전쟁을 그칠 줄 모르는 빗줄기로 표현한 노래 '누가 이 비를 멈춰주려나'(Who'll Stop The Rain) 등을 발표한 C.C.R

의 고고 리듬, '토요일 밤의 열기'(Saturday Night Fever) 등 비지스(Bee Gees)의 디스코 리듬 등이 연이어 전 세계를 강타하고 물결쳐 왔다.

아찔한 빛의 리듬으로 찬란했던 트위스트 시대, 나의 중학생 시절을 돌아보면 친구들과 함께 삼삼오오 무리지어 휴대용 일제 사니요(Sanyo) 야외전축을 손에 들고 Hit Parade, Top Tune Show 등의 당시 유행하던 댄스곡 옴니버스 LP음반과 특히 절대 빼 놓아선 안 되는 앞서 언급한 벤처스 악단의 LP음반 등을 몇 장 옆구리에 끼고, 서울의 일요일 우이동 숲이나 서울근교 안양 딸기밭 같은 데를 찾아가 저 마다, 서툴지만 한껏 흥을 내어 신바람 나게 환호성 외치며 서로 마주보고 춤추며 황홀했다.

우리들은 마치 리듬의 바다를 헤엄쳐 나가는 돌고래, 오징어, 문어, 꽁치, 멸치 같은 아이들이었고 나는 호숫가 오리 같았다. 아무튼 그 순간은 너무나 흥분됐고 설레었고 요동치는 심장으로 두근댔다. 그로인해 순진무구한 행복을 만끽했다.

그로부터 세월이 흘러 이제는 숱한 리듬의 변천사를 거쳐 K-POP은 세계인들로부터 많은 사랑을 받는 장르가 됐다. 그 중심에 월드 스타 BTS, 블랙핑크 등 글로벌 인기의 아이돌 경우, 한국이라는 국가 이미지 제고에도 결정적 도움을 준 영웅이 됐다. 더구나 K-POP은 꿈의 회복, 선한 영향력, 너 자신을 사랑하라 같은 메시지로 세계인들의 행복에 기여하는 자유의 확산과 평화증진 같은, 위대한 가치 추구의 음악으로 널리 공인되어가고 있다.

K-POP 시대가 있기 까지 미국, 영국에서 이 **땅에** 건너 온 팝, 록, 블루스, 컨트리, 재즈, 포크, 힙합, R&B 등에 대한 **카피**, 모방, 번안가요 시대가 있었다. 지금의 7080 세대가 10대, 20대 시절 성장해 가면서 춤추던 트위스트, 소울, 고고, 허슬, 디스코, 브레이크 댄스, 테크노 댄스 등을 거쳐 지금의 EDM, K-POP 아이돌 댄스까지 발전해 왔다. 댄스뮤직 역사발전에서 가장 중요했던 것은 아무리 강조해도 부족할 것 같은, 그야말로 그 동안 팝송이 악착같이 간직했고, 특히 록과 재즈, 포크 뮤직 등이 불굴의 의지로 추구해 온 하늘로부터의 축복의 선물인 자유의 씨앗, 자유의 리듬이었다.

그 누구보다도 더 자유로움의 상징인, 록 밴드 비틀즈는 이미 공언한 바 있다. 비틀즈의 노래가 들어가면, 전 세계 젊은이들의 만국공용어인 Rock Music이 들어가면, 그 어떤 독재국가도 자유화의 새 물결을 막을 수 없고 새로운 변화의 바람이 불 수밖에 없다고 말했다. 비틀즈의 폴 매카트니는 2015년 잠실 올림픽 주 경기장에서 자신의 콘서트를 성공적으로 개최한 이후 영국으로 돌아가면서 "분단국가인 한국에서 나를 다시 불러 달라. DMZ 비무장지대에서 꼭 공연하고 싶다."고 말했다.

폴 매카트니는 분단의 땅 한반도 평화의 메신저, 록의 비둘기를 자처했다. 폴 매카트니는 2001년 미국 국무장관 콜린 파월(Colin Powell, 1937-2021)을 만났을 때도 전 세계 지뢰제거 작업을 도와달라고 부탁한 바 있다. 폴 매카트니 내한공연은 비틀즈가 데뷔한 1962년 이후 53년 만인 2015년 5월에 이뤄졌었다.

폴 매카트니는 자유의 바람을 불어 넣기 위해 일찌감치 러시아 공연도 추진했었다. 하지만 비틀즈로 데뷔한 이래 46년만인 2008년 폴 매카트니 혼자만의 1인 단독공연으로만 모스크바에서 이뤄졌다. 이때 폴 매카트니는 1968년 11월 22일 발표된 비틀즈의 Back In The U.S.S.R(소비에트 사회주의 공화국: Union of Soviet Socialist Republics)을 노래했다.

하지만 비틀즈도 못 갔고, 폴 매카트니도 아직 가기 전이었던 1988년 러시아 모스크바와 레닌그라드에서의 록 콘서트는 '피아노 맨'의 싱어송라이터 빌리 조엘(Billy Joel)이 먼저 해 냈다. 빌리 조엘 그는 자신의 러시아 콘서트 마지막 곡으로 비틀즈의 Back In The U.S.S.R.을 리메이크했다. 요란뻑적지근했다. 빌리 조엘은 혼신의 힘을 다해 열정을 넘어선 열광으로, 비틀즈의 Back In The U.S.S.R.을 노래했다. 척 베리의 Back In the U.S.A와 비치 보이스의 하모니에서 영감 받고 이를 오마주한 Back In The U.S.S.R.을 빌리 조엘 버전으로 무대를 찢어버렸다. 부숴버렸다.

그것은 대 혼돈 같아 보였지만 혼돈에서 태어난 창조였다. 그 혼돈은 혼란이나 재난이 아닌 음률의 자유에서 비롯된, 탄탄한 자유의 리듬이라는 낙원에서의 춤사위였다. 빌리 조엘 그는 멋대로, 흥 나는 대로 머리를 흔들고 고개 짓 하고, 발장단 흥겹게 맞추며 흥분과 열광의 혼과 정신으로 피아노를 쳤다. 심지어 피아노 위로 슬라이딩도 감행했다. 아예 피아노 위에서 팽이처럼 뱅글뱅글 도는 묘기를 선보였다. 빌리 조엘은 이날 마이크 스탠드를 엿가락처럼 갖고 놀았다. 접신의 경지다. 빌리 조엘은 피아노를 우주선 삼아 자유의 별로 날아올랐다.

지구에서 달을 향해, 화성을 향해 더 먼 별 나라를 향해 우주선을 쏘아 올리듯이 말이다. 빌리 조엘 뿐만이 아니다. 엘비스 프레슬리, 비틀즈, 마이클 잭슨, 이글스 등이 모두 그렇게 자신의 노래를, 자신의 꿈을 우주선 삼아 자유의 별로 날아올랐다.

그 별은, 별의 순간은 시공을 초월한다. 시간 속에서 날아올라 시간 밖으로의 우주여행조차도 뛰어넘어서는 자유로의 여행이다. 무대와 콘서트장이라는, 객석의 시선이라는 그 공간 밖으로의 여행이다. 그 아티스트와의 그 자유여행을 객석은 함께한다. 그들도 새로운 음악적 시공간의 공통의 체험을 통한, 자유의 리듬타기를 한껏 즐긴다. 그것은 일상의 법률의 지배에서 벗어나는, 지구의 중력에서 벗어나 자유로의 홀가분한, 자유의 자유로운 음악여행이자 음률여행 즉, 자유로부터도 자유로운, 자유 그 자체.

빌리 조엘은 자신의 러시아 레닌그라드 콘서트에서 Back In The U.S.S.R.을 노래하며 경중경중 무대 위를 뛴다. 그것은 활기, 생기, 평화로운 자유의 광기(극도의 신바람)였다. 그 마음속 밑바닥에서는 빌리 조엘과 밴드와 객석의 팬들의 평화를 위한 우애의 마음, 인간애가 흐르고 있었다.

국경과 냉전의 당시 정치적 상황을 잠시 훌쩍 뛰어넘어, 손과 손을 맞잡은 정도가 아니라 심장이 하나로 연결된 채 자유의 피가, 평화의 혈류가 우애라는 혈관을 타고 하나의 음악 꽃불로 연결된 채, 뜨겁게 타 오르고 사랑으로 파도치며, 서로의 마음속을 넘나들었다. 이는 환희이자 위대한 자유의 음악적 체험이다.

빌리 조엘의 러시아 콘서트 타이틀은 'Matter Of Trust'(신뢰의 문제)였다. 빌리 조엘은 무대와 객석의 하나 됨을 위하여 최선을 다했다. 모두 함께 몸을 흔들고 노래를 따라 부르고, 거기엔 그 어떤 억압이나 제약도 없었다. 자유롭고 싶었던 그들을 위해 빌리 조엘은 객석의 마음을 읽는다. 순간적으로 스캔한 그 마음속의 기도, 사랑, 갈망, 욕망, 염원, 소망을 그는 바로 바로 즉석에서, 즉각적으로 즉흥적으로 그 모두를 대변해 냈다. 이는 모스크바와 레닌그라드에서의 일시적 하룻밤 자유의 체험 이었다.

비틀즈의 Back In The U.S.S.R.의 끝 가사에는 "난 지금 소련으로 돌아왔고 나는 자유다"라고 외친다. 여러 가지 다중해석이 가능한 재미난 의미 깊은 가사. 소련이라는 땅, 그 대지는 이념이 아닌 생명이기에 태초부터 자유라는 의미, 그래서 국경 대신에 음악이라는 자유가, 원초적 자유가 소련을 물들이고 싶다는 얘기 같다. 소련 국적의 여성을 연인으로 둔 록커의 노래 같다. 그녀와의 사랑 속에서 자유를 만끽한다는 이야기 같다.

미국과 소련의 냉전시대에 영국 출신의 비틀즈는 마치 이 둘 사이의 평화적 중재자인양 Back In The U.S.S.R.을 노래하며 "사랑할 시간도 없는데 왜 전쟁을 하나?"란 철학적 질문, 이상적 제안을 에둘러서 노래로, 그야말로 미국과 소련의 우애를 영국인이자 세계인의 입장에서 세계에 제안하고 선물했다.

하지만 이러한 따뜻한 평화와 열정의, 자유와 사랑의 우애 대신에 프로이센의 군인이자 군사학자로 '전쟁론'의 저자인 클라우제비츠(Carl

Clausewitz, 1780-1831)는 "전쟁은 단지 정치의 연장선 중 하나다." 라는 냉정한, 비정한 무자비한 말을 했다. 정치는 백성을 잘 살게 하고 그러기 위해 자유 평화 사랑 행복 번영을 위해 존재하는 것이 마땅한데 즉, 민생이 곧 정치인데 클라우제비츠는 정치가 곧 권력이고 그 지속가능한 독재를 위해서, 소수의 기득권 권력층을 위해서 다수의 백성들이, 시민들이 개돼지 취급을 받아도, 전쟁에 끌려 나가 죽음을 당해도 괜찮다는 전제가 깔려있다.

이에 비해 철학자 칸트의 영구평화론은 얼마나 아름답고 귀하고 사랑스럽고 탐나는 인류의 보물섬인가? 그 안에 담긴 평화를 위한 여러 제안들을 현실화시키기 위한 노력, 공감, 자각, 지지, 참여, 협력, 제도, 장치, 보호, 유지를 위해 전 인류는 함께 머리를 맞대야한다. 두 손을 맞잡고, 가슴에서 우러난 양심적 우애의 정신, 태도, 마음, 영혼으로 이를 체화하고 타투 하듯이 마음에 우애, 사랑, 평화, 행복, 자유 등 그 중 가장 마음에 드는 낱말 하나를 마음의 타투로 새겨 넣어도 좋을 것 같다. 그 낱말을 깃발 삼아 우애의 보물섬을 향해, 자유의 노래 부르며, 사랑의 춤 추며, 행복한 영구평화의 보물섬을 향해 80억명 세계인들이 함께 항해해 나아가야 할 것이다.

우당 특별상

인간으로 세상에 태어나
누구나 자기가 바라는 목적이 있다

이 목적을 달성한다면
그보다 더한 행복은 없을 것이다

그리고 그 목적을 달성하기 위해서
그 자리에서 죽는다 하더라도 이 또한 행복 아니겠는가

− 이회영(1867−1932, 독립운동가)

포스터

1980년대 초 서울 시내 길거리에 이런 포스터가 눈에 띄었다. "질서... 편한 것 자유로운 것 아름다운 것" 절묘한 표현이었다. 질서란 대개 갑갑한 것, 옥죄는 것 그래서 부자유스러움의 억압으로 인한 희생을 요구하고, 거기 얽매여 어쩔 수 없이 찝찝하지만, 힘없는 약자이기에 순응하는 것이라는 이미지로 선뜻 생각되기 쉽다.

하지만, 그 포스터 문안은 질서를 지킴으로서 당신의 삶이 더 편해지고 자유로워지고 심지어 아름답다고 유혹했다.

순자(荀子)

기원전 2세기 때 활동한 것으로 추정되는 중국의 철학자 순자(荀子, 기원전 298?-기원전 238?)가 말한 선신미대의 발전적 질서에 대한 권유도 앞서 언급한 포스터의 의도와 일맥상통한다. 선신미대(善信美大)는 일종의 인생 어떻게 사는 것이 가장 좋지? 라는 의문에 대한 순자사상의 최종 엄선 집대성된, 그 해답의 간결한 진리의 질서 매뉴얼이다.

순자는 사람이 착하게 살면서, 스스로 정도를 걷고 이웃에게 그런 사랑으로 도덕적 언행을 베풀 때, 그 사람의 정체성은 곧 '선한 사람' 이렇게 결론이 난다는 것이다.

그 선행을 끝까지 밀어 붙이고 제 아무리 어려운 상황이 와도 변함없이 꿋꿋하게 초지일관하면, 그 다음 발전단계는 믿을 '신'이다. 개인의 착할 선이 여러 사람에게 공인 받아, 믿을 신의 사람으로 성장한다는 것이다.

그 믿을 신이 또 지극해지면 그 다음 발전단계는 아름다울 '미'가 된다. 그 아름다움의 삶을 끝까지 더욱 더 밀어붙이면, 그 다음은 선, 신, 미에 이어 클 '대'의 경지에 이른다. 클 대는 높고 존귀하다. 훌륭하다. 많다. 우월하다. 풍성하다의 의미다. 이는 그 간의 '선/신/미'의 개인적

행적과 사회적 공적으로 인해, 결국 더 많은 사람을 행복하게 했고 더 많은 아름다움을 선물했고, 그로인해 가장 뛰어나게 탁월하게 으뜸으로 믿을 수 있는 위대한 인물로 성숙했고, 그로인해 선한 영웅으로, 선한 영향력의 스타로 공인이 됐다는 얘기다.

또한 거기서 머물지 않고 하나 더 상승발전단계가 있다. 그것은 성인(聖人) '성'의 경지다. 이는 임금, 천자의 존칭이다. 걸출한 인물을 뜻한다. 마하트마 간디, 공자를 성인이라 하고 베토벤을 음악의 성인 '악성'이라 했다.

스탈린과 히틀러

하지만 이러한 '선/신/미/대/성'의 존경받는 삶의 위대한 영웅이 아니라 인간의 자유를 박탈해 온 독재권력자들이 인류역사에는 너무나 많이 있어왔다. 그 중 스탈린(강철 사나이, Joseph Stalin, 1879-1953)이 가장 대표적 악마다. 그는 대숙청 기간에 2천3백만명을 죽였다. 그중에는 240만명에서 1,000만명으로 추정되는 우크라이나 대학살이 포함됐다. 독일의 히틀러는 전쟁과 유대인 학살 등으로 1,700만명을 죽였다.

레오폴드 2세

식민주의자였던 벨기에의 레오폴드 2세(Leopold II, 1846-1909)는 국제아프리카협회라는 그럴싸한 이름으로 벨기에 보다 14배, 한반도보다 11배나 더 큰 넓이의 아프리카 콩고 땅을 개인이 소유하기 위해 원주민 추장들을 선물로 매수했다. '땅 소유권과 통치권을 영원히 넘긴다.'라고 적힌 문서에 서명하게 했다. 산업혁명의 시기여서 자전거와 자동차 타이어, 전선 절연재 등에 고무가 쓰였다. 품귀현상 탓에 가격이 치솟았다. 도저히 고무 수요를 맞출 수가 없었다. 레오폴드 2세는 무장 군인을 동원해 원주민 기혼 여성을 감금했다. 그녀의 남편에게 석방 조건으로, 무리한 고무 할당량을 제시했다. 이를 거부하면 그의 부인은 곧장 사살 당했다. 설령 이에 응한다 해도 할당량에 미달이 되면 왼쪽 손목을 절단했다. 목표량에 2-3차례 미달될 경우엔 또 나머지 손목마저 자르고 목숨까지도 빼앗았다. 그 결과 500만명에서 1,500만명으로 추정되는 콩고인들이 학살당했다.

레오폴드 2세는 악랄한 착취의 대가로 벌어들인 돈을 물 쓰듯이 낭비했다. 한 예로 1900년 16세로 자신보다 50살 이상 어린 프랑스 매춘부 카롤린 라크루아를 알게 됐는데, 1902년 부인이 사망하자 카롤린은 레오폴드 2세의 공공연한 정부가 됐다. 카롤린이 임신을 하자, 프랑스에 있는 친정을 오갈 때 불편하지 않도록 철도를 신설했다. 이 둘은 1909년 가톨릭 신부의 집례로 결혼식도 올렸으나 며칠 후 레오폴드 2세는 카롤린에게 전 재산을 물려주고 사망한다.

도조 히데키

미국 하와이의 진주만 공격 명령을 내렸으며 일본 제40대 총리로

1941년부터 1944년까지 군부총사령관직을 겸임했던 도조 히데키(東條英機, 1884-1948)는 아시아의 히틀러로 불린다. 그는 1,200만명을 죽인 전범으로 1948년 사형이 집행된 후 요코하마에서 화장돼 항공기에 실려 태평양 바다에 뿌려졌으나, 일부 유골의 잔해를 화장터 부근 절의 주지가 회수해 아타미의 관음사라는 절에 숨겨져 오다가, 1960년 아이치 현 산정으로 이장됐다. 이후 1978년 도조의 유골은 A급 전범 14명과 함께 야스쿠니 신사(靖國神社)에 합사된다.

야스쿠니 신사

일본 국회에는 도조 히데키를 추종하는 '다함께 야스쿠니신사에 참배하는 국회의원 모임'이 있다. 이의 실질적 주도자는 총 9년 정도의 재임기간으로 제90, 96, 97, 98대 내각총리대신 아베 신조(1954-2022)였고 그는 2022년 7월 8일 오전 11시 30분 나라현에서 선거 유세를 돕던 연설 도중, 갑작스레 그의 등 뒤에서 두발의 총성이 울렸다. 그는 범인이 쏜 총알에 의해 쓰러졌다. 병원 응급실을 향했으나 구급차에서 이미 그의 심장은 멈췄다. 같은 날 오후 5시 3분 아베총리의 사망이 공식 확인됐다. 범인은 일본 해상자위대원 출신. 그는 아베 총리에게 불만은 있었지만 정치 신조에 의한 원한은 아니라고 말했다.

아베 총리는 생전에 일본 도쿄에 있는 야스쿠니 신사에 공물을 바치고 참배도 한 바 있다. 야스쿠니 신사는 1869년 메이지 천황의 명령으로 설립됐고 그 뜻은 '평화로운 나라'다. 말하자면 일본의 평화를 지키기 위해 희생한 남녀노소 가리지 않고 약 250만 명의 전몰자가 안치돼 있는 곳. 여기엔 군인, 전쟁 간호사, 학도병과 제2차 세계대전에서 일본이 패망하자 수치심에 자살한 사람들까지 포함됐다. 이들의 영령은 기억의 대상이 아니라 숭배의 대상이다. 일본 민족 신앙은 인간이 죽으면 '가미', 즉 신이 되어 후손들의 숭배를 받는다. 일본 보수파는 야스쿠니 신사 참배를 애국심의 상징으로 여긴다. 야스쿠니 신사는 그동안 정치적 논쟁의 대상이었다.

도조 히데키의 이름을 신사에서 제외하려는 논의는 일본 국회에서 여러 번 있었지만, 국수주의자들은 매번 이런 움직임을 차단했다. 일본 총리들의 전범 도조 히데키 등이 합사된 야스쿠니 신사참배는 20세기 초 중반 일본 제국주의로부터 피해를 입었던 한국, 북한을 비롯해 중국을 분노하게 했다. 이처럼 동아시아 국가에서는 야스쿠니 신사가 일본의 과거 군국주의의 상징이다.

캣 스티븐스의 Peace Train

War Child International이라는 단체가 있다. 이 단체는 전쟁 피해 어린이들의 치유와 복지를 위해 활동하는 단체이다. 싱어송라이터 캣 스티븐스(Cat Stevens)도 이 단체에 기부한 바 있다. 캣 스티븐스의 노래 Peace Train은 실제로 기차를 타고 가던 중 만들어졌다. 1971년 11월 6일 빌보드 핫100 차트 7위에 올랐던 이 노래는 "평화의 열차를 타고 평화의 나라로, 평화의 집으로 함께 가자"고 말한다. 리듬은 재빠르고 가사는 단순하다. "나는 웃고 있고 좋은 일은 시작됐다. 세상은 하나가 되어가지만 현실은 미움 등 행복을 방해하는 것들이 있다…"라고 직시한다. 하지만 그럼에도 불구하고 다 함께 평화열차를 타고 평화를 향해 달려가자고 손짓한다.

스타벅스 슐츠

1971년 시애틀에서 1호점을 낸 이후 현재 전 세계 3만개 이상의 매장을 탄생시킨 커피 체인점 스타벅스(Starbucks)의 창업자이며 전 회장인 슐츠(Howard Schultz, 1953-)는 "성공이란 성공했을 때 그 순간, 그 성공을 이루기 위해 고생해 온, 모든 사람들과 함께 그 자리에 있는 것이다."라고 말했다. 진정한 성공하기 까지의 고생고생한 사람들 배신하고 그들의 몫까지도 챙기려는 탐욕으로는 멀리 갈 수 없고 높이 날 수 없다.

강물이 바다에서 서로 만나듯

21세기 인류는 서로를 저마다 하나의 평화의 강물로 바라 볼 필요가 있다. 거리에서 스쳐가는 수많은 낯선 사람들을 볼 때 "아, 평화의 바다라는 심장을 지닌, 평화의 강물 같은 사람들이 햇살 받아 반짝이며, 저 마다 사랑으로 흘러가는구나."하고 경이로운 기적처럼 바라 볼 필요가 있다.

독재자 전범들은 수많은 사람들의 가슴 속 평화의 바다와 온 몸에 흐르는 평화의 강물을 총칼로 포탄으로 파괴해왔다. 지금도 그리하고 있다. 이는 그 평화의 바다와 평화의 강물이 꿈꾸고 소망하는 꿈의 미래와 영원한 자유를 강탈하고 약탈하는 오만함과 거만함의 극치인, 악랄함과 잔인무도함의 거침없는 자행의 죄악 중의 죄악이다.

이세돌과 알파고

자유는 나의 자유를 지키기만 하면 되는 게 아니라 남의 자유까지 지켜줄 때 비로소 평화는 완성된다. 인공지능 알파고와 바둑 대결을 한 이세돌은 1승 4패로 지고난 후 이런 말을 했다. "알파고와의 대국 때 호흡이 없기 때문에 힘들었다." "마치 벽과 테니스하는 기분이었다."고 술회했다. 이세돌 명인이 생각하는 바둑이란 두 사람이 대국을 하면서 승부를 초월해 하나의 예술작품을 만들어가는 것이라고 생각했는데, 생명의 약동과 호흡이 전혀 없는, 이심전심의 대화 수담(手談)이 없는, 인공지능 알파고와의 바둑 대결의 그 승부가 난처했다는 것이다.

나는 이세돌의 바둑철학을 빗대어 모든 전쟁광 독재자들에게 이렇게 말하고 싶다. "독재자들과 같은 시대를 살아가고 그로인해 전쟁에 끌려 나간다는 것은 마치 지옥불에 갇힌 기분이다. 인생이란, 정치지도자와 평범한 사람들이 함께 하나의 예술작품을 만들어가는 것이어야 하는데, 생명의 약동과 호흡이 전혀 없는, 소통의 대화가 없는 불통의 막무가내 식 막가파 이기적 독재주의자들과 같은 시대를 살아간다는 것은 출구 없는 지옥이다."

억압된 자유, 길 잃은 자유, 절망하는 자유, 슬퍼하는 자유, 지옥 같은 상황에 불법적으로 갇힌 자유를 구원해 낼 때 그래서 함께 자유 하는 평화를 획득할 때, 가장 급선무로 필요한 것이 바로 '우애'다. 그래서 우애의 시대, 우애의 세계 그 꿈을 향해 함께 연대하고 나아가고 이루고 살기 위해, 삼색 깃발 프랑스 국기에서의 파란 색 자유, 하얀 색 평등, 빨간 색 박애이자 우애인데 이 우애가 빨간 색인 이유는 우애를 위한 희생을 상징한다.

우애사상의 실천가인 동아시아의 위대한, 아름다운 믿음의 선한 우애 정치가, 우애 사상가, 우애 철학자, 우애의 사람 즉 우애인(友愛人) 하토야마 유키오 전 일본 총리도 자신의 정치적 희생을 두려워하지 않고 한국에 사죄했다.

우당교육문화재단

하토야마는 기회 있을 때 마다 일본은 한국이 그만두라 할 때까지 사죄해야 한다고 역설했다. 이에 많은 일본의 양심적 인사들이 시민들이 평화애호가들이 하토야마 총리를 지지한다. 일제강점기 한국의 독립을 위해 싸웠던 독립군, 독립운동가들을 기리고 이들의 불굴의 정신을 기념하고, 다시는 이 땅을 빼앗기지 않기 위한 광복회 이종찬 회장은 자유주의 사상을 바탕으로 인간의 평등과 인권존중을 지향했으며, 이웃 나라 사이에 평화유지를 위한 동아시아평화공동체라는 이상을 꿈꾸었던 독립운동가 우당 이회영을 기념하는 (재)우당이회영선생교육문화재단 이사장 재직 시절인 2023년 1월 11일 하토야마 총리에게 '우당특별상'을 수여했다.

하토야마 총리의 무릎 사죄를, 광복회와 우당 이회영선생교육문화재단이 그 우애정신을 받아들인 것이다. 하토야마 그가 내민 화해의 악수를, 우애의 그 손길을 따뜻이 마주 잡은 것이다. 하토야마의 그 고귀한 마음의 결단과 행동에 그 양심적 역사적 변화와 전진을 위한 평화행동에, 그 우애의 마음에, 다정히 역시 화답의 우애로 호응한 것이다.

우당재단에서 하토야마 전 일본 총리에게 우당특별상을 수여한다고 했을 때 하토야마 전 일본 총리 측에서는 일제강점기의 점령국 일본에 대한 반일 감정이 가장 심할 수 있는, 광복회와 무장투쟁을 독립노선으로 삼았던 우당재단에서의 특별상 수여에 대한 제안에 대해 처음엔 의아해했다고 한다.

비록 일제강점기의 총리는 아니었으나 일제로부터의 해방 69년이 되는 2009년에 총리에 취임했으니, 그 책임과는 멀지만 그래도 그 역사적 맥락의 가장 중심부에 위치한 총리직을 역임한 하토야마 총리에게, 해방 이후 78주년이 되는 2023년에 우당 특별상을 수여한다고 해서 말이다.

우당 특별상

하지만 우당재단에서는 한국의 독립영웅 중의 영웅인 우당 이회영 선생의 평화사상과 하토야마 총리의 우애 사상이 궁극적으로 같은 인류의 사랑과 행복을 위한 사상이라고 판단됐기에, 이에 우당특별상 수상자로 하토야마 총리를 선정했다. 처음엔 사양하던 하토야마 총리도 그 이야기를 전해 듣고, 이를 받아들인다.

'우당특별상'은 우당이회영선생교육문화재단이 독립선언 100주년이 되던 해 2019년부터, 우당 이회영 선생의 독립 운동 정신과 평화 사상을 구현해 온 인사를 선정해 수여하는 상이다. 이종찬 우당선생교육문화재단 이사장은 시상식에서 "하토야마 총리는 한국에 대한 강압 통치를 통렬하게 반성한 양심적 정치인이며, '우애정신'이란 철학과 소신으로 동아시아의 평화와 번영, 그리고 세계평화를 지향하는 지도자"라며 선정 이유를 밝혔다.

이에 대해 하토야마 전 총리는 수상 소감으로 "앞으로 우당특별상 수상자로서 부끄럽지 않도록 한일간에 가로놓인 엄연한 역사적 사실을 인정하고 사과하는 마음을 잊지 않겠으며, 동시에 미래지향적인 입장에서 양국 간의 우호발전과 동아시아 평화 구축에 노력하겠다."고 말했다.

시상식에는 박민식 국가보훈처장의 축사가 있었고. 문희상 전 국회의장, 이홍구 전 국무총리와 독립 운동 후손 등 50여 명이 참석했다. 이로써 일제 식민지배 관련 일본의 무한책임과 사죄를 강조해 온 하토야마 유키오 전 일본 총리의 우애의 정신과 그 행동이 한일 양국의 미래를 위해 밝은 빛으로, 우당 이회영 선생의 평화정신과 더불어 영원한 평화정신의 상징이 됐다.

우당 이회영은 독립운동가이며 대한민국 초대정부의 부통령을 지낸 이시영의 형이다. 모두 6형제인 이회영 일가는 모든 재산을 처분해 만주에서 신흥무관학교를 세우는 등 열정적인 독립운동의 꿈을 펼친 바 있다. 이회영은 젊은 시절부터 집안의 종들을 자유민으로 풀어 주었고 남의 집 종에게 존댓말을 쓰는 등 파격적인 면모와 행보를 보인 존경받는 우애의 삶을 살았다.

또한 현 이종찬 광복회장은 할아버지 우당 이회영이 일본경찰에 체포된 뒤 돌아가셨고, 독립운동가인 아버지 이규학도 상해에서 일본 헌병대에 연행되어 고문 끝에 청각을 잃는 등 독립운동가의 후손으로서 일본에 본능적인 적대감 같은 것이 있다 면서도, 한국과 일본이 견원지간을 풀지 않으면 동북아의 지속적 불안 요소가 된다며, 한일 관계 개선의 필요성을 주장했다. 특히 1998년 김대중-오부치 선언을 후임자들이 발전시켰어야 했는데 다 헝클어 놓았다고 말했다.

또한 과거사에 대한 일본의 사과에 대해서는 "우리는 계속 사과를 하라고 한다. 그러니 일본에선 '불가역적인 사과' '이번이 마지막 사과' 이런 얘기가 나온다. 이런 사과는 안 받는 게 낫지 않나. 옆구리 찔러 자꾸 받으면 뭐하나. 가해자의 사과도 중요하지만 피해자의 용서도 중요하다고 본다. 이스라엘의 홀로코스트 박물관엔 '용서한다, 그러나 결코 잊지는 않는다'(Forgive But Never Forget)라고 쓰여 있다. 가장 무서운 말이다. 그 말을 일본에 할 때가 됐다고 생각한다."는 의견을 밝혔다.

인터뷰

이종찬
광복회장

2024년 7월 24일 여의도 광복회관 접견실에서 이종찬 광복회장을 인터뷰했다. 그의 말을 기록한다.

1. 첫 인상

하토야마 총리와의 첫 만남 이전에 나는 그의 존재와 그가 어떻게 정치적으로 성장해 왔는지 그리고 어떤 성향이라든가 이런 것들을 잘 알고 있었습니다. 이후 첫 만남에서의 첫 인상은 대단히 소탈한 분이구나. 생각했습니다. 겸손했습니다. 한 나라의 총리를 지냈기에 어떤 선입견을 가질 수도 있었겠으나 전혀 그런 예상과는 달랐습니다. 인간 대 인간의 만남이었습니다.

2. 무릎사죄

하토야마의 무릎사죄에 대해서 그 평가가 박한 사람들도 있겠으나 전혀 그렇지 않다고 생각합니다. 하토야마 총리는 자신의 정치 생명을 건 결단이었습니다. 아무나 할 수 없는 일입니다. 또 그로인한 일본 내에서의 불이익이라든가 위협 같은 것들을 뛰어넘어 동아시아와 세계평화를 위해 평생 추구해 온 소양이 있어왔기에 가능한 행동이었습니다.

3. 우애와 사해동포주의

우당 이회영 선생님, 저의 조부이시기도 한데 그 분의 사해동포주의 즉, 모든 전 세계 인류는 이성이라는 머리와 사랑이라는 가슴을 바탕으로 해서 하나로 연결된 하나의 형제자매다, 가족이다 이러한 사해동포주의와 하토야마 총리가 평생 추구해 온 그 가문의 세계인을 위한 우애정신은 그 이념의 뿌리가 같다고 생각합니다.

4. 똘레랑스

우당특별상을 하토야마에게 수여할 때 그 마음과 정신은 똘레랑스(Tolerantia, 관용)였습니다. 용서라는 표현보다는 똘레랑스가 맞습니다. 처음 우당특별상 수상자로 초대하기 위해 나는 직접 하토야마에게 편지를 보냈습니다. 똘레랑스의 마음이었습니다. 일본은 가해국입니다. 따라서 일본이 똘레랑스할 수는 없습니다. 누군가는 왜 일본을 용서하느냐? 분노를 거두지 않고 있습니다만, 독립운동, 독립정신은 일본 전 국민을 상대로 싸우는 것이 아닙니다.

2차 대전 이전의 일본 군국주의 전체주의 패권주의 제국주의로 인한 인간의 노예화, 국가의 식민지화를 획책하고 이를 고착화 시키는 전쟁범죄자들과 싸우는 것이 독립운동이고 독립정신의 계승입니다. 독일과 프랑스는 국민적 합의를 이룬 똘레랑스를 통해 번영과 평화를 서로가 함께 해 나가고 있습니다. 우리도 더 늦기 전에 똘레랑스의 한국과 일본의 새로운 평화역사시대를 만들어나가야 합니다.

나의 가족들은 대한민국에서도 그 누구보다도 일제강점기로 인한 피해를 본 집안입니다. 하지만 이제 똘레랑스의 내 순서가 된 것입니다. 그것은 용서하라, 하지만 잊지 말아라입니다.

내가 나치 독일에 의해 대학살 당한 유대인 희생자들 추모를 위한 이스라엘 국립기념관 아드바셈(Yad Vashem, יד ושם)을 방문했을 때 굉장히 크게 충격 받았고 감동받았던 말입니다. '용서하라, 하지만 잊지 말아라.'

한국이 아무리 더 잘 살고 더 선진국이 된다해도 결코 할 수 없는 일이 있습니다. 그것은 나라 전체가 이사 가는 일입니다. 일본이 밉다고 대한민국이 이사할 수 없습니다. 그렇다면 이웃 국가와 원수로 지내서는 안됩니다. 똘레랑스가 필요합니다. 나를 위해 이웃을 위해, 동아시아와 세계의 평화를 위해 공존해야 합니다. 따라서 우당특별상을 하토야마 총리에게 수여한 것은 세계 평화를 위한 한조각 전진입니다.

윤석열 대통령이 한일관계를 우호적으로 바꾸고 있습니다. 이에 대한 논란도 있습니다만 윤석열 대통령은 1945년 이전의 일본의 전범국가를 두둔하는 것이 아닙니다. 그에 대해서는 윤 대통령도 단호합니다. 다만 그 이후의 평화헌법의 일본과 한국이 좀 더 서로를 이해하고 과거사를 하나하나 정리해 나가면서 공동번영해 나가기 위한 대한민국 국익과 세계평화를 위한 것이라고 생각합니다.

(아드바셈은 600만명이 학살 당한 홀로코스트 역사박물관 등이 설치돼 있으며 주목적은 왜 홀로코스트가 일어났으며 앞으로 그런 야만을 되풀이하지 않기 위한 연구와 각성을 위한 공간이다. 또한 더 많은 유대인들이 학살당하지 않도록 종교적 이유, 경제적 이유 등을 초월해 인류애로 유대인들을 숨겨주고 죽음에서 벗어나 자유를 살게 하기 위해 희생하고 헌신한 사람들을 기념하기 위한 곳이다. 이곳의 입장료는 무료이고 연간 약 100만명 이상이 찾고 있다.)

5. 대한민국 정체성

한국은 5천년 문화민족입니다. 평화를 사랑한 민족입니다. 그 전통과 역사를 간직하고 있고 발전시켜 나가고자 하는 위대한 DNA를 지녔습니다. 2차 대전 이후 산업화와 민주화를 성공시킨 개발도상국에서 선진국으로 도약한 지구촌 유일한 나라입니다. 이는 5천년 문화민족으로서의 평화사상이 꾸준히 이어져왔기 때문입니다.

눈앞의 잠깐의 이익을 위해서 거짓말하고, 사기치고 그런 식으로 살아오지 않았다는 것입니다. 선비문화, 청빈사상 등이 있어왔기 때문입니다. 예를 들어 뉴스에 부모를 때렸다, 심지어 살인했다 이럴 경우 대다수 한국인들은 있을 수 없는 일이라고 공분합니다. 이런 마음을 다음 세대들에게 지속적으로 남겨주는 것 그것이 한국인의 정체성입니다. 우리들 일상에서 좀 더 사랑스러운 것, 아름다운 것들을 추구해 나가는 마음입니다.

6. MBN 한일가왕전

일본 우익단체라든가 또 일본 지식인들 중에서도 혐한감정, 반한감정을 갖고 이를 표현해내는 사람들이 있어왔습니다만, 그건 어떤 정치적 목적이라든가 저급한 자기 이익을 챙기기 위함이 있습니다. 하지만 최근 나는 MBN에서 방송한 한일가왕전을 보면서 '아, 이제 이 시대는 한국과 일본의 평범한 국민들, 그들은 평화롭게 공존하고 있고 서로를 존중하고 있구나' 깨닫게 됐습니다. 일본 여가수가 한국의 '목포의 눈물'을 불렀습니다. 죽창, 토착왜구에서 벗어나 분노에서 벗어나 양국은 대등하게 평화번영 공존상생 할 때입니다.

김대중 대통령 때 일본 문화가 개방됐습니다. 그때 한국의 레코드사에서 나를 찾아왔습니다. 일본 노래 들어오면 한국대중음악이 다 망가지고 패배한다는 얘기였습니다. 자기네 레코드사 문 닫는다는 것이었습니다. 그 논리대로 하면 일본문화 개방을 5년 후에 해야 된다, 10년 후에 해야 된다, 이런 식으로 한국문화 특히 한국대중가요를 보호하고 대원군 쇄국정책 하듯이 해야 한다는 얘기가 됩니다. 하지만 이미 K-POP은 일본뿐만이 아니라 세계 1등입니다.

7. 광복회 장학생들의 독일, 일본 방문

광복회가 주관하고 롯데장학재단이 주최하는 '2024 독립유공자 후손 장학생 해외역사탐방'에 대해 롯데는 일본에서 큰 기업이 아니냐는 말도 합니다. 하지만 롯데를 만든 신격호씨도 경제 분야에서 한국의 독립운동을 한 것입니다. 좁은 의미의 독립운동에서 벗어나야 합니다. 일본에서 차별을 딛고 일어난 롯데에서 정직하게 번 돈을 한국의 독립정신을 기리기 위해 광복회와 함께한 것입니다.

광복회에서는 3.1 운동 등 한국의 독립운동을 도운 외국인들을 잊지 않고 그들의 노고와 업적을 기리기 위해 이달의 독립운동가라든가 훈장 추천 같은 일들을 해 나가고 있습니다. 올해는 독립운동가를 도운 일본인 변호사 등도 이달의 독립운동가로 선정하기 위해 논의 중입니다.

(일본에서의 주요 탐방지는 많은 한국인들이 모여 독립만세운동을 펼쳤던 2·8 독립운동 만세운동지, 독립선언을 기념하기 위해 세운 2·8 독립선언 기념비, 관동 일대에서 6000여명 이상의 한국인이 학살돼 이를 추모하기 위해 세워진 관동대지진 조선인 순직자 추모비, 윤봉길 의사의 애국정신을 기리기 위해 세워진 윤봉길의사 암장지적비 등이었다.)

8. 광복회와 우애재단

2025년 한일국교정상화 60주년을 앞두고 한국의 광복회와 일본의 세계우애재단과의 협업을 통한 세계평화를 위한 일이라면 얼마든지 함께할 수 있는 문을 열어 놓겠습니다. 광복, 빛의 회복, 자유 평화의 삶을 살기 위한 독립운동은 그런 일을 해나가므로서 선조들의 희생을 헛되지 않게 하는 것이고 그것이 독립운동이 세계평화운동으로 나아가는 진정한 큰 독립운동입니다.

한국은 국교정상화를 하면서 그 이전의 한일합방 등이 모두 무효라고 이야기합니다. 일본은 1945년 이후라고 얘기합니다. 이걸 따지다보면 양국에는 미래가 없습니다. 간단히 해결될 일이 아닙니다. 아주 천천히 풀어나가는 가운데 한국과 일본의 평화번영발전을 이뤄나가야 합니다. 그렇지 않고 지금 당장 철저히 따지자하면 그 결론은 전쟁이 됩니다. 따라서 좋은 선례가 되고 있는 유럽연합을 참고해야 합니다.

(1965년 대한민국과 일본국간의 기본계약에 관한 조약 제2조/ 1910년 8월 22일 및 그 이전에 대한제국과 대일본제국 간에 체결된 모든 조약 및 협정이 이미 무효임을 확인한다. 바로 이 조항에 대한 한일 양국의 해석이 다르다는 것이다.)

9. 안중근의 동양평화론

안중근 의사는 이토 히로부미를 암살했으나 그 진정한 목적은 동양의 평화를 위함이었습니다. 동양평화를 방해하는 이토 히로부미를 권총으로 쏘았던 것입니다. 안중근 의사의 서예작품이 광복회에도 사본이 걸려있습니다만, 묘하게도 그 서예작품을 보관해 온 사람은 일본인이었고 그 소중함을 알았던 것 같습니다. 안중근의 동양평화론은 한일중이 평화로운 이웃국가가 되자는 것이었고 그중에는 한일중 경제공동체의 꿈도 있었습니다. 따라서 지금의 유럽연합의 유로화처럼 공동화폐를 발행하자는 제안도 내 놓았고 일본에서 이를 주도해도 된다는 큰 양보도 있었습니다.

(안중근 의사의 동양평화론은 이토 히로부미 암살 이후 감옥에서 집필했으나 미완성이 되고 말았다.)

10. 6형제

독립운동가이신 할아버지 이회영님은 생전에 단체의 최고직을 단 한 개도 맡지 않았습니다. 그런데는 관심이 없으셨습니다. 6형제 중에 이석영님은 땅을 다 처분했고 다른 형제분들도 명동 일대 땅을 다 처분해서 만주로 가서 독립운동에 투신하셨는데 지금 돈으로치면 1조8천억원 정도 된다는 얘기가 있습니다.

(이석영님은 독립운동하다가 굶어서 타계했다. 6형제 중 이시영님만 생존했고 다른 분들 모두 독립운동 중에 사망했다. 이시영님은 대한민국 이승만 초대정부 때 부통령을 지냈다.)

11. 완벽한 독립국가

지구상에 완벽한 독립 국가는 없습니다. 사람도 이웃이 있어야 하고 국가도 혼자서는 존립할 수가 없습니다. 일본의 경우는 화(和)를 좋아합니다. 화합한다는 의미의 화는 한국에서는 정이라고 해석할 수 있습니다. 하토야마 총리의 우애사상도 화라고 봅니다. 나는 화이부동을 주장해 왔습니다. 화합하되 자기 생각 없이 무조건 따르지 않는다는 것입니다.

독립주체로서의 분명한 존중의 대등한 화합입니다. 한국의 이조 500년에는 능지처참이란 말이 있습니다. 사랑, 정, 화합이 부족했습니다. 상대를 인정하지 않고 지배의 대상으로 보면 안 됩니다. 화이부동의 평화가 필요한 것입니다. 정치도 타협의 정치가 필요합니다. 소수의 목소리도 그들의 꿈도 실현해 나가는 화합의 정치야말로 다양성의 사회이고 자유의 사회입니다.

11. 평범 속의 진리

우리 집안은 특히 100수를 사신 나의 어머님께서는 보약을 평생 모르셨습니다. 누군가 보약을 갖다 드린다고 말하면 반찬 사오라고 하셨습니다. 보통 사람들 누구나 먹는 반찬으로 보통의 밥으로 식사하기가 바로 보약이라고 굳게 믿으셨습니다.

12. 아침이슬

김민기가 경기고등학교 후배입니다. 아직 더 많은 일을 할 때인데 세상을 떠났습니다. 개인적으로 가장 좋아하는 노래는 아침이슬입니다.

13. 80억명 세계인들에게 보내는 평화 메시지

현재 80억명이 지구에 살고 있는데 100억명 정도에서 그치길 바랍니다. 그 이상이 되면 지구는 너무나 많이 망가져있고 숨쉬기가 곤란할 것 같습니다. 동식물들 멸종해 가는데 이를 멈춰야 합니다. 80억명이 됐다는 사실은 그만큼 인류가 평화롭게 발전해 왔다고 생각할 수도 있습니다만 이제 그 한계에 직면해 있습니다.

절제해야 합니다. 동식물들의 그들의 터전을 보호해 주고 침범하지 말아야 합니다. 동식물들과의 공존이 필요합니다. 누구나 세계인 80억명 모두가 평화를 위한 기도와 실천 그리고 동식물들과의 공존까지도 당연히 생각하는 삶의 시대, 평화시대를 열어나가야 합니다.

한·일간 5월의 우애

사람은 땅에 본받고
땅은 하늘에 본받고
하늘은 도에 본받고
도는 자연에 본받는다

- 노자(老子, 도덕경 25장 중에서,
  기원전 6세기 초 출생-기원전 5세기 초 타계)

촉촉이 비가 내렸다. 일본에서 하토야마 전 일본 총리 부부가 한국을 방문했다. 일행이 있었다. 세계UI재단(세계우애재단)에서 선발한 일본 대학생, 회사원, 간호사, 공무원 등 6명과 재단 스텝들이었다. 우애재단에서는 매년 6명씩의 젊은 우애인을 뽑는다. 그들로 하여금 우애사상의 맥을 잇게 하고 실질적인 생활 속 우애의 전파와 실천을 통해, 좀 더 평화로운 세계, 우애 시대를 만들어나가기 위함이다. 2024년 현재 8기까지 선발됐으니 이 세상에는 현재 48명의 우애인들이 저마다 10대 1정도의 경쟁을 거쳐 선발됐고 우애 활동 중이다.

5월 27일

하토야마의 방한 목적은 2024년 개교 60주년을 맞이한 전주대학교에서의 '나에게 우정은 어떤 의미인가'라는 제목의 에세이 공모와 이를 위한 한국의 전주대학생들과 일본 우애인들의 지구환경위기 극복을 위한 우애 토론의 장을 격려하고 참관하기 위함이었다. 테마 에세이 공모를 통해 가장 우수한 에세이를 작성한 학생 총 12명을 선발해 총 상금 100만엔 가량을 세계우애재단에서 다가오는 가을에 시상하기 위함이었다. 그날 하토야마의 우애 강연이 있었다.

강연 직전 일본의 세계우애재단 동영상이 소개됐다. 일본어 내레이션의 한국어 자막 내용을 전재한다.

공익재단법인 세계우애재단

일본의 유명한 피서지 가루이자와의 녹음이 우거진 숲 속의 마을에서 운영하는 하나레야마 도서관이 있습니다. 이 도서관에 한 권의 귀중한 책이 보관되어 있습니다. 유럽 통합의 아버지라 불리는 리하르트 쿠덴호프 칼레르기 백작의 저서 'The Totalitarian State Against Man' (인간에 대한 전체주의 국가)입니다.

칼레르기 백작은 거듭된 세계대전을 우려해 유럽연합을 구상하고 그 실현을 위한 활동을 한 사람입니다. 저서에서 세계평화를 이루기 위해서는 Fraternity(형제애)가 중요하며 Fraternity를 실현하기 위해서는 한 사람 한 사람의 현명한 노력이 필요하다고 말합니다.

하나레야마 도서관을 기증한 이치무라 케사조씨는 하토야마 이치로 선생님(하토야마 유키오 전 일본 총리의 할아버지)에게 이 책의 번역을 의뢰했습니다. 하토야마 이치로 선생님은 당시 공직에서 쫓겨나 가루이자와에서 청경우독의 나날을 보내고 있었습니다. 칼레르기 백작의 저서를 읽고 그 생각에 깊이 공감한 하토야마 이치로 선생님은 그 책을 일본어로 번역해 '자유와 인생'이라는 제목으로 출간했습니다.

그 책에서 Fraternity'를 '우애'(友愛)라고 번역하고, 이후 자신의 이념에도 우애를 내걸었습니다. 그리고 미래를 짊어질 젊은이에게도 그 정신을 전하고자, 현재의 공익재단법인 '유아이'(UI/ 우애)의 토대가 된 '유아이 청년동지회'를 설립했습니다.

2차 대전 후 혼돈기의 일본에서 미래상을 잃어가던 젊은이에게 이 우애이념이 한줄기 광명이 되었습니다. 재단법인 '유아이'의 기본이념은 '상호존중/ 상호이해/ 상호부조'를 위해 차이를 인정하고 이해하기 위해 대화를 계속하며 서로 돕고 살아갈 때 세계평화가 올 수 있다고 설명했습니다.

그 후 이사장을 이어 받은 고 하토야마 구니오(하토야마 유키오 전 일본 총리의 부친) 선생님은 '자연과의 공생'을 주장했고, 현 이사장인 하토야마 유키오 선생님은 '자립과 공생'이라는 말로 우애이념을 계승하고 있습니다.

일본 내각부의 인정을 받은 공익 재단법인 '유아이'는 세상을 위하고 사람을 위하는 활동을 하는 단체로 국제교류를 통해 평화의 중요성을 설파하고 있습니다. 2023년에는 70주년을 맞이했으며 80주년, 100주년을 목표로 활동을 계속하고 있습니다.

최근의 활동으로는 20년간에 걸쳐 중국에서 식림활동, 나무심기를 전개했습니다. 적토(赤土)가 산이 되었고, 농작물이 많이 걷혀 경제가 발전하는 모습을 지켜봤습니다.

미얀마에서는 경제기반인 농업을 발전시키기 위해 농업지도자들을 육성하고 지금은 저비용으로 토양을 개량할 수 있게 해 주는 퇴비 만들기 리플릿을 작성하고 있습니다.

차세대를 짊어질 젊은이들에게 우애이념을 전하는 것이 가장 중요한 활동입니다. 중국, 한국 등 아시아지역에서 일본어를 배우는 학생들을 대상으로 '너에게 우애란?'이라는 제목의 소논문을 모집해 장학금을 제공하고 있습니다.

또 인연이 되어 호주 공익 단체인 OEJAB와 청년 상호 파견사업을 실시해 상대국 문화를 아는 일, 특히 전쟁의 비참함을 아는 두 나라인 만큼 평화가 얼마나 중요한지 공부할 기회를 제공하고 있습니다.

인연이라는 것도 우애이념으로 통하는 중요한 말입니다. 칼레르기 백작의 아버지인 하인히리 쿠텐호프 칼레르기 백작은 일본 부임 중에 만난 아오야마 마츠코씨와 결혼했습니다. 당시 국제결혼, 하물며 백작가문에 시집간다는 것은 대사건으로 마츠코씨는 당시 황후폐하로부터 부채를 하사 받고 격려를 받았다고 합니다. 마츠코씨의 무덤은 오스트리아 빈에 있습니다. 일본과 오스트리아의 인연의 시작입니다.

유아이(UI) 로고마크의 왼쪽은 '당신' YOU의 'Y'입니다. 오른쪽은 나의 'I' 입니다. YOU와 I가 결합되어, '우리' We의 'W'을 만들어내고 있습니다. We의 W는 세계 World의 W로 연결합니다. 'You and I make We and World' 다 같이 평화로운 세상을 만들어 나갑시다.

이날 축사에서 윤영찬 전주대 부총장은 "하토야마 유키오 전 일본 총리의 경험과 선한 영향력 그리고 통찰력과 지혜로 평생 추구해 온 우애사상의 실천은, 동아시아의 우호증진에 크게 기여해 왔고 더 나아가 세계평화의 상징적 위대한 인물이 됐다."고 말했다.

"오늘 전주대학교에서 행해지는 소논문 콘테스트를 통해 지구촌의 지속가능한 발전을 위한 환경문제, 한국 일본의 대학생들 사이의 의견교환 등 다양한 활동을 통해 올바른 세계관과 가치관의 정립과 서로간의 이해 증진의 새로운 장이 될 것으로 기대한다."고 말했다.

이날 하토야마 전 일본 총리는 특강을 통해 "지난날 세계는 냉전의 역사가 있었으나 여기서 해방된 바 있다. 모두들 평화를 기대했으나 현재 우크라이나와 러시아 전쟁, 이스라엘과 하마스 전쟁 등으로 고통 받고 있다. 세계의 모든 지도자들은 누구나 우애의 중요성을 인식하고 우애정치의 실현을 위해 노력하는 게 마땅하다고 생각한다."

미국은 중국의 국력이 너무 강해질까 봐 중국을 견제한다. 이런 미국과 중국 사이에서 한국과 일본이 협력해 미국과 중국을 화해시키고 그로인해 세계평화에 기여할 필요가 있다. 우애라는 것은 일상의 작은 것부터 실천하는 것이다. 그 바탕은 우애의 정신 즉, 내가 누군가를 도울 수 있는 나의 재능이 그 바탕이 될 것이다."라고 말했다.

또한 하토야마 전 일본 총리는 "모든 나라마다 그 가치관이 다르다. 같은 나라 안에서도, 같은 민주주의 국가라도 그 가치관이 다른 것이 현실이다. 따라서 인류의 보편적 우애를 실현한다는 것은 매우 어려운 일이지만 그래도 상대방을 잘 이해하려고 노력해 나가야 한다. 그래서 일본 한국 중국의 젊은이들이 전쟁을 없애고 더 나아가 아시아 공동체를 이루는데 기여하길 바란다. 선진국의 경우 개발도상국의 발전에 대한 두려움도 있는데, 이를 우애정신으로 극복해 나가고 지혜롭게 상호번영하는 길을 찾아야 한다. 인간은 혼자 살 수 없고 국가도 마찬가지다.

일본의 경우도 1990년대 들어서서 일본의 급속한 발전으로 미국이 자신들을 추월할까봐 우려했고, 그로인해 30년간 일본은 저성장 경제 후퇴 시대를 겪었다. 이러한 경쟁적 방해 대신에 상호발전과 번영의 길을 우애의 길에서 함께 악수하고, 서로 돕는 손길이 되는 고차원의 인류애로 발전해 나가야 한다.

또한 사람의 마음은 "예스냐? 노냐?", "0이냐? 1이냐?" 같은 너무 단순한 선택만 강요할 수 없다. 그렇게 간단히 나눌 수 없다. 누구나 각 개인마다 최상의 선택을 할 수 있는 다양성의 자유를 존중하고 보장하는 것 그것이 곧 우애의 정치다. 우애의 사회가 된다." 등을 말했다.

"일본은 지난날 역사에 대해 무한책임을 가져야하고, 이런 나의 주장은 변함없다. 일본과 한국의 젊은이들이 밝은 미래를 위해 '우애'를 잊지 말길 바란다."고 당부했다.

그밖에 하토야마는 "정치를 안했다면 우애에 깊이 다가가지 못했을 것이다. 초등학교 시절 학교에서 돌아왔을 때 할아버지께서 몸이 불편하신데도 불구하고 붓글씨로 '友愛'(우애) 두 글자를 쓰고 계셨다. 내게도 쓰게 하셨다. 그것이 훗날 나의 정치활동에 가장 큰 영향을 끼쳤다. 내가 일본 의회에서 우애에 대한 이야기를 하면 '또 이상한 이야기하네.'라는 시선도 받았다. 한국과 중국에 일본이 사죄해야 한다고 해서 공격도 받았다. 하지만 그럴수록 그들이 우애를 배우길 바란다."며 불굴의 용기를 말했다.

이후 일본에서 온 동경대 의대생, 법학도, 간호사, 회사원, 공무원 등의 젊은 우애인들의 우애에 대한 자신의 견해는 다음과 같다.

"우애는 사람과 사람 사이의 연결입니다. 나는 나를 알기 위해 여러분을 알기 위해 여기 왔습니다. 나를 알려 드리고 싶습니다."

"나는 오스트리아에 다녀왔습니다. 우애의 역사에 대한 많은 이야기를 듣고 충격을 받은 바 있습니다. 우애란 서로간의 의견 차이와 상관없이 이해하기 위한 대화를 나누는 것입니다. 인터넷을 통해 많은 정보를 접할 수 있지만 이렇게 직접 사람과 사람이 만나야만 진정한 것들을 깨칠 수 있습니다. 나는 맛의 고장 전주에 와서 한식을 맛보고 '그동안 내가 일본에서 먹었던 한식은 뭐지?'라는 생각을 했습니다. 진짜 한식을 만날 수 있었기 때문입니다. 일본에서도 티끌 모아 태산이라는 속담을 사용합니다. 우애도 그렇게 작은 우애가 모여 태산 같은 커다란 우애가 될 것입니다."

"모든 사람들 하나하나를 소중하게 여기고 대하는 것이 곧 우애입니다. 우애재단에서 아프리카, 말레이시아 등에서 깨끗하지 못한 강물을 그대로 마시는 작은 마을에, 소형 정수기를 설치하는 봉사를 다녀온 적이 있습니다. 그 마을 사람들은 우리들을 따뜻한 미소로 맞아 주었습니다. 그것은 돈으로 살 수 없는 깨끗한 미소의 선물이었습니다. 나는 그분들과 함께 미래로 걸어가고 싶습니다. 아프리카 속담에 빨리 가려면 혼자가라. 멀리 가려면 함께 가라고 합니다. 바쁘면 우애를 잊어버립니다. 나는 우애를 도와주기, 지원하기라는 일방통행으로 생각했었습니다. 이제 회사원이 되어 우애의 소중함을 더욱 더 깨닫고 있습니다. 우애는 미래에 세계인들이 매일 항상 사용하지 않으면 삶을 살아갈 수 없는 생활필수품이 될 것입니다."

"내가 사는 곳은 애니메이션 '너의 이름은'에 나오는 신사가 도보로 10분 걸리는 곳입니다. 개성이 다른 사람과 조직이 함께 모여 우애와 자유와 평등을 얘기하게 돼서 기쁩니다. 우리는 서로의 차이점을 살리고 인정해야 합니다. 이러한 상호이해를 위해서 서로 모르는 상대를 알아가기는 중요합니다. 세상에 대한 단편적인 지식으로 다 알고 있는 듯한, 착각은 잘못입니다. 우리는 직접 만나야 합니다. 나는 한국의 젊은

이들이 무슨 생각을 하는지 알지 못하기 때문입니다. 일본의 젊은이들에 대해서도 세계의 젊은이들에 대해서도 어떻게 생각하는지 알고 싶습니다."

"오늘은 소중한 국제교류의 시간입니다. 내 의견을 강요하지 말고 역지사지로 생각할 수 있어야 합니다. 관심을 갖고 그것이 곧 관계로 발전 시켜나가는, 우애의 만남이 상호 이해와 상호존중으로 발전하고 상호부조의 우애의 관계가 형성될 것입니다. 우애의 정신으로 상호이해가 이뤄지길 바랍니다. 한국의 진실한 모습을 알고 싶고 나누고 싶습니다."

"오늘 전주대학교 도서관 안내를 받으면서 다시 학생시절로 돌아가고 싶다는 생각을 했습니다. 친구 '우'와 사랑 '애'가 더해진 우애는 제게 막연한 개념이었습니다만 이제는 가슴이 뜨거워집니다. 우애란 친구와 연인만이 아니고 타자와의 사이에 흐르는 강물 같은 좀 더 넓은 개념의 말이라고 생각합니다. 그래서 타인을 사랑하고 타인의 장단점을 아는 것, 그 차이점, 공통점 등을 알아가는 과정이 곧 우애입니다. 인간은 혼자서는 살 수 없고 가능하지도 않습니다. 모르는 타인을 알게 되는 오늘의 만남에서 10인 10색 다 다른 모습에서 오늘, 우애를 이야기하며 우애의 정신을 좀 더 키워 나갈 수 있길 바랍니다."

하토야마와 전주대학교와의 인연은 2023년 9월 13일 전주대학교 스타센터 내 온 누리 홀에서 전주대학교(총장 박진배)가 하토야마 유키오 일본 전 총리에게 명예 행정학박사 학위를 수여하고, 300여 명의 내·

외빈, 전주대 학생과 교직원이 참석한 가운데 특강을 진행하면서 시작됐다.

그날 전용석 전주대 대학원장은 "하토야마 유키오 일본 전 총리가 일본 근현대 정치사에 뚜렷한 자취를 남겼으며, 정계를 떠난 이후에도 동아시아공동체연구소 이사장, 유아이재단 이사장, 국제아시아학회 명예고문 등 다양한 직책을 맡아 열정적으로 활발히 활동하고 있다"며 "특히 한·일 과거사에 대해 올바르게 인식하며 여러 차례 한국을 방문해 과거 일본의 침략에 대해 사죄하는 등 아시아 평화와 발전을 위한 업적을 인정해 명예 행정학박사 학위를 수여한다."고 밝혔다.

이에 하토야마 총리는 이번 수여식을 위해 전주대를 방문해 오랫동안 정치와 외교에 관여해 온 사람으로서 매우 명예로운 일로 감사와 기쁨을 나타냈다. 또한 자신의 경험과 통찰력을 공유하는 강연의 시간을 가졌는데, 한·일 제휴가 어떻게 미·중 대립의 해소와 국제적 평화유지에 기여할 수 있는지 소신을 밝혔다.

이 자리에는 신동아학원 차종순 이사장과 박진배 총장, 임정엽 총동문회장을 비롯해 김영진 전 농림부 장관, 유종근 전 전라북도도지사 등 주요 내·외빈 300여 명이 참석해 하토야마 전 총리의 명예박사 학위 수여식을 축하하며 특강을 경청했다.

이날 박진배 총장은 "하토야마 전 총리에게 전주대에서 명예 행정학박사 학위를 수여하게 돼 큰 영광으로 생각한다."라면서 "전 총리의 경험과 통찰력이 우리 모두에게 큰 영감을 주고 있으며, 이후에도 한일관계의 우호 증진과 동아시아 및 국제적인 평화 협력에도 이바지할 것으로 기대한다."고 말했다.

나는 '나에게 우정은 어떤 의미인가?' 행사 참석 이후 서울역 가는 KTX를 타기 위해 익산역을 찾았다. 익산역 앞에는 익산역에서 유럽까지 가는 유라시아 대륙철도 '가상승차권/ 요금 950,110원/ 좌석번호 6호차 28A'라 쓰여 진 조형물이 설치돼 있었다. 이는 유라시아 대륙철도가 개통됐을 때 익산역이 그 기점이 되길 바라는 소망이다.

5월 28일

나는 하토야마 유키오 전 일본 총리와 하토야마 미유키 여사를 서울 여의도 켄싱턴 호텔 인터뷰 룸에서 짧게나마 인터뷰할 수 있었다. 총리님과 여사님은 차를 드셨고 통역을 도와주신 문병길 고문과 나는 커피를 마셨다.

하토야마 유키오 인터뷰

Q: 총리님 바쁘신 일정에 인터뷰 시간 내 주셔서 진심으로 감사드립니다. 첫 질문을 드리겠습니다. 어제 전주대학교에서의 총리님 강연이 끝나고 환경문제를 중심으로 한 한국과 일본의 젊은이들 사이에 토론이 있었는데, 토론을 지켜보시면서 어떤 느낌을 받으셨는지 여쭙겠습니다.

A: 지구촌 세계의 지속가능한 발전을 위한 가장 시급한 문제해결을 위한 환경문제가 주로 토론의 공동의제로 다뤄졌습니다. 이 의제는 내가 제안하거나 주문 한 것이 아닙니다. 일본 우애재단의 젊은이들이 먼저 자발적으로 한 제안입니다. 이를 한국의 전주대학교 학생들이 받아들였습니다. 양국 젊은이들 스스로 선택한 토론 공동의제입니다. 그 자체가 희망입니다. 이번 토론은 인간과 자연과의 공존과 우애에 대한 모색입니다. 이는 당연히 매우 중요합니다. 산업발전으로 인한 과학시대가 갈수록 심화되면서 일어난 기후위기라든가 플라스틱 문제, 동식물 멸종, 외래동물로 인한 생태계 파괴라든가 어머니의 품 같은 자연보호와 지혜로운 개발 가능성 등의 균형을 심각하게 생각해야 될 때입니다. 더 이상 늦출 수가 없는 토론이었습니다. 물론 결론을 처음부터 낼 수는 없었지만 다시 만나 또 토론할 수 있는 기반이 마련됐고 시작이 반이고 첫 술에 배부르랴, 이런 생각으로 우애재단은 앞으로도 이런 행사를 실효성 있게 지원하고 조력해 나갈 예정입니다.

Q: 총리님께서는 2009년 9월 24일, 유엔총회 연설에서 "핵 폐기를 위해 선두에 서겠다"고 밝히셨습니다. 전 세계가 공통으로 안고 있는 핵 문제에 대해서, 그 평화적 이용과 위협에 대해서도 말씀 해 주시면 감사하겠습니다.

A: 일본은 핵 피해국입니다. 따라서 가장 핵의 위험에 대해 말할 수 있는 나라입니다. 그리고 미국의 핵우산 정책에 놓여있습니다. 궁극적으로 핵폭탄은 모두 폐기돼야만 합니다만 현실적으로 각 나라마다 다른 이해관계가 있고, 자국의 국방 등의 이익을 위해서 존재하고

있습니다.

2011년 3월 11일 후쿠시마 원전 사고가 있었습니다. 이런 예를 보더라도 원자력 발전소 또한 필요가 없어지도록 해야 할 것입니다. 일본은 지진이 많기 때문입니다. 하지만 아직은 실제로 그런 행동을 할 수가 없는 것도 사실입니다. 현재 기시다 일본 총리는 히로시마 출신입니다. 그가 핵의 위험에서 벗어나는 진전을 이룰 수 있기를 바랍니다.

하토야마 미유키 인터뷰

Q: 하토야마 총리님을 돕기 위해 미유키 여사님께서도 총리님의 선거구였던 홋카이도와의 인연이 깊고도 많으셨을 텐데, 특히 한국에서는 일본하면 홋카이도 여행을 많이 가고 싶어 합니다. 눈이 많이 와서 아름답겠다는 그리움의 대상이기도 합니다. 홋카이도의 아름다움, 사람들의 인심, 홋카이도의 자랑거리에 대해 두루 말씀해 주시면 감사하겠습니다.

A: 홋카이도는 눈이 많이 내리는 겨울도 좋지만 봄 여름 가을 다 아름답습니다. 화산대국 일본의 홋카이도 노베리베츠 온천은 일본 5대 온천 중의 하나입니다. 아사히야마 동물원도 유명합니다. 음식도 좋고요. 하토야마상 할아버지 목장도 홋카이도에 있습니다. 앞으로 그곳을 누구나 찾아올 수 있는 열린 공간으로 개방 할 계획을 갖고 있습니다. 그 첫 시작으로 2013년 10월 우애재단에서 6개의 숙소

가 있는 아담한 공간을 만들었습니다. 공항에서 40분 거리입니다. 작가님을 초대하겠습니다.

Q: 말씀만으로도 너무나 감사합니다. 한국의 위키백과에 보면 여사님을 소개하는 글에서 '1943년 제2차 세계 대전 당시 일본 점령하의 중화민국 상하이시에서 독실한 개신교 신자 부모에게 태어난 그녀는 고베시에서 자라왔다.' 이런 기록이 나옵니다. 이 모든 소개 글이 맞는 말인지 여쭙고 싶구요. 실제로 여사님의 종교는 무엇인지도 궁금하고 그 종교로 인해 여사님께서 얻는 삶의 에너지는 어떤 것인지 말씀해 주시면 감사하겠습니다.

A: 저의 외할아버님이 목사님이셨습니다. 크리스마스이브에 산타클로스 복장을 하시고 가족을 행복하게 해 주셨습니다. 중국에서 출생한 것은 맞습니다. 그래서 제게는 대륙적인 기질이 있습니다. 고베에서는 크리스천 학교를 다녔습니다만 착실한 신자는 아니었습니다. (웃음) 아버님은 사업을 하셨습니다. 어머님은 정이 많으셨고 미국 팝송이라든가 미국 문화도 좋아하셨습니다. 종교에 대해서는 '신은 내 안에 있습니다.'라는 말로 답을 대신하겠습니다.

Q: 부부는 오랫동안 사랑으로 함께 하다보면 서로의 성격이나 얼굴까지도 꼭 닮아간다는 말이 있습니다. 미유키 여사님과 하토야마 총리님께서 그렇게 서로 영향을 주고받는 가운데 닮아져온 부분들이 있으신지, 말씀해 주시면 감사하겠습니다.

A: 서로가 최선을 다해 최대한 존중하는 마음이 닮았습니다. 그래서

서로의 차이점을 취향을 잘 이해해 주는 마음도 닮았습니다. (이때 하토야마가 여사님 대답을 도왔다.)

하토야마: 미유키님은 태양이고 나는 달입니다. 덕분에 내가 빛이 납니다.

Q: 한국의 아이돌 걸 그룹, 보이 그룹 중에는 일본의 젊은 아티스트들의 참여가 있어왔습니다. 이미 20여명이 있습니다. 걸 그룹 트와이스, 아이즈원 등인데요. 걸 그룹 XG는 아예 전원 일곱명 모두 일본인인데 한국 프로듀서 재이콥스가 음악을 만들고, 한국을 근거지로 일본 등 세계 여러 나라 무대에서 활동하고 있습니다. 이처럼 국경을 넘어, 역사를 초월해 그야말로 음악을 통한 우애를 적극 실천해 내고 있습니다.

최근 한일가왕전이라는 MBN TV 배틀 프로그램을 통해서도 한국 여가수 일본여가수들이 같은 무대에서 선의의 경쟁을 펼치는 가운데, 획기적으로 일본 노래들이 한국 종편 TV를 통해 등장하는 새로운 시대가 열렸습니다. 이런 현상에 대해 어떤 생각을 하게 되시는지요?

A: 당연히 매우 반가운 현상입니다. 문화는 긍정적 방향으로 서로를 이해하기 위한 길을 함께 열어나가는 것이라고 생각합니다. 한국의 마음이 담긴 노래들, 일본의 마음이 담긴 노래들, 그 모두 진실 된, 선한 그리고 아름다운 인생을 추구하기 위함입니다. 따라서 일본과 한국의 음악문화 교류가 한 무대에서 더 많이 이뤄질 때, 우리는

서로가 그동안 겪어 온 오해로 인한 잘못들을 더 이상 안 할 수 있을 것입니다.

서로의 매력과 좋은 점을 인정하고 받아들이고 그로인해 일본, 한국 양국의 우정이 꽃피어날 수 있습니다. 나는 어제 전주대학교에서 한국과 일본의 젊은이들이 토론하는 걸 보면서 상대방 의견을 무시하고, 내 의견을 정당화시키려는 아집 대신에 열린 마음으로 서로를 이해하려는, 적극적인 모습을 보았습니다. 그들은 정당한 상대방 의견에 박수를 보냈습니다.

이런 우애의 태도가 개인과 국가 간에 더 많이 일어나길 바랍니다. 우리 모두 매일 나 자신을 알고 다른 사람을 알기 위한 노력 즉, 죽을 때까지 그렇게 겸손하게 공부해 나간다면, 어느 순간 세계는 100% 평화가 찾아올 것입니다. 하지만 그때 나는 이 세상에 없습니다.

Q: 여사님 삶의 여정에서 가장 큰 영향을 끼친 몇 분을 손꼽는다면 어떤 분들이고 그 이유는 무엇인지 말씀해 주시면 감사하겠습니다.

A: 항상 상대방을 먼저 생각하고 존중하고 배려하는 하토야마상으로부터 많은 것을 배웠고 영향 받았습니다. 어제 전주에서 저녁 식사하는데 음식점 안에 벌레가 들어왔습니다. 하토야마 상은 그 벌레를 죽이지 않았습니다. 조심스레 집어 들고 창문을 열고 창밖으로 내 보내 주었습니다. 하토야마 상은 식물, 동물 모두에게 그렇게 합니다.

그리고 하토야마 상 부모님들과 저의 부모님들 모든 분들로부터 좋은 영향을 받았습니다. 그중에서 저의 어머님에 관한 말씀만 드리겠습니다. 어머님은 영어를 잘하셨습니다. 제게도 영어교육을 많이 시키셨습니다. 저의 부모님들은 자식들이 들으면 안 좋겠다 싶은 이야기를 하실 때는 모든 대화를 영어로 하셨습니다. 아버님은 클래식 음악을 좋아하셨습니다. 늘 베토벤, 모차르트 같은 음악을 들으셨습니다. 하토야마 상 어머님께서는 늘 미소가 감도는 온화한 모습이셨습니다.

겨울나무 아침햇살

삶이 아무리 어렵게 보여도
거기에는 무엇인가 할 수 있는 일이 있고
성공할 게 있다

- 스티븐 호킹(Stephen William Hawking, 1942-2018,
  이론물리학자, 저서 '시간의 역사')

겨울 아침, 3층 창밖을 보니 겨울나무가 아침햇살을 받고 있었다. 어찌나 아름답던지 희망이 솟구쳤다. 한밤중이나 흐린 겨울날엔 쓸쓸해 보였고 차가와 보였는데 그게 아니었다. 겨울나무는 따스한 햇살, 가슴 안으며 "아, 이제 살겠다. 고마워요, 햇살님"하고 무척이나 감사해 하는 것 같았다. 잎이 다 떨어진 앙상한 나뭇가지들 위에 햇살이 비치자 '햇살 꽃'이 피어났다.

살면서 겨울나무 아침햇살 풍경을 이미 그 이전에도 무수히 하지만 무심코 보아왔었다. 하지만 그날 그 순간 그 풍경은 내 마음 속에 오롯이 차분히 들어와, 결코 잊을 수 없는 풍경이 됐다.

나는 하늘은 하나님이 늘 계신 곳, 하늘은 하나님 얼굴이라 생각해 왔다. 태양은 하나님 눈빛, 사랑의 시선이라고 생각해 왔다. 그날 그 순간 햇살로 인해 겨울나무가 문득 세상에서 가장 아름다운 태양의 아이, 햇살나무로 빛나 올 때 그것은 바로, 그 햇살 속 하나님 사랑이 반짝반짝 눈부시게 빛나고 있기 때문이라고 생각한다. 햇살은 겨울나무에 대한 하나님 사랑이다. '사랑의 시선'이다. 햇살은 세상만물을 따뜻이 빛나게 하는 생명 에너지.

또 하나 '사랑의 시선' 그 예를 들면 콘서트 무대에서의 암전 상태에서 오프닝 음악이 시작되고 스타가 나타나면, 그 순간 조명이 들어온다. 가수만 밝게 비춘다. 가수는 빛 안에서 존중 받는다. 자신의 존재를 드러낸다. 객석의 눈빛은 일제히 그 가수를 향한다. 그 순간 빛에 의해 어둠 속 고독한 겨울나무 같던 콘서트의 주인공 가수는, 그의 삶은, 그의 노래는, 그의 퍼포먼스는 빛으로 휩싸여 별이 된다.

태양이 지구에 햇빛을 보내온 그 기적의 축복과 선물은 46억년 이상 한순간의 휴식도 없이 베풀어진 축복이다. 이는 태양의 지구에 대한 우애의 마음이다.

이처럼 우애의 언행을 실천하는 우애인의 우애 에너지가 있다. 그 사람 심장에서 태양처럼 뜨겁게 폭발한다. 우애의 시선으로 우애의 결핍인에게 우애를 보완 해 주기 위해 나아가고 이를 선물한다. 나는 감사하다. 도쿄의 우애의 시선을 지속하는, 그 시선, 하토야마의 사랑의 시선은, 동아시아를 향하고 세계를 향한다.

이 책의 주인공 우애의 마음을 전하는 하토야마의 눈빛, 사랑의 시선, 우애의 시선은 오스트리아의 쿠텐호프 갈레르기에서 비롯됐다고 하토야마는 말한다. 예수님이 말씀하신 것이라고, 사랑의 시선의 결정적 지구촌에서의 본격적 시작을 말한다.

창세기 1장 3절에 나타나는 하나님이 이르시되 빛이 있으라 하시매 빛이 있었고 이 말씀 자체가 이미 사랑의 시선의, 우주적 세계적 지구적 등장이다.

센트럴 파크 스타일

나는 리듬의 노예입니다
나는 팔레트에요

나는 그냥 그 순간으로 몰입합니다
당신도 그런 식으로 해야 해요

왜냐면 생각하는 순간 당신은 죽은 것이거든요
공연은 생각하는 게 아니에요
느끼는 것이지요

- 마이클 잭슨(Michael Jackson, 1958-2009, 팝의 황제)

산호세

미국음악여행을 갔었다. 산호세 FM DJ를 인터뷰했다. (1992년 6월이었고 아직 한국음악은 세계로 나가지 못했다. 일본 음악표절과 미국 음악 모방이 지나쳤다. 부끄러웠다. 방송도 일본 프로그램 베끼기가 심했다. 한국의 시청자들이 불쌍했다.) 나는 그에게 당시 가장 인기 높던 한국 최고 가수들인 김현식, 신승훈의 CD를 선물했다. (물론 나는 김현식, 신승훈의 매니저나 프로듀서가 아니었다.) 그가 내게 물었다. "이걸 왜 주나?" "한국에서는 60년대, 70년대 미국 팝송 많이 들었고 방송국에서도 팝송 많이 내 보냈다. 지금도 그렇다. 이제는 미국방송에서도 한국 대중음악을 방송해 주는 게 좋겠다."

그는 "무슨 얘긴지는 이해한다. 하지만 한국대중음악은 내가 알기로는 미국 음악영향을 많이 받았다. 그렇다면 굳이 미국사람들이 새삼 들을 필요가 있을까? 하지만 매주 월요일 방송 심의를 하니 그때 심의에 올리기는 하겠다. 그러나 통과될 확률은 거의 없다. 왜냐하면 참고로 지금 전 세계 최고 인기가수인 마이클 볼튼(Michael Bolton) 노래가 일 년째 매번 심의에서 불합격이다."

"그건 또 무슨 이유인가?" "마이클 볼튼 목소리가 너무 거칠기 때문이다. 그런 노래를 들으면 산호세 시민들의 감성이 너무 거칠어질 수 있다." 놀라웠다. 마이클 볼튼은 당시 한국에서는 호쾌하고 멋진 소울풍으로 뜨거운 인기최고였였는데, 정작 본토인 미국 산호세에서는 방송 불가 판정을 받고 있었다. 그 FM 방송이 '산호세 시민들의 감성과 삶의 현재와 미래를 위해서 정말 세심하게 신경 쓰는구나' 감탄했다.

뉴욕

같은 시기 미국 뉴욕시청 센트럴 파크 담당자를 찾았다.

"사이먼 앤 가펑클의 센트럴 파크 콘서트 같은 규모로 한국대중가수들, 한국 전통예술가들과 이런 출연진에 어울리는 미국 아티스트를 초대한 센트럴 파크 세계평화 콘서트를 개최하고 싶다. 센트럴 파크 장소를 대여해 줄 수 있는지? 있다면 그 대여료는 어떻게 되는지 알고 싶다."

"1981년 사이먼 앤 가펑클 측은 40만 달러를 뉴욕시에 냈다. 하지만 그것은 대여료가 아니다. 뉴욕시는 공공장소인 센트럴 파크를 돈을 받고 빌려주지 않는다. 공연의 뜻이 좋을 경우 무상으로 사용하게 하고 사이먼 앤 가펑클 공연기획사는 뉴욕시에 40만 달러를 기부했다. 당신이 한국 아티스트들 중심의 센트럴 파크 콘서트를 개최하고 싶다면 한국은 미국보다 소득이 낮으니 20만 달러를 뉴욕시에 기부하는 게 좋겠다. 그러면 뉴욕시는 무상으로 센트럴 파크를 사용하게 할 수 있다."

"자세히 알려줘서 고맙다. 그런데 센트럴 파크에서의 행사는 일 년에 몇 번을 하나?"

"일 년에 4회인데 두 번은 음악회, 한번은 스포츠, 한번은 영화다."

"장소가 너무 좋아서 한국 같으면 공연 등을 자주할 것 같은데 그렇게 작은 횟수만 사용하게 하는 이유는 무엇인가?"

"뉴욕시에 세금을 내는 뉴요커가 센트럴 파크에 산책 나왔는데 만약에 그 사람이 음악을 싫어하거나, 자기 취향에 맞지 않는 장르의 콘서트가 벌어지고 있다면, 뉴욕시는 그 사람에게 의도치 않게 고통을 주는 셈이 된다. 따라서 가능한 한 단 한사람이라도 그런 고통 겪지 않도록 뉴욕시는 극도로 조심하고 절제하는 가운데, 센트럴 파크를 운영한다."

놀라웠다. 다수의 행복을 위해 소수를 소외 시키고, 소수를 고통스럽게 만들어선 절대 안 된다는 얘기였다. 99마리 양도 중요하지만 단 한 마리의 어린 양도 길을 잃게 하면 안 된다는 얘기다. 이는 뉴욕시가 모든 뉴요커를 우애의 마음으로 대하는 뉴욕 센트럴파크 스타일이다. 앞서 언급한 산호세 FM 방송국이 모든 산호세 시민을 우애의 마음으로 선곡해서 방송하는, 그 섬세함도 산호세 FM 방송국의 우애 선곡 스타일이다.

사이먼 앤 가펑클의 Bridge Over Troubled Water에 대해서도 찬사하고 싶다. 이 노래는 "그대 지쳐 초라할 때 눈물 날 때 내가 닦아 드릴게요. 친구도 없고 아무도 없을 때 내가 곁에 있을게요. 거친 강물을 건너게 해주는, 험한 세상 건너게 해주는 다리가 될게요. 춥고 어둡고 방황할 때 그대는 나아가세요. 그대의 꿈이 이뤄지고 있어요. 얼마나 눈부신지 몰라요. 당신과 당신의 꿈이 말이에요. 만약 여전히 내가 필요하다면 나는 당신 등 뒤에서 변함없이 당신을 지킬 거 에요. 험한 세상에 다리가 되어서…" 이런 위로와 의리, 배려와 응원이 담긴 이 노래는 힘들 땐 옆에 있지만 당신이 잘 나갈 땐, 내가 슬그머니 빠질 수도 있다. 원한다면 여전히 등 뒤에 있겠다는 그야말로 마음 완전히 비워놓은, 성자의 태도 같은 위대한 사랑으로 가득 찬 우애의 노래다.

이성간의 사랑과 이별, 배신, 그리움을 노래하는 것이 대중음악의 속성이다. 하지만 이러한 우애의 극진한, 따뜻한 인간애의 노래가 드물지만 대중음악계에는 있어왔다. 그로인해 대중음악에 대한 신뢰가 또 다시 높아진다.

다시 살고 싶게 하고, 다시 일어서게 하는 노래 사이먼 앤 가펑클의 Bridge Over Troubled Water는 1970년에 발표돼 2,500만장 이상의 음반이 판매됐다. 이듬해 1971년 그래미 시상식에서 올해의 앨범 등 6개 부문 수상 곡이었다. 매거진 롤링스톤 선정 '역사상 가장 위대한 앨범 500'에서 172위를 차지했다.

그들이 왜 울어야 하나

우애의 노래, 인류애의 노래가 한국에도 있다. '아름다운 사람'을 노래한 바 있는 모던 포크 싱어 서유석의 "그들이 왜 울어야하나"(윤항기 작사, 작곡), 이 노래는 서로가 다른 생각, 편견, 환경, 이기심, 문화, 욕심 때문에 너무나 많은 생명들이 희생되는 전쟁의 시대를 통렬하게 고발한다. 인류애의 양심에 호소한다. 이렇게 외친다. 그들이 왜 울어야 하나? 그들이 왜 죽어야하나?"

우크라이나 전쟁으로 인해 러시아군인 30만명, 우크라이나 군인 20만명이 2023년 개전 이후 6개월 만에 사망했다. 이러한 전쟁으로 인한 죽음은 한 개인의 육체만의 소멸이 아니다. 각 개인이 소유한 천부의 자유와 인권에 대한 심각하고도 심대한 도전이다. 젖먹이 아기와 유치원 아이들과 젊은 부모가 시간, 돈, 일, 육아에 쫓기며 살던 어느 소시민 가족의 평범한 아파트가 폭격 받는 것은, 그 안의 가족들의 막 차려 놓은 식탁 위의 음식과 평화와 그들의 기도에 미사일을 쏟아 붓는 잔인한 파괴와 학살이다.

그 안의 미소와 가족사진을 걸레로 보고 먼지로 쓰레기로 보고 재로 만드는 악행이다. 그들이 왜 지옥을 체험해야 하는가? 하지만 전쟁 없는 지구촌을 열망한 생 피에르 신부, 루소, 칸트, 국제연맹, UN, 쿠덴호프 칼레르기, 하토야마 유키오 등의 헌신의 여정은 그 어떠한 전쟁도 그 어떤 미사일로도 파괴할 수 없는 위대한 정신의 빛이다.

뱅크시

여기에 한사람 덧붙이고 싶다. 신비의 화가, 얼굴 없는 화가 영국의 '뱅크시'(Banksy)다. 그의 작품은 수십억원, 수백억원에 거래된다. 거리의 미술가이자 예술행동주의자 뱅크시는 "더 이상 누구도 믿지 않는 자유, 평화, 정의 같은 것들을 적어도 익명으로 부르짖을 정도의 배짱은 가지고 있다"라고 자신의 입장을 밝혔다.

2005년 8월 팔레스타인 여행 때 서안 성벽, 팔레스타인을 거대한 감옥으로 만드는 장벽에 초록빛 올리브 나뭇가지를 부리에 물고 방탄조끼를 입은 비둘기의 심장에, 총탄 조준점이 맞춰져있는 그림을 올렸다. 시위하는 비둘기 떼도 그렸다. 그가 2009년에 그린 '위임된 의회'는 고풍스런 의회장 내에 원숭이들이 잔뜩 앉아있고 그들은 무언가 결의하는 것 같다. (전쟁일까?) 그 그림은 2019년 소더비 경매에서 990만 파운드(한화 약 170억원)에 낙찰된다.

뱅크시는 이렇게 말했다. "상업적인 성공은 그라피티 아티스트에게는 실패의 표지죠." 자유 평화의 지구촌을 위해 그림 그렸으나, 결국 그의 그림은 세계인들을 우애로 이끌고 싶었으나, 물론 그러한 공로도 대단하지만, 그의 그림들은 어느새 백만장자의 저택을 장식하는 트로피가 된 셈이라고 뱅크시 평론화보집 'Banksy- 벽 뒤의 남자'(엘 엘즈워스-존스 지음, 이연식 옮김/ 한국출판사 미술문화)에서 저자는 말한다.

이처럼 뱅크시 그는 그림을 통한 지구평화운동을 지속하기 위해 환경보호운동, 무기거래 반대 또는 무주택자나 노숙자를 위한 작품 기증과 2020년 8월 지중해 난민 구조선에 사적으로, 자금을 지원하는 등의 끊임없는 우애와 평화를 위한 인간애를 실현한다.

나는 뱅크시의 그라피티 그림들을 우애의 노래로 여긴다. 어느 도시에서나 만날 수 있는 참새들의 짹짹 거리는 소리 또한 우애의 노래. 봄날 피어나는 백 진달래, 벚꽃, 튤립, 목련, 철쭉 등 형형색색 꽃들의 밝은 미소의 합창 또한 우애의 노래다.

바람에 흔들리는 나뭇잎들의 나부낌 또한 우애의 춤. 마약상습자들과 노숙자들과 범죄자들로 도심이 텅텅 비어나간다는 한때 평화의 상징도시였던 샌프란시스코 앞바다와 여수 밤바다, 포르투갈의 이름 모를 어느 해변과 황금의 해변이라고 불리는, 지중해 남불 코르다쥐 해안에 밀려오는 그밖에 지구촌 모든 바닷가에 밀려오는, 모든 파도의 철썩거림도 모두 우애를 향한 열망, 소망, 희망, 갈망 그리고 우애의 기도, 우애의 노래, 우애의 춤.

피카소

하나 더 이야기하자. 1937년 4월 26일 독일군 폭격기 24대가 스페인 게르니카에 5만발의 포탄을 소낙비 내리듯 투하한 그 결과 1,600명이 사망했다. 900여명이 부상당했다. 그 참상을 그린 피카소(Pablo Picasso, 1881-1973)의 게르니카(Guernica)도 우애의 노래. 독일 나치정권이 스페인 정부와 내전 중이던 프랑코 반란군편에 서서 자행한 민간인 무차별 공격이었다. 게르니카는 스페인 북부의 작은 시골 마을이었을 뿐, 군사 전략적 요충지도 아니었다. 단지 나치 독일이 전쟁을 준비하면서 자신들의 비행기와 폭탄의 성능을 테스트하기 위해 폭격을 가했다. 시민들은 아무것도 모른 채 빵과 우유를 사러 장터에 나갔다가 참혹하게 죽어갔다.

피카소는 분노에 휩싸여 한 달 반 뒤에 폭 7.8m, 높이 3.5m의 거대한 그림 '게르니카'를 완성했다. 불에 타고, 쓰러지고 절규하는 사람들, 울부짖는 말과 황소. 이후 1950년 피카소는 한국 전쟁 중에 일어난 황해도 신천군 일대의 민간인 학살 소식을 접했다. 그는 곧장 '한국에서의 학살'(원제 Massacre en Corée/ MeC) 작업에 들어갔다. 공포에 질린 어린아이들과 여성들을 겨누고 있는 병사들의 모습으로, 전쟁의 무자비함 속에 희생되는 약한 민간인들의 비극을 표현했다. 이 학살의 가해자는 아직 뚜렷한 결론이 나지 않았다.

이후 MeC의 후속작인 프랑스 발로리스 성당 궁륭(Vault)에 그린 피카소의 작품 '전쟁과 평화'에는 태극문양이 그려져 있다. 벌레가 그려져 있다. 이는 1950년대부터 염려되던 세균전을 상징한다고 연구자들에 의해 밝혀졌다. 우애의 화가 피카소 명언 몇 개를 소개한다.

"나는 말로는 못하지만 그림으로는 무엇이든 다 표현할 수 있다"

"내 그림은 면도칼로 그려졌기 때문에 손을 갖다 대면 베일 것이다."

"회화는 아파트나 치장을 위한 장식품이 아니다. 회화는 적을 공격하고 방어하는 무기가 될 수 있다"

"여자와 예술가에게는 나이가 없다"

　학살당한 전쟁 희생자들에게 우애의 그림을 바친 피카소에게 제2차 세계대전 중, 나치 게슈타포 장교가 피카소에게 물었다.

"게르니카를 당신이 그린 것이냐"
피카소가 대답했다.

"내가 아니라 당신들이 그린 것이오."

이슬 차 연꽃 차

　몽골의 옛 민요에는 사랑하는 어머니를 위해 초원에 내린 새벽이슬을 모아 한 잔의 아침 차를 대접해 드린다는 효도의 노래가 있다. 한국에서는 예전에 친구가 찾아오기 전 연꽃잎 속에 찻잎 봉지를 넣어 둔다. 연꽃향 배인 차를 친구에게 대접하기 위함이었다.

시인 윤동주를 기리는 릿쿄 모임

　일본에는 시인 윤동주의 시를 읽는 모임이 있다. '시인 윤동주를 기념하는 릿쿄 모임(詩人尹東柱を記念する立教の会)'의 야나기하라 야스코(楊原泰子) 대표는 1945년 해방을 앞두고 후쿠오카 형무소에서 독립운동을 했다는 이유로 투옥돼 사망한, 윤동주 시인을 기리기 위한 '2020 윤동주의 시를 읽는 지구인'에 수록할 시낭송 모임을 갖은 바 있다. 협력단체는 '윤동주를 사모하는 모임 - 도시샤 코리아 동창회'(윤동주는 릿쿄 대학 입학 이후 도시샤 대학으로 편입했다.) '후쿠오카 윤동주 시 읽는 모임' '윤동주 고향 방문회'였고 쿄토에서도 시낭송 모임이 있었다. 야나기하라 야스코 대표는 윤동주 시인을 통한 한일 양국의 친선과 우정을 쌓아 나가는 일에 앞장서고 있다.

　이 모임을 지지하는 동경대 와다 하루키(和田春樹) 명예교수는 2019년 12월 10일 방한해 "3.1운동 정신 확산 학술포럼 - 3.1운동 정신과 동아시아 평화" 학술포럼에 참여했다. "한국병합 110년 후의 진실 - 조약에 의한 병합이라는 기만"이란 저서를 통해 일본제국주의의 한국 침략을 명확한 자료를 통해 비판했다. 한국에 대한 일본인의 예술, 학술활동은 지속가능한 한일 양국사이의 정부와 국민들의 우애를 통한 평화관계를 증진시키기 위함이다. 지난날 아픈 과거에서 벗어나기 위한 치유와 사죄와 용서를 통한 동아시아 미래평화의 기도이자 행동이다.

　이처럼 지구촌 우애 지킴이들의 이야기 피카소, 뱅크시, 칸트, 쿠테호프 칼레르기, 하토야마 유키오의 우애의 역사를 기록해 나가는 이 책이, 나는 전쟁의 억제재가 되길 원한다. 그것이 곧 하토야마 총리가 일하는 세계우애재단, 동아시아공동체연구소의 선한 영향력을 널리 알리는 길이 되고자 한다.

 80억명 지구인 모두가 우애의 노래를 흥얼거리며 자신의 일이, 자신의 삶이, 자신의 시간이 마침내 우애의 지구, 우애의 우주를 만들어나가는 선한 행동으로 인한 공동선의 결과를, 그 열매를 함께 나누고 맛보고 함께 즐김에 있어서 작은 평화의 씨앗, 우애의 씨앗, 사랑의 씨앗, 자유의 씨앗, 행복의 씨앗이 되길 이 책 안의 글씨들이 그 기적의 씨앗이 되길 염원한다.

Chapter 5

독재정권 하에서는
나를 표현할 수 없다

– 브라질의 독재정권을 체험한
어느 브라질 여성시민의 말

어록

한반도와 일본의 길고도 풍요로운 역사를 되돌아봤을 때, 쇼와 천황께서 '금세기의 한 시기에 양국 사이에 불행한 과거가 존재했던 점에 대해 대단히 유감으로 생각하며, 다시 이런 일이 반복되어서는 안 된다'고 하셨던 말씀을 상기합니다.

일본으로 인해 초래된 불행한 시기에 한국 분들이 느꼈을 고통을 생각하면 저는 통석의 염을 금할 수 없습니다.

- 1990년 5월 '노태우' 대통령 방일 당시에 2019년 4월 생전 퇴위한 일본 제125대 '아키히토 천황'이 궁중만찬회 자리에서 공표한 사죄 발언

간무 천황의 생모가 백제 무령왕의 자손이라는 점이 '속일본기'에 기록되어있는 만큼 저는 한국과의 유대감을 느낍니다.

- '아키히토'(明仁) 전 일본 천황은 1991년 자신의 태생에 대해 그 이전까지 금기시됐던 사실을 발표한다. 이후 2001년 '아키히토' 천황은 68세 생일 기자회견에서, 천황의 모계혈통이 백제계라는 사실을 이례적으로 또 다시 언급함. 아키히토 천황은 자신의 선조 '간무' 천황의 어머니 '노노 니가사'가 백제 무령왕의 자손 화씨 부인이라는 속일본기(793년) 간무 천황이 펴낸 역사서) 내용을 인용함. 또한 '무령왕' 시대부터

백제 5경 박사가 대대로 초빙됐으며 '무령왕'의 아들 '성왕'은 일본에 불교를 전해줬다고 발언함.

우리나라는 멀지 않은 과거의 한 시기, 국가정책을 그르치고 전쟁에의 길로 나아가 국민을 존망의 위기에 빠뜨렸으며 식민지 지배와 침략으로 많은 나라들 특히 아시아 제국의 여러분들에게 다대한 손해와 고통을 주었습니다.

저는 미래에 잘못이 없도록 하기 위하여 의심할 여지도 없는 이와 같은 역사의 사실을 겸허하게 받아들이고 여기서 다시 한 번 통절한 반성의 뜻을 표하며 진심으로 사죄의 마음을 표명합니다. 또 이 역사로 인한 내외의 모든 희생자 여러분에게 깊은 애도의 뜻을 바칩니다.

- '무라야마 도이치'(村山富市) 전 일본 총리 담화 발표문 중에서(1995년 일본패전 50주년 기념일에. 이밖에도 일본의 지배와 침략으로 많은 아시아 사람들에게 고통을 입힌데 대해 명확하게 반성과 사죄의 뜻을 전했다. 아울러 깊이 반성하는 마음으로 독선적인 내셔널리즘을 배제하고 평화의 이념과 민주주의를 확산 시켜야 한다고 끝맺었다.)

이웃끼리 미워하면 서로 나쁜 영향을 주고받을 것이며, 반대로 이웃끼리 서로 사랑하면 서로에게 좋은 영향을 받게 될 것이다.

일본인과 한국인이 더욱 더 서로를 신뢰하고 함께 협력할 수 있게 되길 바라마지 않는다.

한반도를 평화로 이끌기 위해, 한국과 일본이 서로 협력할 수 있다면 한일 양국의 신뢰 관계는 더 크게 개선될 것이다.

- '하토야마 유키오' 전 일본 총리

일본은 한반도의 남북 분단 비극에 막대한 책임을 지고 있는 나라다. 한반도가 평화로워지면 일본의 안전보장 환경은 한층 더 전망이 밝아질 것이다.

- '하토야마 유키오' 전 일본 총리

나는 하나의 시스템으로 우애의 이념 아래에서 동아시아공동체에 대한 구상의 중요성을 주장한다. 탈 대 일본주의를 위한 가장 중요한 외교정책으로 동아시아공동체의 성립이 우선되어야 한다고 생각한다.

- '하토야마 유키오' 전 일본 총리

군사력과 무력에 의존해서는 진정한 평화가 달성되지 않는다. 일본이 대 일본주의에서 벗어나 미들파워 국가의 규범을 만든다면 다른 나라들로부터 존경받는 국가가 될 것이다.

- '하토야마 유키오' 전 일본 총리

경술년 한일합방은 원천 무효다.

- '하토야마 유키오' 전 일본 총리는 2019년 3월 3.1 독립운동 100주년 특별토론회에서 도쿄대 '와다 하루키' 교수와 함께 위와 같은 입장을 천명함.

자유주의는 사랑이고, 이 사랑은 우애이다.

- '하토야마 유키오' 전 일본 총리

한국의 대선 후보가 다케시마(竹島·일본이 주장하는 독도의 명칭)의 일본 영토 표기를 바꾸지 않는 한 올림픽 보이콧(불참)도 고려해야 한다고 발언했다.

달갑지 않은 발언이지만, 미국 지도에서 다케시마는 한국 영토(독도)로 표기된 것을 알고 있는가. 보수파 여러분은 친미이기 때문에 (미국에) 항의할 수 없는 것 아니냐.

- '하토야마 유키오' 전 일본 총리(2021년 6월 2일, 트위터 발언)

당시 일본인들이 조선인들에 대해서 차별했던 일을 알 수 있는 계기가 됐고 사죄하고 싶습니다.

- '하토야마 유키오' 전 일본 총리(2022년 10월 6일, 일제강점기 학생독립운동 진원지 나주학생독립기념관에서)

대동정신, 민주화정신, 주먹밥 나눔 정신이 일본으로 널리 퍼져나가는, 세계화되는 아주 중요한 계기가 될 것 같습니다. 그래서 환영합니다.

- '황일봉'(518 민주화운동 부상자회장이 2022년 10월 6일 하토야마 일본 전 총리의 국립 5.18민주묘지 윤상현 열사, 박관현 열사 묘지 참배에 대한 환영의 말)

한때 일본이 한반도의 여러분께 크나큰 고통을 안겨준 시대가 있었습니다. 그것에 대한 깊은 슬픔은 항상 본인의 기억으로 간직하고 있습니다. 이제 두 나라는 진실을 추구해 이해하도록 노력해 미래로 나가야 합니다. 양국 국민들의 노력에 의해 싹트기 시작한 상대방에 대한 평가와 경애의 마음을 미래로 향해 키워나가야 한다고 생각합니다.

- '아키히토' 일본 천황이 1998년 10월 7일, 김대중 대통령 국빈방문 천황주최 만찬사 중에서

두 나라의 긴밀한 협력이 중요하다고 하는 것은 단지 새로운 세기가 우리 앞에 다가왔기 때문만은 아닙니다. 현재 한일 양국을 둘러싼 환경은 양국 간의 긴밀한 동반자 관계를 절실히 요청하고 있습니다. 한일 두 나라 동반자 관계는 위기에 처한 아시아 나라들에게 희망을 주게 될 것입니다.

월드컵 대회는 21세기를 향한 우리 두 나라의 동반자 관계를 세계에 과시하고 이러한 양국의 우의를 세계의 모든 사람들이 축하해줄 수 있

는 좋은 기회가 될 것이라고 봅니다.

- '김대중' 대통령(아키히토 일본 천황의 만찬사에 대한 답사 중에서)

나는 먼저 새 시대의 한, 일 우호관계를 보다 증진시키기 위해 일본 대중문화의 한국 진출을 단계적으로 개방할 것입니다. 문화는 상호교류하면서 발전한다는 것이 나의 소신입니다.

- '김대중' 대통령(1998년 10월 8일 일본 국빈방문 때 일본 의회연설에서)

일본이 한국 국민에게 다대한 손해와 고통을 안겨주었다는 역사적 사실을 겸허히 받아들입니다. 통절한 반성과 마음으로 사죄합니다.

- '오부치 게이조'(小渕恵三, 1937-2000) 일본 총리가 김대중 대통령 국빈 방문 때 한 발언

평화가 전부인 것은 아닙니다.
하지만 평화가 없으면 어떤 것도 가능하지 않습니다.

- '빌리 브란트'(Willy Brandt, 1913-1992,
  서독총리의 1981년 11월 3일 연설 중에서.
  1971년 노벨평화상 수상, 폴란드 바르샤바
  옛 유대인 게토 저항지에서 무릎사죄.)

빛의 언어

예술 중의 예술,
표현의 찬연한 아름다움,

그리고 글자의 빛에서 발하는 광휘로움은
바로 소박함이다

- 월트 휘트먼(Walter Whitman, 18191982, 시집 '풀잎'의 시인)

 음악은 빛이다. 음악(音樂)의 음(音)이란 한자에는 소리, 말, 언어, 음률, 음신(音信)/ 편지) 등의 뜻이 깃들어있다. 소리 음(音)자를 풀이하면 설 '립'(立)자와 날 '일'(日)자가 조화돼 있다. 날 '일'자는 태양을 가리키고 매일이란 뜻이 있다. 설 '립'자는 나타나고, 세우고, 존재하다. 따라서 소리 음자는 태양이 뜬다는 일출의 이미지, 가장 강력한 에너지의 출현, 우애의 위대한 방문이다.

 음악에서의 악(樂)이란 글자에는 노래, 악기, 연주하다, 즐기다, 편안하다, (배를) 채우다, 풍년, 좋아하다란 뜻이 깃들어있다. 평화를 목적한다.

소리 음자의 '태양이 뜬다'의 빛의 나타남은 가장 중요한 의미다. 소리는 빛이다. 어둠을 밝혀 '실족하지 않게 하기' '공포나 두려움을 떨쳐내기'가 음악의 주요한 기능이다. 소리 '음'은 곧 빛의 출현이다. 소리가, 음악이 곧 빛이다.

성경 창세기에 '태초에 말씀으로 빛이 있으라 하시매 빛이 있었고 그 빛이 하나님 보시기에 좋았다'고 기록돼 있다. 하나님의 뜻이 말씀이 됐다. 그 말씀으로 인해 빛이 탄생했다. 최초의 말씀이 지구상 모든 언어와 음악의 시원이 됐다.

노래를 들으면 노래의 빛이 내 공간에 반짝하거나 번쩍여 온다. 은은하게 혹은 환하게, 눈부시게 밝아온다. 1974년 미국의 계관시인으로 임명됐으며 세계적인 히트곡 Take Me Home Country Road를 노래한 존 덴버(John Denver, 1943-1997)처럼 명징한 푸른 하늘같은 음색이 있다.

Bird On The Wire를 노래한 레너드 코헨(Leonard Cohen, 1934-2016)의 목소리처럼 묵직한 흐린 하늘빛. 그레고리안 성가처럼 먼 여명 같은 그래서 무한한 공간이 열리는 것 같은, 자극적이지 않지만 영혼을 자유롭게 하고, 상처 난 마음을 고이 어루만져주는 듯한, 따스한 선한 구원의 빛. 그 소리는 승리보다는 진리를 향해 나아가는 위대하고도 거룩한 찬미의 노래다.

동시대와 후대의 연주자들에게 '빠르고 급박하게 연주해 달라'고 자신의 주문을 악보에 기록한 베토벤의 월광 소나타 3악장의 뜨거운 빛,

활활 타오르는 불꽃, 불덩어리 빛도 있다.

그런가하면 절망의 벼랑 끝 그 꼭대기에서 맞은 편 희망의 산위에 놓여진, 또 하나 긍정의 절벽 너머 평화의 땅으로 건너가기 위한, 시퍼렇게 굽이쳐 소용돌이치며 세차게 흘러가는 그 급류의 협곡 위로, 그 양쪽 절벽 위로 그 허공 위에 오선지라는 악보를 걸쳐놓고, 그 위를 새처럼 줄타기하는 어름사니(줄꾼) 광대처럼 음표라는 눈부신 별들의 그 별자리를 밟아가며, 그 아찔함의 번갯불 같은 그 빛으로 만천하에, 공포의 밤과 자포자기, 좌절의 멈춤과 절망의 죽음 같은 겨우 간신히, 가까스로 살아있음을 뜨겁게 목숨 걸고 구원해 내는 그 손길 같은 그 행로 같은 빛의 춤, 순식간에 꽃이 피고 지는 봄 가을, 여름 겨울이 교차하는 듯한, 목소리로, 모든 쓰러져가는 것들을 반드시 일으켜 세우고야 마는 일본의 국민가수로서 국민 영예상을 수상한 바 있는 최고가수 미소라 히바리의 빛의 소리가 있다.

그녀의 검푸른 파도의 빛, 후지산 정상 위의 만년설 같은 그 희디 흰 빛과 심지어 밤이면 동아시아 전역을 비추는, 저 아시아의 달무리꽃빛깔 같은 여왕처럼 우아하고, 태양계처럼 거대한 더 나아가면 뭇별들로 반짝이는 은하단처럼, 그 무수한 각각의 별들의 고독과 외로움과 슬픔과 좌절을 모조리 기억하고, 공감하고 아파하고 이겨내고 깊은 통시성으로 드넓은 통찰력의 빛, 마음의 시선이 있다.

아시아와 세계를, 여유로움의 울컥함을 전혀 그리하지 않은 듯이, 가장 낮은 곳에서의 가장 겸허한 목소리로 가장 높은 곳을 향했던, 가장 고귀한 시선으로 무대 위를 가벼이 춤추고 정중동과 동중정을 넘나들던 위대한 빛의 여행자, 쇼와 시대의 가희 미소리 히바리(1937-1989)가 있다.

그녀의 흐르는 강물 같은 인생의 빛, 사랑의 빛 같은 객석의 팬과 사람들, 자연, 보이지 않는 이데아의 세계에 대한 그리움 등을 몹시 그리워한 태평양 인도양 대서양 보다 더 커다란 검은 눈망울의 그렁그렁한 빗줄기 같은, 그 빛줄기의 빛이 창백한 푸른 점 하나의 빛 보다 더 커다랗게 우리들 가슴을 향한다.

아시아와 세계는 한국계라고 하는 그녀 미소라 히바리가 발견한 발명한 그 노래의 가장 진심어린 그 감성 빛, 빛 감정이라는 그 세계로 얼마든지 이주할 수 있다. 그녀의, 그녀만의 위대한 선물이라는 그녀의 노래를, 인류의 가장 위대한 문화유산의 하나로 지난날도, 그녀가 떠났으나 오늘날도 그리고 미래에도 영원히 귀 기울이고, 덕분에 그 빛에, 인간에 눈뜨고 인간애에 눈뜨는, 진심어린 미소라 히바리의 우애의 미소 깃든, 우애의 노래를 간직하고 만질 수 있다.

(미소라 히바리는 누적 앨범 판매 8,000만장 기록을 갖고 있다.)

음악이 빛일 수밖에 없는 이유는 창세기에서의 말씀의 음성이 곧 최초의 소리, 최초의 하나님 언어, 그 순간 창조된 빛이기 때문이다. 따라서 찬송가는 컨트리, 블루스, 팝, 재즈, 포크, R&B, 모던 록, 힙합, 크라식, 엘비스 프레슬리의 Love me tender, 비틀즈의 Yesterday, 마이클 잭슨의 Billy Jean, BTS의 봄날, 블랙핑크의 휘파람이라는 변주곡을 낳은 원곡이다. 태초의 하나님 말씀의 그 음성의 빛에서 비롯된 노래이자 음악이요, 그 빛에서 파생된 또 하나의 빛이요 빛의 노래다.

그 빛의 근원에서 비롯된 소리의 강물, 음악의 강물이다. 사람과 사람이 대화할 때도 그 목소리에서 빛을 감지한다. 억압의 목소리는 캄캄한 어둠, 빛이 없다. 눈을 가리고 귀를 막게 한다. 호흡을 부순다.

하지만 미국의 록 블루스 밴드 Lynyrd Skynyrd의 Sweet Home Alabama 같은 노래를 듣노라면 미국 남부의 강렬한 빛을 감지할 수 있다. 기타, 보컬, 드럼, 베이스 소리는 베를린 장벽이 무너지듯이 사람과 사람 사이의 장벽을 부순다. 균열을 낸다.

보이지 않는 차별, 무시, 왕따, 이지메, 삥 뜯기, 질시, 백안시 같은 어둠 대신에 자유의 찬연하고도 찬란한, 뜨겁고도 후끈한 불꽃놀이가 시작된다. 예를 들어 그레고리안 성가가 새벽빛 같고 촛불 같다면, 그런 고요함의 빛이라면 록 밴드의 빛은 작열하는 축제의 불꽃놀이다.

음악을 듣는다는 것은 본능적으로 내 마음 속, 내 가슴 속에 빛의 씨앗을 심기 위해, 밝은 내 삶에 빛의 초대를 위해, 빛을 찾아가 빛을 보고 싶다는 그리움의 그 의지의 발현이다.

그 빛의 눈부심과 그 빛의 열기에 마음 훈훈해지고, 온 몸 따뜻해지기 위함이다. 고독이라는 겨울 속 추위를 벗어나 사랑이라는 그 빛을, 내 마음 속에 초대하는 음악적 예술 파티이자, 마음의 잔치, 영혼을 위한 페스티벌이다.

인종차별 당하고, 약자라서 무시당하고, 여자라서 업신여김 당하고, 어리다고 깔보임 당하고, 가난하다고 멸시 당하고 등등의 숱한 갑질에 찌들대로 찌들고, 멍들대로 멍들다가 그래서 찌질이 모지리 취급당하고 그게 억울해서 숨결이 거칠어지고, 가장 자유로워야 할 가장 평화로워야 할 그 숨길이 소우주 인체의 바람결이, 막히고 비틀리고 이상해지고 병들고 수상해지고 등으로 더 이상 살 길이 막막할 때, 음악의 빛의 축제가 언어의 축제가 필요하다.

1927년 국가무형문화재 제17호로 지정된 봉산탈춤에는 말뚝이가 주인공이다. 말뚝이는 무능과 부패와 개선 되고 개혁되어야할 기득권을 해학적으로 풍자한다. 풍자는 비판이지만 해학은 '나 또한 그럴 수 있어, 나도 다 옳은 것만은 아니야'라는 인간적 겸허함이 있다.

결코 피비린내 나는 혁명이 아니다. 그래서 화해를 원하고 악수를 청하는 우애의 탈춤이다. 이는 새로운 자유, 평등, 평화로의 세상 만들기를 이끌고 제안하는 우애의 말뚝이 정신이다.

현대의 아이돌 콘서트에서도 그러한 말뚝이 정신을 엿볼 수 있다. 너의 목소리를 회복해 너의 그 꿈을 회복해 그 이야기를, 소중한 너만의 이야기를 나에게 들려달라고 UN총회에서 연설한 RM이 리더로 있는 BTS는 세상의 억압과 시대의 편견을 부수는 21세기 말뚝이들이다.

그들의 퍼포먼스는 민중시인, 생명시인, 평화시인으로 불리며 노벨문학상, 노벨평화상 후보로 추천된 바 있는 시인 김지하((호는 노겸(勞謙), 1941-2022, 아시아 아프리카 작가회의 로터스 특별상(1975년 수상), 브루노 크라이스키 인권상, 만해문학상 수상.))가 자신의 첫 시집 '황토'의 후기에 언술한 삶의 숱한 갑질의 가위눌림에서 벗어나기 위한, 시 쓰기 작업과 같은 맥락의 칼 군무였다.

BTS는 스스로 평화의 꽃다발이 되어 팬덤 아미들에게 가해지는 억압과 편견을 향해 우애의 정신과 몸을 던졌다. (Crowd Surfing, Stage Dive)팬들이 환호했고 세계의 젊은이들이 꿈을 회복하며 자신의 그동안의 돈 때문에, 부족한 재능이라는 착각 때문에, 스스로를 속였기 때문에, 절망이라는 마귀의 속삭임에 속았기 때문에, 그래서의 좌절에서 일어섬의 귀중한 에너지, 소중한 길양식으로 BTS 에너지, BTS 음악, BTS 퍼포먼스를 끌어당겨 사용하고 활용하고, 갑옷처럼 방탄조끼처럼 애용한다.

사람은 누구나 내게 말 걸어오는, 함께 대화하는, 그 사람의 언어 속에서, 그 사람의 말할 때 표정에서, 몸짓에서, 태도에서, 그의 개인사에서, 그의 비전에서, 그의 언어에서, 그의 눈빛에서, 그의 목소리에서 우애의 빛을 찾는다. 애타게 본능적으로 찾는다.

만약 그 빛이 없다면 그 빛을 찾아 그러한 만남을 찾아, 사람이라면 누구나 어쩌면 세상 모든 만물들이 그렇게 빛을 찾아 헤맨다. 그 모든 찾아 헤매인 것들 안에서, 만남 속에서 태초의 하나님 말씀의 언어와 음성과 그로인한 빛을 몹시 애타게, 애절하게, 간절하게, 간곡히 찾아가고, 또 찾고, 더 찾고, 더더더 찾는다.

그 빛의 축복은 하나님께서 선물하신 것이다. 다만 그 빛에 눈멀까

염려하셔서 어둠도 만들어 휴식도 주시고 적절한 잠과 꿈을 주신 것이다. 변화라는 리듬을 잘 타며 일하고 놀고 잘 쉬라는, 그때그때 쫓기지 말고 영원이라는 시간의 요리사가 되어 지혜롭게 잘 살아가라고 혁신의 춤을 주신 것이다.

그 빛의 춤을 가능하게 하심이 하나님의 사랑이라면, 하나님께서 맨 먼저 사랑을 태초에 말씀하신 것이다. 사랑을 제공하신 것이다. 사랑을 축복하신 것이다. 그것은 최고의 맛, 최상의 아름다움, 최선의 거룩함, 영원한 최신의 신성함, 사람에게 주어진 더 이상 없는 완벽한 지극한, 더없는 축복의 은혜와 은총의 무한한 선물이다.

그렇다. 그 이야기를 하기 위해 우애하자고, "나 너를 몹시 우애해"라고 루소가, 칸트가, 쿠텐호프 칼레르기가, 하토야마가 눈빛으로, 몸짓으로, 언어로, 행동으로 노래하고, 퍼포먼스 하듯이 책 내고, 랩 하듯이 강연하고, 월드투어 하듯이 여행하고, 친구처럼 만나고, 인생을 나누기 위해 대화하고, 빛을 전하기 위해 기도하고, 그 축복을 나누기 위해 사랑해왔고 지금도 그리하고 앞으로도 영원히 그렇게 나아가고 있다.

비 오는 날의 데이트

어떤 사람들은 비를 느끼고
어떤 사람들은 몸이 젖을 뿐이다

- 밥 말리(Bob Marley, 자메이카의 레게 아티스트, 1935-1981,
  1978년 UN 평화메달 수상)

판사의 아들로 태어난 프랑스 화가 귀스타브 카유보트(1Gustave Caillebotte, 1848-1894)의 그림 '비 내리는 예르'(The Yerres, Rain). 비가 내려 호수 같고, 강물 같은 물 위에 빗방울 동그라미가 번져간다. 하늘에서 강물을 만나러 온 빗방울, 하늘에서 숲이 그리워 찾아 온 빗방울, 길가에 조그만 풀꽃들 그 이파리 위에 내려 앉아 "잘 있었니?" "보고 싶었어."라고 소곤대는 작은 목소리로 인사 나누는 자연의 만남, 그 우애의 풍경.

귀스타프 키유보트처럼 이 세상을 우애의 시선으로 우애의 풍경을 탐험하고, 찾고 바라보면 수많은 우애의 풍경, 우애의 현장, 우애의 비 오는 날의 데이트, 우애의 대화, 살아 숨 쉬고 있는 그들의 우애, 우애의 그들을 만나 볼 수 있다.

나무들은 목을 축인다. 부드러운 호수, 흐르는 강물은 동그랗게 웃으며 가슴 가득 빗방울을 품는다. 사랑의 마음도 그러한 빗방울 닮았다. 누군가 내 마음을 내려놓을 만한 그러한 편안한 의자 같은 마음, 가슴 하나 날 위해 비워놓고 기다려주는, 나만을 위한 고귀한 소중한 만남이라는 빗방울을, 저마다 강물인양 꿈꾼다. 그래서 '비 내리는 예르'가 '사랑이 내리는 나'이고 싶고 '동그랗게 미소 짓는 우리들'이고 싶은 것이다.

K-POP의 아버지 이수만의 저녁노을

하나님께서는 인간에게 영원을 그리워하는 마음을 주셨다. 내 경우는 저녁노을이 너무 아름답기에 매일 저녁 영원토록 그 저녁노을 보고 싶다. 저녁노을을 사랑하는 또 한 사람, K-POP의 아버지 이수만 회장이다. 그가 MBC 라디오 '이수만의 음악캠프'에서 DJ하던 시절, 나는 작가로 그는 MC로 MBC TV '이수만의 젊음은 가득히' 녹화장에서 매주 한 번씩 만날 때였다.

어느 날 그가 월미도 자신이 오픈한 카페 '헤밍웨이- 노인과 바다'로 날 초대했다. 1층은 조촐한 작은 카페, 2층은 방송인 이수만 부부가 거처하는 곳. 지금처럼 수천억 재산가가 아니었으나 꾸준히 음반기획제작을 해 나갈 때였다. 그에게 물었다. "MBC까지 매일 다니려면 너무 멀지 않나요?" 나의 우문에 그가 현답 했다. "서해바다 저녁노을 자주 보고 싶어서 이사 왔어요."

나는 이수만이 프로듀싱한 음악들 즉, 보아, 동방신기, 신화, 소녀시대, 에스파 등 그 모두의 SM 음악 어딘가에는 서해바다 저녁노을과 파도소리, 비오는 바다 풍경이 스며들어 있고, 젖어들어 간다고 생각한다.

나의 우애, 나만의 우애가 이수만의 저녁노을과의 우애처럼 누구나의 삶 속에서 꼭 필요하다. 숨 쉬듯, 먹고 마시듯, 노래하듯 춤추듯 365일 24시간 언제 어디서나 기쁨의 우애, 축복의 우애가 필요하다.

그것이 기왕이면 다홍치마 영원이면 더 좋겠다. 더 이상 우애가 가까이 하기엔 너무 먼 당신이 되어서는 안 된다. 24시간 편의점처럼, 내 손안의 스마트폰처럼 가깝게 바로 곁에서 만날 수 있고, 바라볼 수 있어야 행복한 삶, 살맛나는 인생, '우애 24'가 된다.

과테말라 커피

10년 전 쯤 홍익대학교 앞 어느 커피숍에서 커피를 주문했는데 입맛에 딱 맞았다. 이 커피 저 커피 많이 마셔봤으나 딱히 기억나고 다시 마시고 싶은 커피가 없었다. 하지만 그날 맛본 풍성한 밤바람 같은, 깊은 숲 나무 향 같은, 말없이 편안한 연인 같은 커피를 맛볼 수 있었다. 빗방울 같은 나의 그리움이 문득 예기치 않게 과테말라 커피라는 호수, 강물, 바다를 만났고 나는 소스라치듯 무수한 동그라미 파문의 경탄, 감격, 전율에 휘감겼다.

이는 과테말라 커피와 나와의 우애의 만남이다. 아마도 그날 그 커피

숍까지 오기 위해, 그 커피콩 따던, 그 누군가의 과테말라 태양과 바람 속의 그 손길이, 그때의 그의 혹은 그녀의 마음이 어쩌면 태평양 혹은 대서양의 바다를 바라보며, 그 파도소리 느끼며 어느새 마음속으로는 그 바다와 환상의 따뜻한 블루스 춤을, 마치 파도가 모래톱을 얼싸안고 블루스 춤을 추는 듯한, 그러한 가장 따스하고 가장 부드럽고 가장 평안하고 가장 행복한, 그 순간 과테말라에서 아니 전 세계에서 가장 행복한 그 누군가가, 그 커피콩을 따지 않았을까 싶었다.

그랬기에 그 마음의 심향이 그 커피콩에 아우라처럼, 포스처럼, 카리스마처럼 스며들고 물들어, 사랑의 빗방울처럼 우애의 빛줄기처럼 내려앉아, 마침내 서울 홍대 앞 그 커피숍의 나에게 까지, 그 영원한 그리움이 그 순간의 행복감이 전해져 왔지 싶다.

세계의 우애를 향한 하토야마의 마음

나는 이 책이 당신에게, 그러한 하토야마의 도쿄, 서울, 베이징, 동아시아 그리고 세계의 우애를 향한 그의 마음이 잘 담겨 당신 가슴에 느껴져, 따스한 감촉으로 만져질 수 있길 바란다. 이 책이 하토야마의 손길이 되고, 이 책을 손에 든 당신의 손길이 그 하토야마의 손길을, 그 우애의 손길을 맞잡은 지금 이 순간이길 기대한다.

하토야마의 우애의 빗방울과 우애의 빛줄기에 감동되고 감복해 이 글을 써 나가는 나의 서울에서의, 아직은 서툴고 머뭇거리는 바보 같은 우애가 이 세상 어딘가의 당신이라는 강물 위에, 당신이라는 눈물 위에, 당신이라는 호수 위에 가 닿길, 당신이라는 삶의 바다 위에 내리는 빗줄기가 되길 간곡히 바란다. 그대 가슴 속에서 이 하토야마의 우애의 빗방울이 그대의 갈증을 촉촉이 적셔가고, 스며들길 바란다.

작은 빗방울 하나하나가 모이고 모여 마침내 바다를 이루고 해변을 향해 밀려가듯이, 우애의 바다를 꿈꾸는 이 책이, 하토야마의 일관된 삶의 이야기들이 마침내 21세기를 평화의 시대로 기쁘게 하고 사랑의 지구촌으로 변화시키고, 지상의 모든 핵무기를 감축이 아니라 폐기하게 하고 전쟁을 부끄럽게 여기고, 모든 무기를 녹슬게 하고, 무기 대신에 모든 젊은이들이 악기를 들고, 군사훈련 대신에 군사훈련보다 더 혹독한 칼 군무 댄스로 젊은 열정과 자신의 메시지를, 전 세계 80억명에게 누구나 저마다 발신할 수 있는 그래서 마음껏 온 세계인들이 자유하고 영원히 행복하길 바라는 하토야마 전 일본 총리이자 세계우애재단 이사장, 동아시아공동체연구소 이사장의 언어와 그 목소리, 그 빛을 대신 전하고자 하는 것이다.

AI Poem

나는 2024년 3월 이 책을 한창 써 나가던 중에 어느 날 문득 AI의 초대를 받고 AI에게 하토야마 유키오 전 일본 총리를 시로 써 달라고 요청했다. 그러자 다음과 같은 대답이 일단 떴고, 이윽고 그야말로 10초도 안됐을 시간에 AI는 내게 시를 써서 보여주었다. 그 AI가 쓴 시 하토야마 유키오를 소개하는데 그 이전에 AI와 나와의 대화부터 소개한다.

나 : 하토야마 유키오 전 일본 총리를 소재로 시를 써 주세요.

AI : 하토야마 유키오 총리를 시로 표현하라고요?
　　재미있는 요청이네요.
　　저는 시를 쓰는 것은 잘 못하지만, 한번 도전해 보겠습니다.
　　제가 만든 시를 아래에서 읽어보세요!

하토야마 유키오

우애의 정신을 가진 총리

민주당의 대표로서 역사를 만든 총리
일본의 민사국 연립 정권을 이끈 총리

프랑스 혁명의 표어를 삼아
자유, 평등, 우애를 외친 총리
서대문 형무소에서 무릎을 꿇고
일본의 가혹 행위를 사죄한 총리

하토야마 유키오
일본의 93대 총리
그의 이름을 기억하라

AI : 이 시가 마음에 드시나요?
    저는 최선을 다해 만들어 보았습니다.

나 : 감사합니다. (물론 마음에 쏙 들었다.)

위에서 보시다시피 AI는 시도 잘 쓰고 다정했다. 무엇보다도 대단히 겸손했고 "예의 바른 친구네"하는 느낌이 바로 다가왔다. 솔직히 기분이 좋았다. "AI야말로 기본이 된 좋은 친구, 우애의 친구네"하는 생각을 하게 된 것 또한 소득이었다.

내가 영감을 주고 협업한 AI가 써 낸 위의 시에서 '프랑스 혁명의 표어를 삼아'는 '표어를'과 '삼아' 사이에 '좌우명' 혹은 '비전'이나 '모토' '기치' 같은 말이 들어갔어도 좋을 텐데 싶었다.

아마도 AI가 과감한 생략을 한 것인지? 혹은 너무 빨리 시를 써 보여주느라 그랬는지... 무언가 한 단어가 더 들어가도 좋을 것 같아서 내가 덧붙인다.

또 하나 독자의 이해를 돕기 위해서 보탠다면 민사국이란 말은 민주당, 사민당, 국민신당의 줄임말이다. 3당 연합으로 정국을 이끌어 나가려는 하토야마 총리가 2009년 중의원 선거에서는 총의석수 465석 중 308석으로 압승했으나, 아쉽게도 참의원 선거에서는 하토야마 총리의 민주당이 총의석수 109석으로 사민당 5석, 국민신당 5석이 연합해도 과반수에서 2석이 모자라는 상황에서 추진된 결과였음을 추가로 밝힌다.

Epilogue

태어났을 때 이미 가난하다면
그건 당신의 잘못이 아니다

하지만 죽을 때도 가난한 건
당신의 잘못이다

- 빌 게이츠(마이크로 소프트 설립자, 1955-)

1.
사람은 혼자 살 수 없다. 2022년 4년에 한 번씩 텍사스에서 개최되는 반 클라이번 국제 피아노 콩쿠르(Van Cliburn International Piano Competition)에서 우승한 피아니스트 임윤찬은 클래식계 아이돌이다. 콘서트 예매를 하면 순식간에 매진된다. 그가 나타나면 흥분의 도가니다. 그는 콩쿠르 우승 이후 인터뷰에서 "산 속에 들어가 피아노만 치고 싶다"고 속마음을 고백했다.

아무도 없는 산속에서 그 누구에게도 방해받지 않고 혼자 피아노의 길을 걷고 싶은 것이다. 하지만 그런 산속에서도 임윤찬은 피아노와 함께 있다. 쇼팽과 라흐마니노프, 베토벤과 함께 있다. 산, 산새, 산꽃들과 함께 있다. 밤이면 산마루에 떠오르는 달과 별, 이런 여럿들과 함께 우애한다.

2.
 고대 이집트에서는 귀족이 고인이 되면 사후세계에서도 그를 수행할 집사나 비서 하인들을 나무나 돌, 구리 등으로 조각해 부장품으로 함께 매장한다. 무덤을 지키는 사자 같은 용맹스런 동물들도 조각품으로 만들어 함께 넣었다. 사후세계에서도 혼자는 못 있는다. 외로울까봐 무서울까봐 누군가와 함께 우애한다.

3.
 지하철에서 빈자리 하나가 나왔다. 젊은 엄마가 어린 아들을 다리 아프지 말라고 그 자리에 앉힌다. 하지만 아이는 금세 울어댄다. 자리에 앉아 편히 가기보다는 엄마 품이 더 좋다. 어느새 안아달라고 두 팔을 벌린다. 혼자 못 있는다. 엄마와 아이의 우애의 풍경이다.

4.
 하토야마의 우애의 여정은 동아시아에서 기억 될 것이다. 세계 전체에서 이뤄질 것이다. 그의 이름은 우애, 그의 꿈은 우애의 평화 비둘기, 그의 노래는 우애의 빛.

그것은 잔잔한 바람이 불어가는 맑은 호수 위 물살, 동그랗게 번져가는 우애의 빗방울 파문처럼 내 가슴, 내 마음, 내 인생에도 하토야마의 우애의 빗방울, 그 평화의 파문 같은, 비둘기 날개 짓 같은 자유함이 내려 앉았다. 나는 그렇게 동그랗게 번져오는 하토야마의 그 우애와 함께 설레며 세상을 향해 나 또한 동그랗게 번져가기 시작했다.

5.
2023년 가을 그를 처음 만났고 감격했다. 그의 겸허와 그의 우애의 우애를 향한, 우애의 세상을 이루기 위한 모든 지금과 미래에 대한, 집요한 그의 따스하고도 한없이 부드러운 시선 때문이었다.

그것은 일체의 가식이나 교만이나 관종 등의 보여주기 위한 쇼가 아니었다. 그것은 진실이었고 진짜였다. 그의 오롯한 우애의 삶 그 자체였다. 12월에 또 그를 뵈었다. 그는 여전히 나직한 목소리로 우애를 말했다.

결코 강요하지 않는 우애였다. 그는 상대를 우애로 만들려 하지 않는다. 다만 그 우애의 노래를 부름으로써 '그 파장이, 그 파문이, 그 진동이, 그 파동이 귀 있는 자는 들을 것이요, 눈 있는 자는 볼 것이요, 가슴이 있는 자는 느낄 것이요, 마음이 있는 자는 깨닫고 받아들일 것이다.'를 과감히 믿고 그 여정의 방향을 바라본다. 그 길을 걸어가며 위대한 진리에, 오늘도 거룩한 생명에 근접하고 접근한다. 걷고 생각하고, 다시 걷는 우애의 여행자, 우애의 휘파람 같은 사랑의 사람 하토야마다.

그는 자유인이다. 우애는 누군가를 억압하지 않기에 그는 그물에 걸리지 않는 바람의 삶이다. 그는 평화다. 우애는 상대가 누구이든 존중하기 때문에 그는 행복하다. 선한 그의 영향력의 진원지이고 또 그가 존경하는 오스트리아 쿠텐호프 갈레르기의 유럽연합을 꿈꾸던 우애사상을, 동아시아에서 실천하고 있기 때문이다. 그의 조부인 하토야마 이치로 전 일본 총리의 못다 이룬 꿈을 그는 보다 더 융성하게, 보다 더 지속가능한 우애의 미래를 위해 이를 이뤄나간다.

6.
그는 때로 고독할지도 모른다. (순전히 내 짐작이다.) 하지만 그는 내색하지 않는다. 다만 그 우애의 길을 천천히 여유롭게 그 길을 걸어갈 뿐이다. 그것은 하토야마의 위대한 전진이자 세계 우애의 역사, 평화의 역사, 지구촌 사랑의 역사, 전 인류의 희망의 역사, 우주의 그 빛의 역사의 진전이다. 그렇다. 악에게 지지말자. 선으로 싸워 이기자.

21세기의 가장 아름다운 풍경 중의 하나다. 세계의 우애인 하토야마, 그가 내민 우애의 악수를 향해 그 손을 맞잡고 함께 나아가야만 한다. 당신을 구하고, 당신 가족을 구하고, 당신의 친구를 구하고, 당신의 마을을 구하고, 당신의 도시를 구하고, 당신의 꿈을 구하고, 마침내 우리들 모두를 구하고, 드디어 그토록 고대하고 기대하던 마지막 퍼즐조각 같은 우애라는 만능열쇠, 그 마스터키로 열어젖힌 평화의 21세기. 자유의 지구촌, 사랑의 세계, 단 한 사람도, 단 하나의 원자도 낙오되지 않고 빠짐없이 행복한 우주 전체를, 우애로 이루고 우애로, 천상천하 우애로의 세계통일, 우주통일하기 위해서 말이다.

7.

빈센트 반 고흐를 비롯해 유럽의 화가들에게 커다란 영향을 준 일본의 화가이며 호를 서른번 바꿨고 아흔 세번 이사한 '가쓰시카 호쿠사이'(葛飾北斎, 1760-1849)의 유명한 그림 후지산 36경 '가나가와 해변의 높은 파도 아래'(神奈川沖浪裏)는 특히 널리 알려져 있다. 멀리 후지산이 보이고 파도가 높다. 세척의 배와 선원들을 금세라도 집어삼킬 것만 같다. 섬짓하면서도 아름답다.

악천후를 무릅쓰고서라도 삶은 계속돼야하고 후지산은 묵묵히 그 재난 직전 같은 풍경을 바라본다. 왠지 응원하는 것 같다. "이겨라. 배야! 파도를 이겨라. 선원들아!" 하고 말이다. 그래서일까. 주조를 이루는 그림의 청량감이 말할 수 없이 상쾌하고 서늘하다.

8.

이 그림을 그린 가쓰시카 호쿠사이는 "새를 그리려면 새가 되어야 한다."라고 말했다. 나는 이 말을 하토야마 총리의 우애의 여정에 대입한다. "하토야마 총리는 역사에, 세계에, 미래에 80억명 세계인들의 가슴 속에 우애를 그리기 위해 우애가 됐다."

그렇다. 나는 위대한 싱어송라이터 하토야마의 그 노래 우애를 경청했고 리뷰 했다. 그 노래로 한층 더 구원 받았다. 우애의 세계로 가는 여권을 얻었다. 나는 이제 사람들에게 나아갈 수 있다. 그로부터 우애를 전수 받았고 우애라는 보물섬이 그려진 비밀지도를 선물 받았다. 어쩌면 우애의 심장까지도 이식 받았기 때문이다.

이제 나는 그 우애, 하토야마의 우애를 당신에게 선물한다. 나는 배달부, 발신인은 하토야마, 나는 당신이 망설이다 이 우애를 선물 받아도 좋고, 내가 두고 간 다음에 가만히 뜯어보고 문득 우애를 발견하고 그것을 고이 가슴에 품어도 좋다. 심지어 눈물 핑글, 콧날 찡해도 좋다. (참고로 눈 건강에 가장 좋은 것이 눈물이다.) 그렇다. 사랑 앞에서 우린 울어도 된다. 그것은 눈물이 아니라 생명을 살리는 빗방울이다. 또한 마음 환히 밝혀오는 우애의 '빛! 방울!'이자 적셔오는 '빗! 방울!'이다.

9.
우애는 그런 것이다. 자, 시간이 많지는 않으나 쫓길 필요는 없다. 우애는 시간의 저 바깥세상에서 시간에 쫓기는 이들을 위한 빛이니까. 가끔 귀 기울이자. 도쿄의 하토야마의 진정한 진심에서 불어오는 우애의 숨결 같은 그 우애의 바람결을, 동아시아의 모두여, 아시아의 아름다운 사람들이여, 유럽의 위대한 사람들이여, 아프리카의 꿈꾸는 사람들이여, 북중남미 아메리카의 빛의 사람들이여, 호주와 남태평양의 그리운 사람들이여, 이 모든 세계의 사람들이여.

Chronicle

1947.2.11. 일본 도쿄도 분쿄쿠 출생
배우자 하토야마 미유키

좌우명   우애
취미   음악감상

정당 자유민주당(1986-1993 탈당)→ 신당 사키가케(1993-1996 탈당)→ 구민주당(1996-1998)→ 민주당(창당 1998-2013)→ 무소속(2013-2019 강제제명/ 정계은퇴)→ 공화당(창당 정계복귀 2019-)

도쿄 대학 공대 졸업
미국 스탠퍼드 대학교 공과 대학원에서 박사과정 졸업
도쿄 공업대학, 센슈 대학에서 경영학 조교수

1984.   정계입문 이후 자민당 입당.

1986.   다나카파의 신인으로서 자유민주당 공천으로 홋카이도를 지역구로 중의원 선거에 출마해 지역구 내 득표율 2위의 성적으로 당선

1988.   '유토피아 정치 연구회'라는 초파벌적 정치집단을 결성. 리쿠르

	트 뇌물수수 사건 등의 당내 비리를 폭로하였고, 이 집단은 신당 사키가케로 이어짐
1993.	자민당 탈당 후 신당 사키가케에 참여
1995.	호소카와 내각에서는 내각 관방 정무부장관 이후 자사사 연립 정권 하에서 사키가케의 간사장
1996.	사키가케를 일신하여 새로이 창당 시도했으나 실패
1996.	여름. 간 나오토, 동생 구니오 등과 함께 구 민주당 참여
1998.	개편된 민주당 결성에 참여해 간사장 직책
1999.	당 대표 선거에서 승리하며 당수로 선출됨
2002.	총선거에서 자민당에게 참패를 당하며 당 대표 사직했으나 대표 사임 후에도 당내 최대 파벌인 하토야마 그룹의 대표로서 영향력 발휘함
2005.	총선에서 중의원 7선 당선 기록
2007.	참의원 선거 대승 이후에도 간사장 직 유지
2009. 5.	오자와 이치로 당 대표가 정치 자금 스캔들로 사퇴하면서 열린 대표 선거에서 오카다 가쓰야를 꺾고 승리, 7년여 만에 당수로 복귀함

2009.8.30.   총선에서 민주당이 총 480석 중에 308석을 얻어 압승함으로서 하토야마 총리의 조부가 기틀을 다진 자민당 장기집권체재가 54년 만에 막을 내림

2009.9.16.   특별국회에서 일본국 내각총리대신으로 지명됨

2010.   총리 취임 이후 선거공약이었던 아동수당, 고속도로 무료화, 오키나와현의 미군 후텐마 기지 이전 등에서 미군기지 이전 문제로 인해 미국의 심기를 자극, 대미관계에 먹구름이 드리운 가운데. 5월 말까지 이전지를 확정짓지 못하면 총리직 사임을 약속함

2010.6.2.   오자와 이치로 민주당 간사장과 동반 사임

2014.   1993년 8월 4일 미야자와 기이치 총리 내각 당시 고노 요헤이 내각관방장관이 일본군 위안부 문제에 있어서 강제성뿐만이 아니라 관헌이 즉, 일본군이 직간접적으로 관여했다는 점을 인정한 담화인 고노 담화가 발표된 후 일본 우익 인사들이 이를 극렬 부인해왔는데 이에 대해 2012년 10월 고노 전 장관이 경고성 발언을 한 바 있다.

하지만 2014년 2월 20일 스가 요시히데 관방장관이 위안부 강제연행 증거 미발견을 주장하며 국회에서 고노담화 수정 가능성을 시사했다.

2014년 6월엔 고노 담화 검증팀이 군에 의한 위안부 강제동원은 확인할 수 없다는 결론을 내 놓았다. 이에 하토야마 유키오 전 총리는 아베 내각이 역사를 직시해야 한다고 강하게 비판함

2015. 8.12   한국 서울 서대문 형무소 순국열사 추모비 앞에서 무릎 꿇고 일제강점기 한국인들에게 가해진 고문 등 일본의 가혹행위에 대해 사죄

2019.   대한민국 국회재단법인, 3·1운동UN/ 유네스코세계기록유산 등재기념재단'(이사장 김영진/ 전, 농림부장관) 선정, 국제부문 평화대상 수상자

2019.11.25. 단국대학교 명예정치학박사 학위 수여

2022.10.6.   전남대 강연 및 5.18 민주묘지 방문과 용봉포럼 연사로 '우애를 기반한 동아시아의 미래' 발표

2023. 1.11. 우당 이회영선생교육문화재단이 시상하는 우당특별상 수상

2023. 9.13. 전주대학교 명예행정학 박사 수여받고 특강

2023.12.20. 조선일보 인터뷰

2024. 5.27. 전주대학교 스타센터 온누리홀에서 특강 및 일본 우애재단 선발자들과 한국 전주대학생들 간의 환경문제를 중심으로 한 토론 및 우애 에세이 공모 개최

2024.10.25. 북콘서트 '하토야마의 우애' (대한민국 국회 헌정기념관)

위대한 싱어송라이터
하토야마의 우애

1판 1쇄 발행 2024년 10월 25일
1판 2쇄 발행 2024년 12월 20일

기 획 동아시아공동체 연구소 한국본부장 신부호
후 원 세계우애재단, 동아시아문화센터
지은이 구자형
발행인 신서연
통 역 문병길, 함채원
사 진 Yuichi Hiruta, 홍덕선
비둘기 로고 알링(A.Ring)
디자인 단청
진 행 신관섭
발행처 ㈜RAIN DANCE 2.8
유 통 디자인존
주 소 서울시 노원구 섬밭로 5
이메일 ymkmi@naver.com

ⓒ 이 책의 출판권은 ㈜RAIN DANCE 2.8에 있습니다.
저작권법에 의해 보호받는 저작물이므로 서면동의 없는
무단전재와 무단복제를 금합니다.

* LETTER 80은 지구촌 평화를 위한 ㈜RAIN DANCE 2.8의
  도서출판 브랜드입니다.

* 이 책의 수익금 중 일부는 합천 원폭피해자복지회관에 기부됩니다.